# 档案资源建设
# 与信息化服务管理

江冰林 丛迪阳 赵津华 ◎ 主 编
董 悦 孙春利 邱冉冉 张雅洁 张杏杏 ◎ 副主编

企业管理出版社
ENTERPRISE MANAGEMENT PUBLISHING HOUSE

图书在版编目（CIP）数据

档案资源建设与信息化服务管理 / 江冰林，丛迪阳，赵津华主编 ; 董悦等副主编. -- 北京 : 企业管理出版社, 2024. 12. -- ISBN 978-7-5164-3111-5

Ⅰ. G270.7

中国国家版本馆CIP数据核字第2024TR9993号

| 书　　名：档案资源建设与信息化服务管理 |
|---|
| 书　　号：ISBN 978-7-5164-3111-5 |
| 作　　者：江冰林　丛迪阳　赵津华　董　悦　孙春利　邱冉冉　张雅洁　张杏杏 |
| 选题策划：周灵均 |
| 责任编辑：陈　戈　周灵均 |
| 出版发行：企业管理出版社 |
| 经　　销：新华书店 |
| 地　　址：北京市海淀区紫竹院南路17号　　邮　　编：100048 |
| 网　　址：http://www.emph.cn　　电子信箱：2508978735@qq.com |
| 电　　话：编辑部　（010）68701408　　发行部　（010）68417763 |
| 印　　刷：北京厚诚则铭印刷科技有限公司 |
| 版　　次：2024年12月第1版 |
| 印　　次：2024年12月第1次印刷 |
| 开　　本：710mm×1000mm　　1/16 |
| 印　　张：24.5 |
| 字　　数：310千字 |
| 定　　价：98.00元 |

版权所有　翻印必究·印装有误　负责调换

# PREFACE 前言

当代信息环境下档案信息传递与利用的新趋势，使档案工作面临体制变革的问题，需要新的理论指导，优选新的方法进行档案资源建设和服务，是亟待解决的重要问题。因此，如何针对以公众为导向的"新的发展"，对档案资源建设与信息化服务管理进行全面、系统的研究，不仅具有重要的理论意义及学术价值，而且具有重要的实践价值。

本书系统阐释了如何对档案资源进行信息化管理与建设，主要内容包括以下几个方面：阐述当前我国档案资源建设与服务的现状，在此基础上分析档案资源建设与服务的动力机制；从档案信息数字化、电子文件归档、档案数据库建设等方面解析档案资源建设的实施流程；从档案资源整合、档案信息化规划与实施、档案信息规范化管理、档案管理信息系统建设、档案信息化保障体系建设几个方面揭示档案资

源建设与信息化服务管理的深刻内涵，并提出未来档案信息化管理与建设的创新思路；最后，跟进契合时代发展的新媒体方式，分析新媒体环境下档案服务的创新发展，从意识、体制、平台、方式等方面，分析拓展新媒体档案服务的有效路径。

本书由江冰林、丛迪阳、赵津华等编写。具体分工如下：江冰林负责撰写第二章、第七章和第九章，约8万字；丛迪阳负责撰写第一章，约7万字；赵津华负责撰写第三章、第五章，约10.5万字；董悦负责撰写第四章，约1.5万字；邱冉冉负责撰写第八章，约1万字；张雅洁负责撰写第六章，约1.5万字；张杏杏负责撰写第十章，约1.5万字。

本书写作过程中，参考了大量已公开出版和发表的研究成果，在此对文献著述者一并表示感谢。当今档案管理理论与实践发展很快，书中难免存在疏漏之处，敬请读者批评指正。

编者

2024年6月

CONTENTS 目录

## 第一章　概述 …1

第一节　档案的基本知识 …3
第二节　档案工作 …20
第三节　档案资源建设 …37
第四节　档案信息化 …50

## 第二章　档案资源建设与服务 …77

第一节　档案资源建设与服务现状 …79
第二节　档案资源建设与服务的动力机制 …89

## 第三章　档案资源建设实施 …119

第一节　档案信息的数字化 …121

第二节　电子文件的归档　…167

第三节　档案数据库的建设　…179

第四节　数字档案的存储　…187

## 第四章　档案资源整合　…209

第一节　档案资源整合概述　…211

第二节　档案资源整合方式　…221

## 第五章　档案信息化规划与实施　…229

第一节　档案信息化的发展战略　…231

第二节　档案信息化的规划　…248

第三节　档案信息化的实施原则与方法　…262

第四节　档案信息化策略的实施　…266

## 第六章　档案信息规范化管理　…271

第一节　档案信息的收集与归档管理　…273

第二节　档案信息的保管与防护管理　…281

# 目录

## 第七章　档案管理信息系统建设 …291

　　第一节　数字档案室建设　…293

　　第二节　数字档案馆建设　…299

　　第三节　档案网站建设　…308

## 第八章　档案信息化保障体系建设 …317

　　第一节　人才队伍保障体系　…319

　　第二节　信息安全保障系统　…325

## 第九章　档案信息化管理与建设的创新 …333

　　第一节　文件档案一体化管理　…335

　　第二节　档案资源多元化利用　…345

## 第十章　新媒体环境下档案服务的发展 …363

　　第一节　新媒体概述　…365

第二节　新媒体环境下的档案服务创新理念　　…373
第三节　新媒体环境下档案服务创新的路径　　…376

# 参考文献　　…381

# 1
第一章

# 概述

# 第一节 档案的基本知识

## 一、档案的概念

原始社会末期，随着社会生产力的发展，人类活动领域与活动范围不断扩大，出于事务管理的需要，档案作为"人类历史的记忆"便产生了。在我国，相关概念经历了较长时期的演变，最后才基本稳定在"档案"这一称谓上。"档案"一词最早记载于清朝顺治年间官府档案中。

### （一）档案的一般定义

《中华人民共和国档案法》（以下简称《档案法》）第二条定义："本法所称档案，是指过去和现在的机关、团体、企业事业单位和其他组织以及个人从事经济、政治、文化、社会、生态文明、军事、外事、科技等方面活动直接形成的对国家和社会具有保存价值的各种文字、图表、声像等不同形式的历史记录。"

《档案工作基本术语》（DA/T 1-2000）给档案的定义："国家机构、社会组织或个人在社会活动中直接形成的有价值的各种形式的历史记录。"

### （二）档案的基本内涵

档案产生于各种社会组织和个人的社会实践活动，产生时间久远，

应用领域广泛，内容构成丰富。

档案形成于人类的实践活动，是人类历史的"记忆"和"再现"。人类实践活动涉及自然和社会的各个方面，既包括政治活动、军事活动、经济活动，也包括科学活动、技术活动、文化活动等；既涉及人类认识和改造自然与社会的各个方面，也涉及人类认识和改造自己主观世界的方面。

档案是保存备查的历史文件。档案由办理完毕且有保存价值的文件转化而来，这指明了档案的成因和价值因素。文件是各类社会组织和个人在履行职务、处理事务的实践活动中形成的具有效用的一切材料的总称。由于社会实践的持续性和继承性，将具有查考利用价值的文件有规律、有规则地保存下来，就转化成档案。可以说，现在的档案曾是过去的文件，现在的文件可能成为将来的档案，二者具有天然的"血缘关系"。从某种意义上来说，"文件"和"档案"是同一事物在不同阶段的两种称呼或者两种表现。

文件转化为档案是有条件的。文件转化为档案一般需要具备三个条件，即办理完毕，具有保存价值，按照一定规律适当集中。"办理完毕"，是指文件在文书处理程序上的办理完毕，而非办事程序和内容上的办理完毕。"具有保存价值"，是指办理完毕的文件的未来使用价值，即未来有用性。"具有保存价值"是文件转化为档案的基本条件。"按照一定规律适当集中"，是说必须按照文件之间的内在联系，通过一定的程序和方法将其集中起来规范整理，实现系统化、条理化。科学定义上的档案，不是孤立的或者杂乱无章的文件堆积，而是内在联系的有价值的文件整体。

档案形式多种多样，揭示了档案的物质存在形态和形式范围。档案形式是指档案文件的存在形式、内容记述、显示方式等因素。就档案信息载体来说，有甲骨、金石、缣帛、竹简、泥板、纸草、纸张、胶片、磁介质、光介质等；就信息表达方式来说，文书档案有法律、条例、办法、决定、指示、总结等，科技档案有产品图、竣工图、测绘图、气象图等；就档案材料制作方式来说，有刀刻、手写、印刷、摄影、录音、录像、复印、缩微等。档案形式的多样性要求我们在进行档案管理时，注意从档案形式方面构建科学、合理的档案库藏结构，丰富档案资源。

档案是原始的历史记录，这揭示了档案的本质属性，是档案定义的核心和实质。档案的这一本质属性，是科学界定档案的范围、区分档案和非档案的根本标准。

## 二、档案的属性

要科学地管理档案，必须掌握档案的属性。把握档案的本质属性，才能科学地区分档案和非档案；把握档案的一般属性，才能正确理解档案与其他事物的关系，恰当地处理档案管理和其他相关工作的分工与协作，有效地服务经济与社会建设事业。

### （一）档案的本质属性

档案具有原始性、历史性和记录性，这三种属性有机融合在档案这一特定事物中。"原始的历史记录"是档案的本质属性。

1. 原始性

原始的含义是"最初的""开始的""第一手的""最古老的""未开发的"。说档案具有原始性，是"原始的历史记录"，就是说档案在内容和形式上是直接形成于它所记载和反映的特定主体的社会实践活动，而且是最初的、第一手的、未开发的材料，即"没有掺过水分"的一次性文献。档案特别注重当时性和当事性。档案以文字、图像、声音等形式记录下客观活动过程的具体情况，包括思想、计划、决策、具体

内容、实施过程、质量与效果等；档案中还留存着当时产生的有关当事人的笔迹、图像、语音等大量原始痕迹符号，如领导签发与签署的笔迹，当事人的指纹、声音，机关印章，个人私章，等等。

原始性直接关系到档案的证据价值，这是一个根本性的问题；同时，也必须意识到，档案的原始性并非绝对的，是相对于当时、当事和特定主体而言的。此外，还必须指出，电子档案虽具有易更改性，但仍然具有原始性。尽管电子文件及电子档案信息安全保障技术在日益完善中，其典型意义上的原始性仍然是非常显著的。我们不能以技术保障措施的缺陷去否认电子档案客观存在的原始性。客观地讲，只是人们还没有找到有效的解决办法而已。

2. 历史性

档案具有突出的历史性，何为"历史"？其包含三层含义：一是指时间上的"过去"；二是指事物发生、发展的全过程；三是从我们认识和研究历史的目的来讲，所谓"历史"就是"以过去之光照耀现在"。从整体及科学、典型的意义上讲，档案记载、反映的是"过去"的工作活动；档案是对某个或者某类实践活动或现象的发生、发展、结果等全过程进行全面、系统、完整的记载和反映；档案的基本价值和使命以及档案管理的基本任务目标之一，就是要维护历史发展的真实面貌，再现历史的本来面貌，充分发挥档案"以过去之光照耀现在"的历史作用，满足各方面的利用需要，服务经济和社会建设事业。

3. 记录性

档案的记录性，是指档案是基于某种需要而有意识地通过特定方式与方法积累形成的。一方面，任何档案的形成都是有意识的而不是无意识的，是人类有意识地制作和使用文件，并有意识地将完结文件中具有保存价值的部分经规范集中和系统整理转化而来的；另一方面，文件和档案都以文字、声音、图像、数字、图形、线条等符号记录了当时、当事和特定主体开展工作、处理事务的具体思想、活动过程及其成果情况。文献所蕴含的知识与信息是人们用各种方式有意识地记录在载体上的，而不是天然荷载在物质实体上的。

总之，"原始的历史记录"是档案的本质规定性，是档案区别于图书、资料、文物等若干种非档案事物的显著标志和本质特点；"原始的历史记录"也是档案的根本价值所在。只有维护档案的真实历史面貌才能保证档案的根本价值，任何对档案真实性的破坏都将严重损害档案的根本价值。

档案虽然与文物、图书、资料、情报、文件等有质的区别，但其内容、形式也客观地存在一定的联系，有时甚至呈现出交叉、重合的关系。因此，在实践中，一方面要按照档案自身的特点进行管理，另一方面要适应信息资源管理的时代要求，积极推进档案与图书、资料、情报、文件等的一体化管理。

### （二）档案的一般属性

关于档案的一般属性，当前形成了知识性、信息性、文化性、资源性、物质实体性、人工记录性、动态发展性等成果，在这里我们主要就档案的知识性、信息性、资源性做介绍。

1. 知识性

简单地说，知识就是人们对主观世界和客观世界认知的成果，而这种认知总是和人类实践活动密切相连的。马克思主义认为，知识虽然由直接知识和间接知识构成，但从根本上和整体上来说，又都是从实践中获得的，离开了实践也就无所谓知识的正确获得、科学运用、有效积累以及传承与发展。人们把各项实践活动中所获得的认识和经验加以总结、深化，就形成了知识。从现代知识管理的角度来讲，文件、档案作为活动的记录，凝结了实践活动者在从事各项活动过程中获得的认识、

体会、经验和教训，是主要的显性知识。文档是知识的容器，是物化的显性知识，其中蕴含了大量的知识财产。从某种意义上来说，文件、档案是企业最重要的知识资源，企业文件与档案管理是知识资源管理的重要组成部分，知识资源管理应成为文件与档案管理的发展方向和核心内容。

总之，档案的形成就是产生、提炼和存贮知识的过程，积累档案就是积累知识，管理档案就是管理知识，利用档案就是传播知识。档案中蕴含的知识是一切文献中的基础知识，档案是其他文献知识的起点和源泉，是知识继承和发展的重要基础和前提条件。

2. 信息性

信息是客观世界中各种事物变化和特征的最新反映，是客观事物间联系的表征，是客观事物经过传递后的再现。信息是事物的普遍属性，是人们感知事物的中介，能够给人们提供事物性质及运动状态的知识，消除不确定性，使事物向有序化和组织化方向发展。信息来源于物质，但又可以脱离物质来传递和贮存；信息与载体具有不可分性，信息必须依附于物质载体存在和交流。信息按产生先后顺序和加工程度可分为零次信息、一次信息、二次信息和三次信息；按存在的领域可分为自然信息、社会信息和知识信息；按来源与表现形态可分为直接信息和间接信息。信息，特别是间接信息，具有显著的价值性、传递性、可存贮性、可加工性、延续性、可继承性和可开发性等特性。因而，信息在一定条件下可以转化为生产力或者展现出其他方面的价值。

从信息的含义、特征、种类、作用中不难发现，档案是一次信息、社会信息、间接信息，属于信息的范畴，具有显著的信息属性。

具体地讲，档案是人们在社会实践活动中形成的，真实地记录了各种实践活动的整个过程、具体运动状态和存在方式。它所储存的是人们实践活动中直接产生和形成的原生信息。在各种文献中，唯一直接记录和储存原生信息的只有档案。在实践中，人们不断地从自然和社会中摄取各种零次信息，形成新的思想认识，取得成功的经验或失败的教训，获得这样或那样的实践成果。所有这些信息都是借助纸张、磁带、胶片或者其他载体，通过手写、摄影、摄像、印刷、刻画、数字等记录方式，以档案的形式记载和存贮下来，并被人们在实践中查阅利用的；而且档案承载的信息具有原始记录性，记载和描述了直接的、原始的运动状态、运动过程，它是真实的，具有极其明显和突出的凭证价值。档案信息是社会信息一种基本的存在形式，通常是其他形式的信息源。档案信息的原始性、真实性和可靠性，使它在整个信息家族中具有非常特殊的地位和作用，且极具价值。

信息技术迅速发展，信息领域的变革促进了档案领域的历史性变革。一方面，档案信息受到社会的广泛关注和重视，社会对档案信息的需求被深度激发，档案信息共享成为历史的必然和潮流；另一方面，各种信息存取技术、新型文献载体、大容量数据库以及局域网、国际互联网的广泛应用，对档案信息的管理和利用提出了新的要求。新技术和新需求彰显了档案的信息属性和信息价值，迸发出广泛而强烈的社会需求，极大地推动了档案信息化建设的进程。

**3. 资源性**

资源是指能够带来经济效益和社会效益的要素。现代意义上的资源观，不仅要看到人、财、物等资源，还要从更广阔的意义上理解资源。例如，知识是资源，信息是资源，关系是资源，渠道是资源，建议是资源，客户是资源，商标、品牌、厂名、地理位置是资源，商誉是资源，诚信是资源，机制是资源，管理方法是资源，思想观念是资源，等等。不仅要看到硬性资源，还要看到软性资源；不仅要看到有形资源，还要看到无形资源；不仅要看到物质性资源，还要看到精神性资源。正确把握和调动各种资源，才能够使其发挥重大的作用，创造出辉煌的业绩。

知识和信息是 21 世纪最重要的也是基本的资源。可以肯定地说，档案具有资源性，是一种重要的知识资源、信息资源。例如，从传统的角度来讲，企业档案信息是具有重要情报价值的经济资源和管理资源，而且已成为企业资源计划和企业业务流程重组实施的基础。在企业资源计划中，各项经营管理活动被看成供需链上的环节，它们之间的关系也化为一种信息流，在内部流通和共享。没有档案信息（特别是有关客户和供应商的档案信息）在管理业务流程上的传输和共享，不可能实现各种管理信息的集成，更无法实现企业业务流程重组。可见，档案的资源属性和资源价值是显著的。

从文化的角度来分析，档案不仅具有知识性、信息性、资源性，还具有显著的文化性。这样讲的原因有三点：一是档案的产生和历史演进本身就是人类文化的产物和文化发展的结果，档案本身就是文化的一种表现形式；二是档案具有记载和积累文化的作用；三是档案具有传播文化的功能，是一种重要的文化传播手段。从这个意义上来说，档案又是一种文化资源。

综上所述，档案是一种知识、一种信息、一种文化产物，是一种文化承载与传播形式，是社会资源的重要组成部分。

## 三、档案的一般形成规律和历史联系

### （一）档案的一般形成规律

档案是由社会组织或个人在履行职能或实施个人事务过程中形成并办理完毕且具有保存价值的文件转化而来的，与其记载和反映的社会实践活动具有"间接同步"性且"成套"地形成，并与其产生的社会文明及技术环境不可分离。在档案管理中，只有充分地研究和尊重档案的形成规律以及由此决定的档案的内在联系，才能管理好档案，有效地开发与应用档案资源。

档案是与其记载和反映的社会实践活动"间接同步"形成的。档案由文件转化而来，从内容和形式上来看，文件和档案是同一事物，没有丝毫差异；而文件作为有关社会活动的内容组成部分是与社会活动"直接同步"形成的，所以从内容和形式上来看，档案也是与有关社会活动"同步"形成的。基于"社会实践活动——文件——档案"的脉络，严格、完整、典型意义上的档案与社会实践活动的关系是一种"间接性"的关系，所以确切地说，档案是与其记载和反映的社会实践活动"间接同步"形成的。

档案是"成套"地形成的。任何一项社会活动中所形成的文件一般都自然地"成套"，完整地记录和再现该项特定实践活动的发生（或筹备）、演变（或经过）、结果、事后影响（效果）。从积累知识和经验、记录历史的需要的角度而言，保持材料成套性，完整地反映每一项活动是一种客观要求。只有"成套"地形成的档案才利于实现档案的价值，完成档案的使命。

档案是与特定的社会文明及技术环境不可分离的。实质上，档案的演进是与人类文明的发展相一致的，与特定历史背景下的技术条件不可分离。例如，金石档案的产生与当时的青铜冶炼技术和青铜器制作工艺密不可分；随着造纸术的发明，以及雕刻技术和印刷技术的产生与发展，纸质档案产生并日益普及，进而成为人类发展至今主要的信息记载与传播工具；声像档案离开了特定的阅读设备是无法进行识读和利用的，而现代电子化和信息技术条件下的电子档案，其生成、阅读、利用与计算机技术、网络技术、现代通信技术以及相关的支持软件、网络系统、硬件设备等具有显著的不可分离性。

## （二）档案的历史联系

档案的历史联系由档案的形成规律决定，档案之间具有客观、内在的历史联系，我们必须以科学的态度和方法，努力地认识它、把握它、揭示它、保持它、利用它。保持联系是档案管理的基本原则和根本性要求。把握档案的历史联系，应做好三个方面的研究，即档案的基本形成特点，档案材料本身的基本构成要素，档案管理的实际需要。

从档案的基本形成特点来看，首先，人类实践活动在时间上是延续、继承和发展的，"今天"的活动总是"昨天"活动的延续、继承和发展，"明天"的活动也必然是在"今天"的基础上的合乎规律的客观发展结果。就这个意义而言，档案在时间上具有突出的延续性和顺序性。其次，人类实践活动在空间上是密切相关的，社会组织和个人的实践活动绝不是彼此孤立的，而是不同程度地相互联系的，具有空间关联性；而与实践活动"间接同步"形成的档案，是围绕机关、单位的职能任务，具体形成于为实现特定目的而开展的每一项活动的全过程的，具有某种职能、目的、活动、形成过程方面的同一性以及相互间的逻辑联系性。

从档案材料本身的基本构成要素来看，任何文件都有责任者、事由（问题或内容）、时间、空间（地区）、文种五个内容要素。这五个内容要素既是区分文件的五个方面，又是分析和把握文件之间具体联系的五个方面。从这个角度来看，档案具有责任者联系、事由（问题或内容）联系、时间联系、空间（地区）联系、文种联系。档案的历史联系可归纳为来源联系、内容联系、时间联系、形式联系。

## （三）档案历史联系的内容及其对档案管理实践的要求

### 1. 来源联系

来源联系是指档案间在来源上具有同一性，或者是实体来源上的同一性，抑或概念来源上的同一性。实体来源是指以档案形成者为中心的档案实际来源。实体来源具有较强的可操作性，成为档案收集、整理、保管、检索等实务活动的直接依据和具体方法。概念来源是指电子档案基于计算机虚拟管理实际而具有的某种职能、目的、活动、形成过程等来源。

不论是实体来源还是概念来源，对档案管理实践均有指导价值，都要求保持同一来源的档案或档案信息的适度归集，不同来源的档案应当采取适当方式进行区分。其中，实体来源联系要求管理档案实体必须区分全宗，在全宗内分类时可采用机构分类法，在档案实体材料排列时可根据具体情况适当采用机构序列排列法。

2. 内容联系

内容联系是指档案材料在内容上的同一性。内容是档案构成要素中实质的、最为稳定的核心要素，是社会利用档案的主要需求对象，因此档案管理一般优先、充分地考虑和保持内容联系。遵循和保持内容联系，一方面要求将内容相同的档案集中存放，一般按照内容的重要程度或内容间的逻辑关系进行科学排列；另一方面要求将不同内容的档案区分开来，不可交叉混杂。在进行档案分类时采用问题分类法；在进行档案排列时采用内容重要程度或内容间逻辑关系排列法；在进行档案检索以及档案信息开发与提供利用服务时，需充分挖掘档案内容因素的价值。

3. 时间联系

时间联系是档案间存在的客观联系，是指档案材料在时间上的相同性及顺序性。遵循和保持档案间的时间联系，一方面要求将时间相同的档案集中存放，不能将其分散、割裂开来；另一方面要求将时间不同的档案区分开，并按照时间顺序进行排列。保持档案之间的时间联系，要求在全宗内档案分类时采用年度分类法，进行文件排序时采用时间排列法，并在进行档案编目及信息开发时准确标注或反映时间。

### 4. 形式联系

档案的形式联系是指在文种、载体等方面的联系。形式联系虽非档案间的主要的、实质的联系，但对档案管理实务具有重要作用。实践中，不同载体、不同存储手段的档案及档案信息应当分开保管。例如，纸质档案与照片档案、磁介质档案、胶片档案等应当分库存放。

## 四、档案的价值

### （一）对档案价值的理解

档案的价值是档案和档案管理工作存在与发展的生命力之所在。档案的价值是指档案的利用价值，亦即档案对社会需要的满足，或者说是档案对满足社会需求的有用性。当档案的属性，特别是本质属性，能够满足社会的某种需求时，就形成了档案的价值。档案的价值问题是事关档案"生死"、决定档案事业"存亡"的根本的问题之一。需要指出的是，档案不是商品，因而这里所说的档案的"价值"不是政治经济学意义上的价值，而是指档案的使用价值或者说是它的有用性。

虽然档案能够满足社会需求的有用性呈现出多样性、变动性，但归纳起来，其基础性的价值主要有两个方面，即凭证价值、参考价值。档案的其他价值都是以此为基础的，可以说，没有凭证价值和参考价值，诸如文化价值、资源价值等均无从谈起。

档案的凭证价值是指档案由其本质属性决定而具有的证据价值，可以起到其他文献无法比拟的证据作用。档案的凭证价值是档案的基本价值，否则，档案根本不可能具有并发挥任何其他的作用。

档案具有凭证价值是由其形成规律和档案自身的特点所决定的。从档案的形成过程及其结果来看，档案是从当时、当事直接使用的文件转化而来，并非在使用之际临时编造的，它客观地记录了以往的情况，是历史真迹，是令人信服的历史证据，具有无可置辩的证据作用。从档案本身的物理形态来看，文件上保留着真切的历史标记。例如，有的文件上有当事人的亲笔签名或批示，有的文件上有机关或个人的印信，有的文件上有原来形象的照片、录像和原声的录音，等等，这些均构成日后查考、研究、争辩和处理问题的依据。这些原始标记进一步证明了档案是确凿的原始材料和历史证据，是真实的历史凭证。

档案的参考价值是指档案因其基本属性而具有的对他时、他人、他事的借鉴价值。档案作为人类实践真实的原始记录，客观记录了实践的思想、活动经过、实践方法与技术、成绩与问题、经验与教训以及对有关实践活动规律的认识等。档案来源非常广泛，记录的知识信息内容极其丰富。档案中有成功的经验和失败的教训，有思想观点和实践事实，既涉及社会变革，也涉及生产发展，这些都可为后人和他人提供借鉴，使我们在工作和学习中少走弯路，尽快达成目的。人类社会发展的连续性、承继性，需要档案发挥参考甚至依据作用。与图书资料等相比较，档案的参考价值具有更强的可靠性、系统性。档案是原始记录，是第一手资料，并且具有来源广泛、内容丰富的特点，可以满足各类社会组织和个人的利用需求，任何单位或个人遇有难题，都可以到档案部门参考档案，寻找答案。

### （二）辩证地认识档案价值

从主体与客体关系的角度来认识，档案的价值实际上是档案的客观属性与利用主体需求交互作用的结果的客观反映。如果档案仅有某种属性却无利用主体或者与利用主体需求不匹配，其所谓的"满足社会需求的有用性"也就无从谈起；如果仅有社会利用主体的某种需求，但无与需求匹配的档案，则社会需求也无从满足。所以，"档案的价值"应是一个具有社会属性的概念，是档案能够同社会利用主体的实践活动及其

具体利用需求相联系、相匹配的一种属性，属于关系范畴的概念。档案的属性只有同利用主体的需求联系起来并得到肯定，才谈得上有价值，也才能构成档案的价值。这就要求档案部门一定要科学地、全面地分析档案的客观属性，准确判断社会实践活动各方主体对档案信息的需求脉搏，有效促成二者的结合。

从静态与动态结合的角度来认识，一方面，档案的价值就是档案的客观属性与档案利用主体需求交互作用的结果的客观反映；另一方面，档案客观上具有的可以满足社会需求的潜在有用性是多方面的，从理论上来说完全能够满足不同时期、不同领域、不同主体的不同需求；此外，档案利用主体对档案的需求客观地呈现出明显的层次性和变动性。因此，对档案价值的认知、利用、评价，应坚持马克思主义唯物辩证的观点，从静态和动态两个方面进行全面分析与把握。这就要求档案部门在研究和开发档案信息资源时，一方面，要坚持"围绕中心，服务重点"的原则，分析并发掘档案的价值，从宏观层面上找到服务的结合点；另一方面，要加强对潜在的和现实的具体需求内容与规律的研究，把握微观利用主体的需求脉搏，提高服务的具体针对性；此外，还要把握和利用好档案价值的多维性、间接性。

从对国家和社会的价值以及对个体的价值的角度来认识，档案的价值是多方面的，而且在满足社会需求方面，因档案利用主体的动机和目的不同而呈现层次性，"对国家和社会需求的满足"和"对单个社会组织或者个人具体需求的满足"即其表现之一。应当说，"对国家和社会需求的满足"和"对单个社会组织或者个人具体需求的满足"是既统一又对立的关系。一方面，"对国家和社会需求的满足"并不是抽象的、不可触摸的，它一般是通过"对单个社会组织或者个人具体需求的满足"来实现的，二者在整体上和根本上是一致的，具有统一性；另一方面，二者毕竟又是分别处于不同层面上的价值，是档案对不同层次的利用主体需求予以满足所呈现出的有用性。因此，在分析档案价值时必须坚持全面的观点，处理好具体与一般、局部与整体、个体与社会之间的关系。在档案信息资源开发与利用服务中，既要立足于首先满足每一特定利用主体的需求，又要紧紧围绕党和国家以及地区、行业、单位的中心工作、重点项目等，通过有效满足个体利用需求间接满足国家和社会整体需求。

从有用性与可用性的角度来认识，档案对满足各种需求是有用的，具有多角度、多层次的有用性；但是具有有用性仅是档案价值问题的一个方面，更为重要、更有价值的是档案价值问题的另一方面，即可用性。如前所述，只有有用的档案与社会利用主体的具体需求相吻合，通过利用主体的实际有效利用，现实地满足社会需求，才能获得社会的认同，才会真正被认为是有价值的，否则档案和档案工作的"立足之地"将受到严峻的挑战。

档案部门不仅要大力宣传档案和档案工作的价值，营造必要的有关档案价值的社会意识环境，更为重要和关键的是，应当在坚实地做好档案资源基础性管理工作的条件下，千方百计抓准利用主体需求的脉搏，全面、深入、动态地系统开掘与综合分析档案价值的形态与内容，运用传统和现代的技术手段与方法，编制科学的检索工具，建立完整的、实用性强的检索体系，不断生产适销对路的档案信息产品，提升准确、及时、有效满足社会各方面利用需求的实际水平。

从工具价值与文化价值的角度来认识，档案作为人类社会实践的成果，具有显著而强烈的文化性，具有传承人类文化的重要作用，是其他形式的文献无可比拟和无可替代的一种文化资源，具有文化价值；同时必须认识到，档案还呈现出工具性的一面，即还具有工具价值。档案为什么会产生？档案为什么需要保存？答案很简单，即保存备查。为"备查"而"保存"，因"保存"而能够"备查"，因"保存"而可以实现

"今世赖之以知古，后世赖之以知今"。这已经充分说明，档案产生、积累和保存的直接原因与目的之一，就是作为一种必要的工具和手段。工具性应该是档案的一种基础性属性，如果没有档案这种工具，何以记载和反映历史真实面貌？何以传承文化？何来凭证和参考？因此，工具价值也就自然地成为档案的一种基础性价值。

实质上，工具价值仅是档案的一种形式价值，文化价值才是其内涵价值。认识和发掘档案价值，既要着力于档案的文化价值，发挥其文化资源的作用，也不能对其工具价值视而不见或任意忽略。要正确处理内容与形式、目的与手段的关系。

## 五、档案的一般作用

档案的一般作用是档案基本价值的具体表现。机关、单位工作查考的凭据档案是由机关等社会组织在过去活动中形成的文件转化而来的，记录和反映了社会组织过去各方面活动的情况，最初主要是为社会组织工作服务。社会组织要保证其工作的正常开展和延续，一般都要查考利用档案，因而档案工作成为社会组织行政管理工作的重要组成部分。各社会组织在工作中，为了解组织历史、增强职工的主人翁责任感而进行宣传教育，为塑造良好的组织形象而进行社会宣传，为科学决策及制定切实可行的管理规章，等等，通常都需要查考利用档案。无案可查或有案不查，都会给行政管理工作带来困难。

### （一）生产建设的参考依据

科技工作中利用档案来复用技术图纸及技术参数，以节约劳动耗费，创造经济效益；利用档案帮助确定经济建设项目；利用档案帮助制定经济技术指标；等等。档案记载了各种生产活动的情况、成果和经验教训，也反映了自然资源、生产条件、生产管理和生产技术等方面的信息，是经济管理和生产建设的重要依据及有益参考。尤其是科技档案，更是现代化生产与管理不可或缺的条件。不论是制定一个地区、一个部门的生产发展规划，还是生产某个产品或进行某项技术改造，都要利用档案。在全面建设节约型社会的今天，更应重视档案特有的作用。

### （二）科学研究的必要条件

司马迁撰写《史记》，司马光组织撰写《资治通鉴》，均查阅了大量的档案；马克思在撰写《资本论》时，大量研究和利用了工厂视察报告、皇家铁道委员会记录及证词，以及其他文件中有关工人劳动、工资、生活乃至居住条件的大批档案材料。任何研究都必须以广泛占有材料为基础，以材料的真实可靠性为前提。要想完整、准确地掌握业界研究状况，科学地把握相关领域的实践成就和规律等基础信息，就要充分利用档案文献。"科学研究是站在前人肩膀上向上攀登的事业"，这一形象比喻道出了大量掌握、研究、学习借鉴前人的研究成果和经验的重要性。档案记载了社会实践活动中大量有知识价值的事实、数据、成果和理论，它有两个方面的功用：一方面，能提供原始记录，以供直接借鉴；另一方面，能以其记载的大量的事实、经验以及实验、观察结果，为现实的研究提供基础材料。

### （三）宣传教育的生动素材

档案再现了丰富多彩的历史，记载了各个历史时期的各种势力，包括进步势力甚至敌对势力；记载了各个历史时期的英雄人物的光辉事迹；记载了社会主义建设事业取得的成就；记载了特定组织在生产、建设、服务中取得的每一项成果；记载了先进模范人物的榜样事迹；等等。档案在革命历史教育、爱国主义教育、社会主义责任感教育、组织成员

的主人翁责任感教育等方面起着重要的作用，和其他宣传素材相比，档案突出了原始性、直观性、具体性和生动性等特点，利用档案开展宣传教育具有强烈的说服力和感染力，有助于收到良好的成效。档案部门应充分认识到这一点，努力把档案馆（室）建设成国家、社会、单位宣传教育的重要基地。

档案作用的发挥有其特定的规律性，正确地认识和把握其中规律，有助于做好档案工作，充分实现档案价值。

档案作用发挥的规律性主要表现在三个方面：①随着时间的推移和作用性质的变化，档案作用的范围会逐步从主要服务于其形成者扩大为包括形成者在内的社会各个方面；②随着时间的推移和条件的变化，档案的保密范围会逐渐缩小，保密等级会逐步降低，开放程度日益提高，可供社会共同利用的非涉密档案将越来越多；③基于多维性、间接性特点，随着时间、条件以及人们利用目的的变化，档案将逐步从主要发挥现行作用转变为主要发挥科学文化作用，且档案作用能否充分发挥，与特定的条件直接相关，受到社会制度、政治路线、政策状况、社会档案意识、社会利用实践、档案管理与服务水平等诸多条件的影响。

## 第二节　档案工作

广义的档案工作等同于档案事业，是指管理档案和档案事业的活动，包括档案行政管理工作、档案馆工作、档案室工作、档案教育工作、档案科学研究工作和档案出版工作等。狭义的档案工作是指档案管理工作，即档案收集、鉴定、整理、保管、检索、信息开发与提供利用、统计等实践活动，通常就是档案馆（室）开展的业务工作。

## 一、档案工作的内容与性质

### （一）档案工作的内容

档案工作的内容可谓纷繁复杂、丰富多彩，归纳起来主要有以下八个方面。

1. 档案收集

档案收集是指档案馆（室）接收或征集档案及其他有关文献的活动。档案收集的任务是实现档案从零散向集中的转化，并为国家和社会积累档案财富。通过档案收集工作，为档案的系统保存与有效利用奠定基础条件。

2. 档案鉴定

传统意义上的档案鉴定，主要是指鉴别档案真伪和判定档案价值的活动。档案鉴定的目的，一是最大限度地保管应该保管的档案，二是确保档案的内容真实可靠，三是区分重要与相对次要的档案，使档案保管机构的人力、物力和财力能够充分发挥作用。随着电子档案数量的不断增加及其广泛利用，电子档案鉴定成为档案工作的重要内容。电子档案鉴定除上述内容外，还包括进行必要的技术鉴定，确保其运行与识读顺畅。

3. 档案整理

档案整理主要是指按照一定的原则，系统地对档案进行全宗区分以及全宗内的分类、排列、编目、组合包装等，使之从"凌乱"状态转变为"系统"状态的有序化过程。通过档案整理工作，使来源广泛、内容

复杂、形式多样、数量庞大的档案条理化、系统化，为科学保管、有效检索、系统开发和全面利用档案打下坚实的基础。

4. 档案保管

档案保管是维护档案信息及其载体的完整与安全的活动。档案保管主要包括两个方面的内容：一是与各种损害档案信息及其载体安全的因素进行不懈的斗争，维护档案及其信息存储的有序性；二是通过科学管理，方便用户利用。档案保管的目的与任务是实现档案"延年益寿"。

5. 档案检索

档案检索是存贮和查找档案信息的过程。通过档案检索工作，可以多途径、多形式地揭示档案的内容与成分，提供检寻档案的手段与方式。

6. 档案信息开发

档案信息开发即科学开掘与发现档案的价值和作用，并通过适当的渠道、方式、方法，适时将其传递给用户，以满足社会利用需求的活动。就我国的档案信息开发实践而言，一般就是档案编研。档案编研是指在研究档案和社会需要的基础上，按照一定的题目、体例和方法编辑档案文献的活动。通过档案编研工作，一方面可以发现档案的有用性，提高档案的可用性，有效满足社会需要，及时实现档案价值；另一方面，可以让档案信息以编研成果的形式长久流传，从而延长档案原件的寿命。

7. 档案利用服务

档案利用服务也叫作"档案提供利用"，是指档案部门通过阅览、复制、摘录、上网等方式，向利用者及时、准确地提供其所需档案信息的活动。档案利用服务既是档案管理工作根本属性的体现，也是档案管理工作的最终目的。通过有效利用服务活动，可以最大限度地体现和实现档案和档案管理实践活动的价值。

8.档案统计

档案统计是指对反映和说明档案及档案工作现象的数量特征进行搜集、整理和分析的活动。通过档案统计工作，使人们对档案"心中有数"，并发现档案工作的成绩或不足，有利于提高档案管理水平与绩效水平。

## （二）档案工作的性质

就基本性质而言，档案工作具有显著的服务性、管理性、文化性、政治性。

档案工作是一项服务性的工作，其基本内容和作用方式，主要是通过管理档案以及开展档案信息资源利用服务活动来满足社会各方面的需求，为顺利推进生产、建设、管理、服务等社会活动并取得实效提供必要条件。档案价值和作用的实现，档案管理劳动的价值和作用的体现，具有间接性，必须以社会有关领域的用户的实际有效利用为媒介，并通过用户利用后创造的经济效益与社会效益反映出来。因此，档案工作具有显著的服务性，档案工作者必须树立坚定的服务思想，富有"绿叶"精神。

档案工作是一项管理性的工作，主要有两方面的理由。第一，档案工作本身是一项以档案为管理对象的专业性管理工作，自身有一套科学的管理理论、管理方法和管理技术，有其特殊的规律和丰富的科学内容。第二，档案工作是社会管理和其他专业管理工作的重要组成内容。从系统论的观点来看，档案工作这一相对独立的管理系统是处于不同规模和层次的更大的管理系统之中的。一方面，档案管理工作融于其他管理工作之中；另一方面，其他管理工作也离不开档案管理工作。例如，人事管理离不开人事档案，财务管理离不开会计档案，教学管理离不开教学档案，人事档案工作、会计档案工作、教学档案工作分别融于人事、会

计、教学等管理工作之中,并成为其实施管理的基础性工作。

档案具有文化性,是一种重要的文化资源。以档案为基本管理对象、以档案为服务社会的基本条件的档案工作,自然也成为具有文化性的工作。档案工作是一项具有文化性的工作,甚至可以说是文化工作的重要组成部分。特别是档案馆工作,其在人类社会文化传承中的作用决定了它具有显著的社会文化性,主要表现在以下几个方面:①档案馆具有保存历史文化遗产的作用;②档案馆具有传播社会文化知识与信息的作用;③档案馆具有社会文化教育的作用;④档案馆具有发展科学文化的作用。

档案工作是一项具有政治性的工作,这主要表现在三个方面。第一,服务方向是其政治性的集中表现。如果服务方向错误,档案不但无法发挥为党和国家服务的作用,相反,还会危害党和国家的利益。第二,机要性是其政治性的重要表现。第三,档案工作是"存信史、留真实"的工作,其基本使命是维护历史的本来面貌。因此,档案工作者应当增强党性原则,坚持辩证唯物主义和历史唯物主义,坚持实事求是,保护档案不受破坏和歪曲,并积极地用档案去印证历史、校对历史。

## 二、我国档案工作的基本原则

《档案法》规定:"档案工作实行统一领导、分级管理的原则,维护档案完整与安全,便于社会各方面的利用。"这就是档案工作的基本原则。

### (一)统一领导,分级管理国家全部档案

统一领导是指国家档案工作由国务院统一领导,地方档案工作由地方各级人民政府直接统一领导。《档案法》规定:"各级人民政府应当

加强档案工作,把档案事业纳入国民经济和社会发展规划……"档案工作由各级档案行政管理机构统一、分层次进行监督和指导。全国各机关、企事业单位档案工作及各级各类档案馆工作,均由相应的档案行政管理机构进行统一的指导、监督、检查;同时,各机关、企事业单位的档案机构和各级档案馆,必须按统一的规章制度和办法实施档案管理,不得自行其是。

档案由各级档案机构分别集中保存,并实行党、政档案统一管理。各机关、团体、企事业单位等组织形成的全部档案,必须统一由本单位档案机构集中管理,不得由承办单位或个人分散保存,更不得据为己有,需要长久保存的,应按规定集中到有关档案馆保管。《档案法》规定,不按规定或不按期移交档案为违法行为。

在中华人民共和国国家档案局(以下简称国家档案局)统一掌管下,以专业主管机关为主,以各级档案行政管理机关为辅的管理体制,在纵向上实行"按专业统一管理",在横向上由地方各级档案行政管理部门对本行政区域内的档案工作实行监督、检查和指导。

## (二)维护档案的完整与安全

维护档案的完整,一是维护档案在数量上的完整,二是维护档案在质量上的完整。在数量上,要求将有保存价值的档案收集齐全,完整再现一个单位或地区的历史面貌。在质量上,按档案的内在联系系统地进行整理,组成有机整体,使之不零散、不凌乱,系统反映完整的历史面貌。为此应注重在量中求质,在质中求量,真正达到完整的要求。

维护档案的安全,一是维护档案实体的安全,二是维护档案信息的安全。因此,在档案管理过程中,一方面要采用一切手段尽量延长档案的寿命,避免物质形态上遭受破坏;另一方面,既要对档案蕴含的机密内容采取保护措施,防止泄密失密,又要通过有效的技术与手段确保档

案信息不被篡改，不会造成识读困难。

维护档案完整和安全，是档案工作基本质量要求的两个方面，二者相辅相成、有机联系。

### （三）便于社会各方面的利用

档案管理工作所有的劳动，最终都是为了提供档案资料，以有效满足社会各方面的利用需求。因此，"便于社会各方面的利用"是档案工作的出发点和归宿点，是档案工作的根本目的和终极质量检验标准，支配着档案工作的全过程。

统一领导、分级管理以及维护档案的完整与安全是手段性的，便于社会各方面的利用才是目的性的，前者为后者提供组织、制度和物质基础保障，而后者是前者的目的和方向。只有牢记"便于社会各方面的利用"，才能妥善地处理档案管理工作内外关系中的各种矛盾，把档案工作做得更有成效。

档案工作基本原则的三个组成部分之间是辩证统一的关系。统一领导、分级管理是核心，没有它做保证，就不会有档案的完整与安全，便于社会各方面利用的目的也就难以实现；维护档案的完整与安全是手段，否则就不会有方便利用和有效利用；便于社会各方面的利用是目的，离开了它，维护档案的完整与安全也就失去了方向和意义。所以，应该全面地理解并贯彻执行档案工作的基本原则。

## 三、档案管理机构

我国档案事业组织体系由档案室、档案馆、档案行政管理部门以及其他辅助性机构构成，这些机构在全国范围内构成了一个结构合理、管理科学且规模庞大的档案工作组织体系。其中，直接从事档案具体管理工作的机构是档案室和档案馆。

## （一）档案室的性质与功能

从微观上讲，档案室是机关、企事业单位及其他社会组织的内部组织机构，是集中管理本单位档案的专业机构，是机关、团体、企事业单位内具有参谋和咨询作用的部门。从宏观上讲，档案室是国家档案工作组织体系中最为普遍且数量最大的基层业务机构，肩负着为国家、为社会积累档案财富的使命，国家档案的完整程度及是否连续，首先取决于档案室。档案室是档案形成后提供利用服务、发挥档案作用的前哨。档案室中具有长远利用价值的档案最终要过渡到档案馆，因此档案室工作的好坏直接关系到档案馆档案质量的高低。

档案室按职能任务不同可以分为两种类型：一种是纯粹的档案保管机构，另一种是具有档案保管和档案业务指导双重职能的档案室。档案室又具体分为普通档案室、科技档案室、音像档案室、人事档案室、综合档案室、联合档案室六种类型。

《中华人民共和国档案法实施办法》（以下简称《档案法实施办法》）规定，档案室履行以下职责：第一，贯彻执行有关法律、法规和国家有关方针政策，建立、健全本单位的档案工作规章制度；第二，指导本单位文件、资料的形成、积累和归档工作；第三，统一管理本单位的档案，并按照规定向有关档案馆移交档案；第四，监督、指导所属机构的档案工作。

## （二）档案馆的性质与功能

档案馆是集中管理特定范围内形成的具有"永久"或"永久和长期"保存价值的档案的基地，是科学研究和利用档案史料的中心，是国家文化事业单位。

档案馆是档案工作组织体系中的主要业务系统,居于主体地位,主要体现在三个方面:第一,档案馆中集中保存了大量的具有长远保存价值的档案;第二,档案馆在干部配备和物质条件等方面优于其他档案部门;第三,档案馆工作最能体现一个国家或地区的档案工作成果,反映档案工作水平。

档案馆要履行以下职责:第一,收集本馆分管范围内的档案;第二,按照规定整理、保管档案;第三,依法向社会开放档案,并采取各种形式研究、开发档案资源,为各方面利用档案资源提供服务。

我国档案馆主要有国家档案馆、部门档案馆和企事业档案馆三类。

1. 国家档案馆

国家档案馆由国家各级政府设立并领导,包括综合性档案馆和专业档案馆。

(1) 综合性档案馆。

综合性档案馆是指按照行政区划或历史时期设置的、管理规定范围内多种门类档案的、具有文化事业机构性质的档案馆。中国第一历史档案馆、中国第二历史档案馆、四川省档案馆、成都市档案馆均属此类。

(2) 专业档案馆。

专业档案馆是管理特定范围专业档案的档案馆,既可按其所保存档案的载体形态设置,也可按其所保存档案涉及的专门领域设置。中国电影资料馆、中国照片档案馆、中国地名档案资料馆、上海市城市建设档案馆均属此类。

2. 部门档案馆

部门档案馆是专业主管部门设置的管理本部门及其直属机构档案的档案馆。

### 3. 企事业档案馆

企事业档案馆是保存管理本单位形成的档案的机构，属于某一机关或组织内部设立的机构，其性质与国家档案馆不同，是整个机关或组织的组成部分，包括企业档案馆和事业单位档案馆。

（1）企业档案馆。

企业档案馆是某一企业设置的管理本企业档案的档案馆。

（2）事业单位档案馆。

事业单位档案馆是事业单位设置的管理本单位档案的档案馆。

## 四、两个"一体化"

### （一）"文档一体化"管理

随着社会主义市场经济的深入发展和科学技术的突飞猛进，特别是计算机技术、网络技术等的发展，理论和实践领域根据新的形势提出了"文档一体化"的管理理念。随着信息化建设的积极推行和日益深化，"文档一体化"的实践已初显成效。所谓"文档一体化"，就是从文件管理工作和档案管理工作的全局出发，在文件生成、处理、归档到档案管理的全过程中，使用"文档一体化"计算机管理系统，一次输入，多次输出，反复利用。一方面，从文件产生到运转的每个环节，特别是在文件向档案转化的关键环节，都体现并努力符合档案的要求；另一方面，档案管理必须关注文件管理阶段的若干技术细节，注重文件的形成、使用、管理对档案管理的影响，并通过特定的技术条件和技术手段，在制度与标准的支撑下，从文件管理阶段提前介入，实现文档生成一体化、管理一体化、利用一体化、规范一体化，做到文件工作与档案工作信息共享、规范衔接。

文件管理与档案管理一体化，是将原来的文书处理和档案管理工作

整合为一个既统一又有分工、既有联系又有区别的综合性管理过程，有利于克服文件管理工作与档案管理工作分离带来的问题和消极影响。在日常机关工作中，人们大多只注重文件的现行目的和现行效用，在文件质量上出现了物质形态不统一、制成材料不合乎质量要求、信息记录要素不完整、归档范围内的材料不齐全等一系列问题。归档是文件管理工作和档案管理工作的结合部，归档工作的质量从根本上决定档案工作的质量，如果文件管理部门和档案管理部门不能很好地配合，将直接影响档案管理工作。实现"文档一体化"，不仅可以解决诸如上述的问题，实际上也是一种资源整合，既有助于节约资源、提高效益，也有利于减少环节、减少不协调因素，重组文档管理流程，提升工作质量和效率。

实际上，"文档一体化"是一种由来已久的客观需要，只不过在过去未能真正有效地进行研究和实践，而在现代社会里，由于信息技术高速发展，电子文件和电子档案的数量迅猛增加，这个问题便非正视不可了。当然，在今天的条件下，"文档一体化"的要求比过去更显迫切，而且比过去任何时期都更有条件实现。我们之所以说"文档一体化"是一种客观需要，主要是基于两点原因。

第一，如前所讲，文件与档案之间本身就存在"血缘联系"。文件管理工作人员头脑中要有"档案"二字，不仅要让文件为当前工作服务，还要站在对历史负责的高度，按"文档一体化"的要求，规范地办理每一份文件；档案部门应当从档案质量和管理的需要出发，加强对文件生成、处理、积累、归档等的全程关注，与文件部门密切合作。

第二，正如文件连续体理论、前端控制理论所阐释的，"文档一体化"是电子文件（含电子档案）时代的要求。电子文件产生后，对界限分明、分工明确的传统管理流程产生冲击，文件管理各环节之间、文件管理与档案管理之间、档案管理各方面之间的界限呈现出模糊化趋势。有的环节提前了，如著录、鉴定、保存等工作，在电子文件生成时就已全部或部分地完成；有的环节的实施时间延长了，如加载元数据的著录工作几乎贯穿电子文件的整个生命周期。最重要的是，电子文件管理中的"文档一体化"流程总体上呈现出集成化趋势，不同的业务环节交叉进行或同时进行，各管理阶段的界限不像纸质文件管理系统中那么明显。

"文档一体化"使档案工作发生了很多变化，如档案事业的关注焦点从文件实体转向文件形成过程；从注重分散的个别文件的性质和特征，转向关注导致文件产生的业务职能、活动、任务、事务处理和工作流程；从根据文件内在价值或研究价值进行鉴定转向宏观鉴定文件形成者的主要职能、计划和活动，挑选出能够反映其主要工作活动的文件加以保存；从对文件实体的整理、编目和保管，转向根据信息系统和形成者在相关文件间的有机联系来整理。

## （二）"档案、图书、情报一体化"管理

"档案、图书、情报一体化"管理，是基于社会实践需要和科学理论发展而提出来的，是世界性的趋势和实践要求。

（1）"档案、图书、情报一体化"的必要性。

进入信息社会以来，一方面，信息成为一种重要的资源，甚至是一种战略性的资源，受到了世界各国政府、组织、企业甚至每一个人的特别重视，因而"一体化"十分必要；另一方面，信息技术等现代科学技术的飞速发展，使档案、图书、情报在内容、形式、数量、形成上发生了很大变化，同时使整合档案、图书、情报资源，进行综合管理，具备了现实可能。

（2）"一体化"是档案、图书、情报三者间共性的客观要求。

虽然档案、图书、情报三者之间存在区别，但三者也存在实质性的共同点，而且一般来说，三者的共性方面是基本的、主要的。第一，档

案、图书、情报都具有信息属性，其承载的内容都具有信息的特征，是重要的信息资源，它们都是以纸、胶片、磁带等物质载体存储有关信息。第二，作为人类积累、传播和储存知识的方式与手段，档案、图书、情报所发挥的作用以及需要实现的目的具有一致性，相互间密切联系又互为补充。第三，就三者的管理工作方法来讲，从输入、存储、输出三个基本环节来看，三者的技术管理方法和流程大体相同。输入环节主要是靠收集、验收、登记，存储手段主要是分类、编目、统计、保管、控制、选择、转化，输出方法主要是提供利用、阅览、咨询等服务。因此，从内容属性、形式特征、管理方法来看，"档案、图书、情报一体化"具有客观基础。

（3）科学技术和信息利用的综合性要求实施"档案、图书、情报一体化"管理。

不争的事实是，现代科学技术各部门、各学科之间既分化分工，又日益综合、相互渗透，边缘化、综合化是科学技术发展的一个突出特点。任何一个科学部门、每一个学科，其理论研究也好，实践探索也罢，只有在整个科学体系的相互联系中、在实践方法的体系中才能得到发展，不可能脱离其他部门或学科而独自进行研究和实践探索。因此，档案、图书、情报领域不仅要注重自身的纵深发展，也应当加强横向联系。

档案学要想在自身发展中有所突破，必须注意在向纵深发展的同时，加强与相关学科的横向联系。从信息利用者的需求特点来看，在信息时代，一方面，人们对信息的需求急剧增加，对信息完整性和精准性的要求越来越高，对获取有效信息的速度要求也更加严格；另一方面，如果档案、图书、情报分别由不同系统、不同部门进行管理，利用者势必在数量浩瀚、形式多样、内容复杂、管理各异的现实面前遇到许多困难，很难达到"全、准、新、快"的利用目的。这也客观地要求实现档案、图书、情报等信息管理的一体化。

现代信息管理理念以及先进的管理技术手段为"档案、图书、情报一体化"管理提供了必要条件。"档案、图书、情报一体化"的实践整合信息资源，实现"档案、图书、情报一体化"管理，已经在不少企事业单位取得了不错的成效。

就"档案、图书、情报一体化"管理的具体组织形式而言，可以以原有的档案、图书、情报工作中的某一部门为基础，设立信息中心，使之成为一个专门机构。实践中，企业一般以档案部门为主体建立档案信息中心（也称"信息中心"），作为统一的信息管理实体机构。这种组织形式便于建立计算机管理系统，实行现代化管理，同时有利于实现对信息资源的联合开发利用。

建立信息中心，有利于冲破档案、图书、情报分别管理时的信息分散、分割的制约，在更大范围内发挥档案、图书、信息资源的长短互补、共同发展、资源重组、综合集成的优势，充分发挥信息的作用；有利于集中资金、技术，统筹规划、系统设计，积极采用计算机技术、网络技术、光学技术、声像技术等，加速档案、图书、情报管理的现代化进程，与企业管理现代化同步推进，不断提高企业的管理水平和效益。

从未来发展的角度考虑，最终的一体化不仅仅是"两个一体化"，应当是也必然是"文档一体化"与"档案、图书、情报一体化"在分化基础上的新的整合，走向文件、档案、图书、情报等各类信息资源管理的"大一体化"，实现四者在相互渗透、有机融合基础上的综合管理，使信息资源管理系统的功能进一步增强。当然，在"大一体化"背景下，基于文件本身的特殊性，在管理上必然会有一些特殊之处。

## 五、档案工作标准化与法制化建设

### （一）档案工作标准化建设

档案工作标准化是实现档案管理规范化、现代化的基础，特别是在档案信息化进程不断推进的条件下，努力提高档案管理标准化水平显得尤为重要；但是，在档案管理业务实践以及档案管理信息化技术系统建设中，通常会遇到在"标准与我的看法谁为上"的问题上过分强调本单位的特殊性、管理方式不可更改等情况。这种实质上无视标准化、拒绝采用标准的做法是极其有害的。采用标准意味着进步，对提高档案管理品质以及档案管理信息系统建设的长远发展有不可估量的作用。为了推进档案管理业务技术不断现代化，必须在档案工作标准化上下足功夫。

我们通常理解的标准的基本含义主要是：它的工作对象必须是需要协调统一的事物，而且该事物要具有重复性、多样性的属性特征；它必须以科学技术成果和较普遍的社会实践经验为基础，而不能凭主观的或一时一地的局部经验为基础制定；它需要通过有关方面协调统一，以期达到先进、合理、客观可行的要求；它的本质特征是统一；它需要经过社会公认的机构批准，并以特定形式发布，才能在一定工作领域内发挥作用；制定它的目的是获得最佳的经济效益与社会效益，建立最佳的工作秩序，保证有关工作沿着良性的发展轨道运行；它的制定必须依据《中华人民共和国标准化法》（以下简称《标准化法》）进行；它是一种准则和依据，具有强制性，不可随意违背。所谓标准化，是在经济、技术、科学及管理等社会实践中，对重复性事物和概念，通过制定、发布和实施标准，达到统一，以获得最佳秩序和社会效益。标准化的原则（形式）有统一、简化、协调、最优化。

档案工作标准，是以档案工作领域中的重复性的事物和概念为对象而制定或修订的各种标准的总称,是档案工作中有关单位和个人应当遵守的共同准则和依据。档案工作标准,按性质不同可分为管理标准和技术标准,按实际法定效力不同可分为强制性标准和推荐性标准,按相关程度不同可分为正式标准和参照标准,按适用范围不同可分为国际标准、区域性标准、国家标准、专业或行业标准、企业标准。其属性可以简单归纳为:标准的制定与审核或批准等工作程序,都有专门的规定;标准有固定的代号,格式整齐划一;档案工作标准是从事文件管理和档案管理的共同依据,在一定条件下具有法律效力,并具有一定的行为约束力;档案工作标准的时效性较强,它是以某个历史阶段的档案工作实践水平为基础的;标准内容的相对专一性;标准依据其不同的种类和级别在不同的范围内贯彻执行,具有较强的可操作性。档案工作标准具有协调、简化、统一与优选等作用。

从微观的角度来说,档案工作标准化,就是通过制定和实施标准,对档案和档案管理实行统一、简化、协调和优选等有序化管理控制,以便获得最佳档案管理效益的活动。其形式包括简化、统一化、系列化、通用化、典型化和格式化。

## (二)档案工作法制化建设

全面依法治国是坚持和发展中国特色社会主义的本质要求和重要保障,档案事业也必须坚持和切实贯彻执行;同时,进行档案工作法制化建设,不仅是建设法治国家、法治事业的需要,也是积极推进档案管理工作以及整个档案事业适应信息化时代要求、顺应电子环境下科学管理和利用档案信息资源的需要。

档案工作法律,简称"档案法律"。从狭义上讲,档案法律是指由国家最高权力机关制定的档案事业规定性文件,包括各种关于档案及档案工作的法律行为规范。在我国主要是指《档案法》,还包括诸如《中

华人民共和国文物保护法》（以下简称《文物保护法》）、《中华人民共和国刑法》（以下简称《刑法》）等由国家最高权力机关制定的其他法律中涉及档案及档案工作的法律条文。从广义上讲，档案法律是指国家制定的一切调整档案法律关系的法律规范的总和，不仅包括狭义上的档案法律，还包括有关的行政法规、地方性法规、部门行政规章等。

　　档案法律对于档案工作的健康、持续、稳定发展具有非常重要的意义。它是建设和发展档案事业的法律保障，是进行我国档案法规体系建设的重要依据，是保护我国的国家机关、社会组织及公民形成或保存的具有国家和社会意义的档案财富的有力法律手段，是促进我国馆藏档案信息资源开发和利用的有效工具，还是加强我国档案行政工作的法律依据。

　　自 1987 年《档案法》颁布实施以来，我国的档案法制化建设取得了重大发展，获得了丰硕成果。以《档案法》为核心的档案法律体系，使档案事务"有法可依，有法必依"。档案法律体系作为一个有机统一的整体，包括国家最高权力机关制定的档案法律（狭义上的）、档案行政法规、档案行政规章、档案地方性法规以及经批准的我国参加的有关公约等。

## 第三节 档案资源建设

### 一、档案资源

在中国档案界,"档案资源"一词并未普遍使用。与之相关的名词中,"国家档案资源""档案信息资源"的使用相当广泛。为了解析"档案资源"的含义,有必要对相关的概念进行简要分析。

#### (一)国家档案资源

继 1987 年《档案法》对"档案"做出明确定义后,2002 年,为全面加强国家档案资源建设,在政府文件中提出"国家档案资源"的概念,认为国家档案资源"是指过去和现在的国家机构、社会组织和个人在社会活动中形成的对国家和社会有保存价值的档案的总和",对国家档案资源的基本内涵做了界定。此后,学者们对"国家档案资源"一词提出了各自的见解。

黄存勋认为,国家档案资源是在一个国家范围内,过去、现在和将来,所有组织(含国家机构和其他社会组织)和个人形成的对国家和社会有保存价值的档案的总和。

傅华、冯惠玲提出,国家档案资源指的是过去和现在的国家机构、社会组织及个人产生的具有国家和社会保存价值的档案,就是需要由国家管理的全部档案资源。

刘大江等认为，国家档案资源是指过去和现在的国家机构、社会组织和个人在社会活动中直接形成的，对国家和社会有保存、开发利用价值的各种文字、图表、声像等不同载体形式的历史记录。

潘玉民梳理了国家档案资源理论在国家档案全宗理论基础上发展的历史轨迹，认为国家档案资源理论是对国家档案全宗理论的继承、扬弃和超越；同时，从法律维度对国家档案资源进行界定，认为国家档案资源，是指一切公民、法人和其他组织形成的对国家和社会有保存价值的档案的集成。

通过上述代表性界定，可以看到"国家档案资源"概念所包含的基本要素主要有以下几个。

（1）价值要素。

国家档案资源代表档案对国家和社会有保存价值，这也是我国档案法确定的国家依法管理的档案范围。国家档案资源不仅应具备有用性（对国家和社会有保存价值），即见证历史——维护党和国家历史真实面貌，传承文化——为人类的物质文明和精神文明建设提供参考；而且应具备可用性（可开发性）。国家档案资源是对档案保存价值的判断，包括档案的价值取向既针对国家机构，也针对其他社会组织和公众。换言之，在加强国家档案资源建设时，既要注重国家机构、社会团体、学术机关的利用需求，更应关注社会各阶层、广大群众的利用需求；既要关注档案的现实功利价值，也要重视其历史价值；既要关注档案的凭证作用，也要考虑档案的文化休闲作用。

（2）来源要素。

国家档案资源是过去和现在的国家机构、社会组织和个人在社会活动中形成的。这涉及三个方面的内容：①形成国家档案资源的主体，不仅包括中华人民共和国成立以来的，而且包括中华人民共和国成立以前的；不仅包括国家调控范围之内的机关、企业、事业单位，而且包括国家调控范围之外的机关、企业、事业单位和个人。②主体的社会活动,不仅活动的内容和领域包罗万象,而且活动信息的记录方式和载体形式层出不穷。③主体活动的时空范围,不仅包括已经形成的,而且包括正在形成的;不仅包括国内的,而且涉及国外的。简言之,国家档案资源涵盖了时间和空间两个方面:时间上,国家档案资源不仅有历史上形成的,也包括现在形成的,具体而言,它既包括档案馆(室)中的历史档案,也包括当代电子档案;空间上,国家档案资源不仅包括国家调控范围之内的机关、团体、企事业单位所形成的档案,也涉及国家调控范围之外的机关、团体、企事业单位和个人所形成的档案。国家档案资源应是整个社会的活动记忆。国家档案资源包括档案机构收藏的档案资源、社会其他机构收藏的档案资源、民间收藏的档案资源、流失海外的档案资源、口述档案资源五个部分。

(3)载体形式要素。

"国家档案资源"概念还透出一种多元载体的理念,不仅要有纸质载体,也要有磁性、电子,甚至木质、丝质的载体;不仅要有文字,还要有图片、声音、影像、印章、像章等。

简要考察"国家档案资源"一词的发展可以发现,它源自"国家全部档案"的界定。1956年《国务院关于加强国家档案工作的决定》提出:"国家的全部档案,包括中华人民共和国成立以来各机关、部队、团体、企业和事业单位的档案,中华人民共和国成立以前的革命历史档案和旧政权档案,都是我国社会政治生活中形成的文书材料,都是我们国家的历史财富。"这个界定以及1987年颁布实施的《档案法》中关于"档案"的界定,即档案"是指过去和现在的国家机构、社会组织以及个人从事政治、军事、经济、科学、技术、文化、宗教等活动直接形成的对国家和社会有保存价值的各种文字、图表、声像等不同形式的历史记录",都对"国家档案资源"概念的形成起到了重要的作用,导致

学界侧重于在广泛的范围内界定国家档案资源。从内容上来考察，学者较多地借鉴了档案的定义，容易将两者混淆。这种现象已为部分学者所关注，并对"档案"与"国家档案资源"两个概念进行了简要的区分：档案通常表现为个体，国家档案资源则反映档案整体，指全部档案的集成，而不是指某种或某类档案。

## （二）档案信息资源

从词源上考察，"档案信息资源"与"档案信息"关系密切。20世纪80年代，"档案信息"一词产生，此后便产生了诸多认识。有的学者认为，档案信息是指来源于档案本身的内容信息，是档案的一部分；有的学者认为，档案信息不仅包括档案内容，还应包括档案载体的信息、形成者的信息、保管场地的信息等，应该是与档案相关的信息的集合。有的学者直接把档案等同于档案信息；有的学者把档案信息的概念分成狭义与广义两种。这种争论一直持续至今，仍然没有形成统一的认识。可以说，当"信息资源"的概念为人们所熟知时，"档案信息资源"的概念也受此启发而自然产生。

"档案信息资源"来源于"档案信息"，但不同于"档案信息"。档案信息资源有狭义和广义之分，狭义的档案信息资源主要是指档案信息内容本身；而广义的档案信息资源既包括档案信息本身，又包括提供档案信息的设施、设备、组织、人员、资金等其他信息资源。

从理论上分析，无论是档案实体资源还是档案信息资源，都应隶属于"档案资源"这个大的范畴；但通过相关文献内容以及档案工作实践表现的分析，档案信息资源侧重于档案内容中所包含的知识或信息，档案实体资源则侧重于档案实体本身。

从实际工作出发，档案实体资源就是档案实体、档案本身，是看得见、摸得着的，也是在"档案信息资源"一词出现后才广泛使用的词汇，目的是区别于"档案信息资源"的概念。后者则来源于信息资源的界定，由此产生了广义和狭义的界定。

"档案资源"除了与"国家档案资源""档案信息资源"的概念存在密切的联系以外，往往还与"数字档案""电子档案"存在一定的关联。

数字档案是"数字档案馆"概念的产物，是数字档案馆馆藏数字资源的总称，包括电子档案、传统载体转换生成的数字化档案以及有价值的数字信息资料，数字档案强调其数字特征，其中的数字化档案、数字信息资料并不具备原生的档案特性。"数字档案"概念强调了两个方面的内容：一方面，强调档案以数字形式存储和利用；另一方面，强调它存储的信息是用电磁介质，按0和1二进制编码的方法进行存储和处理，把原来用纸质介质存储的信息转变为用计算机及多媒体技术存储和处理的信息。简单地理解，数字档案是指以数字形式存在于档案馆中的各种信息资源的集合。结合实践工作的需求，数字档案包括归档的电子文件以及经过数字化的传统档案，这样更易于理解，且便于实践操作。

电子档案多指纸质档案经过数字化转换形成的电子化档案。2014年发布的《电子档案管理基本术语》（DA/T58—2014）中指出，电子档案是指具有凭证、查考和保存价值并归档保存的电子文件。基于这种理解，电子档案的实质是电子文件转换为档案的过程，即电子文件经过归档保存与管理形成符合档案定义的电子化文件。虽然电子文件运行中对应于文件生命周期理论的各个阶段之间的界限越来越不明显，电子文件转化为电子档案的过程并不如传统载体文件转化为传统载体档案那么明显，但基于档案工作尤其是归档整理实践工作的考虑，可以将电子文件划分为现行电子文件、归档电子文件两个相互衔接的部分，不仅便于理解文件和档案的关系，也便于实践操作。在国外，直接将电子档案称为"电子文件"，或者"归档电子文件"；即使是具有档案性质的电子文件，也称为"电子文件"，而非"电子档案"。

与档案资源密切关联的三个概念——电子文件、电子档案、数字档案之间存在差异，在不同的场景下，代表着不同的含义。之所以三者并用，究其实质，是让本书与当下的档案工作实际接轨，使其具有更强的应用性。此外，在学界和业界，有时候也用到"虚拟档案""机读档案""机读文件""电子公文""电子文件""数字文件"等词汇。这些词汇往往是"档案资源"相关概念发展过程中的产物，大多是"档案资源"属概念之下的子概念，或分述、阐释。

根据上述梳理，我们认为，档案资源是指机构和个人在活动中形成的具有保存价值的档案的集合。这个界定包含以下几层含义。

第一，档案资源形成的主体既可以是机构，也可以是个人；既可以是国家机构形成的，也可以是其他组织或个人形成的。

第二，档案资源是具有价值的。这种价值体现在多个方面，包括档案资源的社会经济价值。

第三，档案资源是一种集合，并非单个的全宗、案卷或文件，或者说单个的全宗、案卷或文件是档案资源，档案资源侧重于整体性。

第四，档案资源既可以指档案实体资源，也可以指档案信息资源，还可以是档案实体与档案信息资源的统称。

第五，档案资源的内涵非常丰富，现实工作更加关注以下三个方面，即实体档案数字化后形成的档案资源，电子文件归档形成的档案资源，网络资源归档形成的档案资源。由此聚焦本书研究的主要对象。

第六，档案资源具有以下特点：①原生性；②多样性；③稀缺性，即大多数档案是唯一的。

### （三）档案资源分类

根据上述理解，档案资源可以采取不同的标准进行分类。

### 1. 基于形成时间的分类

基于形成时间的档案资源分类方法，最简单的是年度分类法，即根据形成和处理档案所属年度进行分类。借鉴历史分期，档案资源可以分为中华人民共和国成立前的档案资源、中华人民共和国成立后的档案资源，也可以分为历史档案资源、近代档案资源和现代档案资源。

### 2. 基于档案资源来源的分类

档案资源来源于组织机构，所以组织机构是档案资源分类的重要依据。这里的"组织机构"，是依据档案管理方法，按立档单位的内部组织机构进行档案资源组织的一种分类方法。此外，也可以按照文件的作者或者与立档单位有较稳定的来往通信关系的机构或个人进行分类。

### 3. 基于档案管理体制的分类

基于档案管理体制，档案资源可以分为体制内档案资源和体制外档案资源。体制内档案资源针对各级各类综合性档案馆、国家机关、公共事业单位、国有企业档案机构以及集体组织档案机构负责管理的档案，受我国档案管理体制规范和约束的、在严格管理和控制下的档案资源，具体表现为国家档案馆网体系内的全部档案。体制外档案资源是指除上述档案之外的所有档案，大致可分为三类：第一类是私营企业、民办非企业单位、公民个体或家庭（家族）形成和所有的档案；第二类是图书馆、博物馆、文化馆等非档案机构保管的历史档案；第三类是流失海外的珍贵档案。体制外档案资源立足于国家档案管理体制，从文化发展的角度关注处于自在、分散状态的有价值的档案群体，是一个更加具有包容性和概括力的概念，与体制内档案资源共同构成国家档案资源体系。

### 4. 基于档案资源形式的分类

基于档案资源形式，尤其是从能否目击、触摸的角度，档案资源可以分为档案实体资源和数字档案资源（或档案信息资源）。档案实体资

源是档案馆（室）收藏的传统档案，以纸质档案为主体，包括纸质的文书档案、科技档案、专门档案，以及实物档案等，是肉眼可见的、可以触摸的实体。数字档案资源，正如前文剖析的那样，广义上，既指档案信息内容本身，也指生成档案信息内容的设施、设备、组织、人员、资金等其他资源；狭义上，传统档案的数字化转换、办公自动化系统接收的电子文件、征集和收集到的网络数字信息及社会散存数字信息，以及档案机构自身生成与保存的数字信息等，是数字档案资源的主要来源。

5. 基于档案资源存储载体的分类

基于档案资源存储载体，档案可以区分为不同形式。例如，存储在各种载体上的档案，包括甲骨档案、简帛档案、竹简档案、磁性载体档案等。这些分类通常划分为传统档案载体和新型档案载体，由此形成传统档案载体资源和新型档案载体资源；也可以依据档案资源存储载体的形态与大小进行分类，如胶片、录像带、光盘等形成的不同大小的盘、卷等。

6. 基于档案资源内容的分类

在档案馆（室），档案资源依据全宗原则进行管理。对于一个全宗内容，往往还会进一步分类，即一个全宗内的档案，按照其时间、来源、内容、形式等特征划分为若干类别，使之系统化、条理化，由此产生了以下分类方法：①事由（问题）分类法，按文件内容所说明的事由（问题）分类；②实物分类法，按文件内容所涉及的实物（粮食、棉花等）进行分类；③专业分类法，按档案内容所反映的专业性质分类。

学界关于档案资源及其相关概念的关联性以及部分概念尚未形成共识，现梳理如下。

第一，档案资源是建立在"档案是资源"的前提下的，但不能简单地把档案等同于档案资源，档案成为档案资源的充分条件是档案的有用性与可开发性。档案资源的界定来源于"档案"的概念，没有档案，也就没有档案资源。档案资源是通过资源观的相关理论与方法，开辟的一种新的角度的认识。

第二，档案资源内容丰富，正如前文所述，它可以从档案资源形成的时间、来源、机构、载体、内容等方面进行全面的认识。只有从上述角度立体化地分析和认识档案资源，才能明晰档案资源的丰富内涵。

第三，学术研究及档案工作中，"档案资源"有时与"档案信息资源"等同使用。我们认为，有必要将两者区分开来。

第四，档案资源是一种复合的存在形式，但从实际工作出发，档案资源更加注重档案馆（室）的档案实体资源和档案信息资源。它们是当前我国档案资源建设的主体。当前我国档案资源建设更加强调档案信息资源，这应当成为研究的重点。

第五，档案信息资源存在广义和狭义的界定，本书采取狭义的界定，即档案信息内容。从档案界的实际出发，基于档案信息内容的档案信息资源主要来源于以下方面：①实体档案数字化形成的数字档案（或称"电子档案"）；②电子文件（含电子公文）归档形成的电子档案（或称"数字档案"）；③网络资源归档保存形成的网络档案资源。

## 二、档案资源建设

建立覆盖人民群众的档案资源体系是我们党为人民服务和执政为民宗旨在档案工作中的具体体现，是一项功在当今、利及后世的长远性工作，是一项光荣而艰巨的历史性任务，是中国特色档案事业新的伟大工程。

建成覆盖人民群众的档案资源，离不开对档案资源建设的理解。

"档案资源建设"的相关界定中，"国家档案资源建设"得到了较多的关注，档案行政管理部门和档案学界取得了一定的成果。例如：国

家档案资源建设是以建立一个门类齐全、结构合理、管理科学、能为社会主义现代化建设有效服务的、具有中国特色的档案资源体系为目的，依据国家有关法律法规开展的档案积累、移交、接收、整理，档案资源开发利用等一系列档案工作；以各级各类档案室为基础，各级国家档案馆为主体，其他档案所有者为补充，是国家档案资源建设的基本构成；国家档案资源建设指的则是国家档案资源的形成、收集、加工、整合的过程。

　　学界对于档案资源建设也形成了一些认识。例如：档案资源建设是指档案机构对本区域、本部门的档案信息资源进行合理配置、分工协调，形成档案信息资源库而开展的一系列创造性工作；档案资源建设泛指档案资源的形成归档、价值判断、收集积累、结构体系、资源整合等。国家档案资源建设有广义和狭义之分。广义的国家档案资源建设是以建立档案资源体系为目的，依据国家有关法律法规开展的档案积累、移交、接收、整理，档案资源开发利用等一系列档案工作；狭义的国家档案资源建设是指国家档案资源的形成、收集和整合过程。显然，上述对于国家档案资源建设的阐释有利于解释档案资源建设的概念。

　　也有人对档案馆档案资源建设进行了探讨，认为档案馆档案资源建设发展历程分为丰富馆藏数量、优化馆藏结构、建设馆藏特色及新世纪档案资源建设四个发展阶段，其中，新世纪档案资源建设的新发展阶段包括数字化档案资源建设、档案信息资源整合、公共服务功能拓展下的档案资源建设三部分。这个界定分别从流程和分期两个角度出发对档案馆档案资源建设进行定义，为全面认识档案资源建设奠定了基础。

　　我们认为，档案资源建设就是档案资源从产生之时起，为利用奠定基础和准备的全部工作。从建设主体来看，档案馆（室）是主体；从建设过程来看，档案资源建设包括档案产生、流转、保存的整个过程。档案资源建设过程具有如下特点：①建设周期长，并非一蹴而就；②数字档案资源建设与档案实体资源建设同步进行,且数字档案资源建设愈来愈重要,并逐渐占据主导地位;③建设过程中,安全问题日益凸显。

从历史上考察,档案一旦产生,便由专门的机构进行保管,这种档案从产生到积累的过程便是档案资源建设。20世纪80年代电子档案(电子公文、电子文件)出现以前,档案资源建设就是档案实体资源的建设。20世纪80年代以后,档案资源建设出现了新的趋势,既包括传统的档案实体资源的建设,也包括由计算机技术、通信技术发展带动的电子档案资源的建设,形成了档案实体资源建设与电子档案资源建设共存互补的局面。为顺应档案资源的发展趋势,档案资源建设理应包括对档案实体资源、数字档案资源及其信息、知识和价值的挖掘。

## 三、档案服务

《档案法》规定:"档案工作实行统一领导、分级管理的原则,维护档案完整与安全,便于社会各方面的利用。"档案服务是档案工作的根本目标。在档案工作的各个业务环节中,档案服务处于主导和支配地位,直接体现档案工作的根本目的。

"档案服务"的概念在档案学界有相应的解释。例如:"档案服务是档案界通常所说的利用工作,档案服务研究就是档案利用工作研究,档案服务与档案利用工作的内涵基本一致。""档案服务是指档案机构,利用馆藏优势,指导用户利用档案、获取档案信息的过程。""档案服务工作是在一定的社会环境中进行的,它既是一项具体的工作活动,也是档案工作的指导思想,档案服务思想来自档案实践工作,但又高于档案利用工作实践。"显然,档案服务是档案机构满足用户需求(包括现实需求和潜在需求)的活动过程,也就是在特定的环境下,通过与档案机构的交互,用户的档案需求得到满足的过程。

我国档案服务的发展经历了封闭、半封闭到开放的变革过程。从殷商时期甲骨档案产生起，无论朝代如何更替，档案多为统治阶级掌控。官方编修史书、典籍和方志，王朝政务处理，都会利用档案，而普通百姓少有机会接触和认识档案。

近代以来，档案得到广泛利用。一方面，官方利用档案资料，形成档案汇编，如《清史稿》等；另一方面，一些学术团体和高等学校对明清历史档案进行收集、整理和利用，例如，北京大学的明清史料整理会通过对清内阁大库档案的整理和保管，编辑《清嘉庆三年太上皇起居注》《顺治元年内外官署奏疏》等。档案为政府工作服务，为学术服务，是这一时期档案服务的主要特点。此时档案仍然徘徊在公众的视线范围之外。

中华人民共和国成立后至 20 世纪 80 年代前，档案利用服务出现。尤其是 1980 年，党中央、国务院做出开放历史档案的重要决定。随后，我国档案馆迈出了从封闭到开放的第一步。随着全国档案馆网的建立，历史档案的收集、整理和保管工作有序展开，大量档案史料和专题资料得到编辑出版。这一时期的档案利用尚未遍及全体公民，利用范围仅局限于人事档案和文书档案。档案利用服务局限于机关内部，对社会公众而言，国家档案馆无疑是封闭的，档案资源建设与服务之间呈现出一种特殊的"藕断丝连"的关系，因为除了为国家服务，档案资源建设与档案服务几乎完全处于"脱节"的状态。

1987 年《档案法》的颁布和实施为公众利用档案提供了法律依据，尤其是该法规定国家档案馆保管的档案，一般应当自形成之日起满 30 年向社会开放，为档案馆开启大门、走近公众提供了基本法律保障。初期，档案馆仍缺乏公共服务的理念，档案工作处于半开放半封闭的状态。这一时期，档案服务形式主要包括借阅服务、咨询服务、档案宣传、编研服务和对外交流等。尽管如此，档案还是实实在在走向了大众，从为极少数人服务逐步走入公众视野。2002年《政府工作报告》提出"公共文化""公共服务"的概念后,档案馆踏上了公共服务之路,在为党和政府工作提供支持的同时,也为公众更多、更快、更好、更省地利用档案铺平了道路。

随着信息技术的深入发展,档案馆纷纷利用现代信息技术、网络通信技术为公众服务。公众不仅可以走进档案馆提出档案服务要求,而且可以通过档案馆网站进行在线咨询、邮件查询。档案馆还可以利用微博、微信、手机App等新媒体进行主动服务,拓宽档案服务的范围,更新档案服务的方式,提升档案服务的能力。此外,近年来国家档案局支持的项目中有涉及云服务的研究内容,档案云服务开始在有些地方试点。

总体来看,我国档案资源建设与服务过程中,面向公众是档案从封闭走向开放的必然。从馆藏服务到档案信息服务,从一馆服务到跨馆服务,从档案服务到政务信息服务,从微服务到云服务,这是历史发展的必然。

通过前文所述的档案服务的简要发展历程不难看出,我国档案服务经历了一个从封闭到半封闭,再到开放的历史过程。从时间上看,我国档案开放的时间不长,倡导档案馆的公共服务也是近年来的事情;然而,档案工作不断开放,档案日益走近公众是不争的事实。

通过前文对档案资源建设、档案服务的简要分析可以看出,档案资源建设经历了一个漫长的历史时期,而建立档案开放、走近公众的档案服务的时间并不长,两者之间并不存在必然的关联。因此,有必要进一步梳理在这个过程中公众、档案资源建设与档案服务之间的关系。

中华人民共和国成立直到《档案法》颁布之前,全国档案行政管理部门和业务部门接收历史档案,同时积累和管理现行档案。客观地讲,当时的档案资源建设工作是主动的,档案服务工作以机关工作为重,辅助科研服务,能够收齐、管好档案就已经是一件了不起的事情了,但离

为公众服务还有相当的距离。

　　1987年《档案法》颁布实施后，档案开放的步伐加快了，为公众服务的意识增强了，但档案资源建设与档案服务尚未形成机制，对于公众，档案馆的神秘感尚未消除，公众对于档案的利用不多。

　　进入21世纪以来，国家倡导"公共文化""公共服务"，档案馆的公共服务得以加强，开始探索面向档案用户的档案资源建设与服务模式，不断拓展档案资源建设的深度和广度，完善档案服务的功能，并根据自身档案资源的特点与优势，开展各具特色的档案服务活动。与此同时，档案资源建设与服务成为档案学界研究的热点。

　　随着信息观念深入人心，档案用户的信息需求呈现出网络化、多样化等诸多新的特点，其利用目的也更加多元化，档案资源建设与服务对象呈现出前所未有的广泛性，"面向社会公众"成为新时期档案资源建设与服务的重要出发点。

## 第四节　档案信息化

### 一、信息化与信息技术

　　我国的档案信息化建设是在信息技术日新月异、国家信息化战略不断推进、电子政务建设迅猛发展的多重背景下发展起来的。其中，信息技术是档案信息化的前提和基础。掌握信息化和信息技术的基本概念和知识，有利于把握档案信息化的基本规律，克服盲目性，提高自觉性，增强信息化战略的执行力。

## （一）信息

客观世界有三大要素，即物质、能量和信息。人们较早地认识了物质，于18世纪60年代第一次工业革命以来，物质和能量之间的转换关系逐步被认识。20世纪50年代以后，信息科学成为一门新兴学科，至今方兴未艾，并深刻地影响世界的发展。

研究信息化首先要认识信息。一般来说，信息有广义和狭义之分。广义（本体论）的信息是指事物存在方式和运动状态的表现形式。"事物"是指存在于人类社会、思维活动和自然界中的一切对象；"运动"是指一切意义上的变化，包括机械、物理、化学、生物、思维、社会的运动。广义的信息，既包括自然信息，如鸟语花香、冬去春来；也包括社会信息，如政治信息、经济信息、军事信息、文化信息、科学技术信息、社会生活信息。狭义（主体论）的信息是指人所感知或表述的事物的存在方式和运动状态。"感知"是外界向主体输入信息；"表述"是主体向外界输出信息。

本体论层次上定义的信息是客观信息，不以人的存在为前提。主体论层次上定义的信息建立在人的意志的基础上，是人的认识、感知、理解、表达、传递能力的产物，用于特定目的，因此，其内涵要比本体论层次上定义的信息丰富得多。显然，档案信息属于主体论层次，是人按照自己的意志，在对本体信息效用价值判断的基础上有选择地感知、存储和表述的信息。信息技术的发展，极大地拓展并增强了人类对本体信息的感知和表达能力，档案信息化应当充分利用信息技术的强大功能和技术条件，增强人类对社会记忆信息的掌控和驾驭能力。

## （二）信息资源

研究信息化还要认识信息资源。信息资源也有广义和狭义之分。广义的信息资源是指人类在社会信息活动中积累起来的信息、信息生产者、信息技术等信息活动要素的集合。狭义的信息资源是指人类社会活动中经过加工处理达到有序化并大量积累起来的有用信息的集合。

随着信息技术，特别是互联网技术的普及，人们实实在在地感受到了信息的普遍性和价值性。将信息看作并转化为一种资源，是对信息或信息活动相关要素的价值性高度认可的表现，是当今社会的一种先进意识。从上述概念可以看出，不能随意将信息称为"信息资源"。信息的资源化是有条件的，这种条件同样适用于档案信息的资源化。因此，我们在从事档案信息资源建设时，也需要在"有序化"和"大量积累"上下功夫，并且要将与信息有关的信息生产者、信息技术等要素一并纳入信息资源建设和管理的范畴，实现信息资源体系的整体优化以及信息资源价值的最大化。

## （三）信息技术

档案信息化的物质基础是信息技术，全面认识信息技术是档案信息化建设的前提条件。信息技术是指完成信息的获取、传递、加工、再生和利用等功能的技术。它是一门综合性很强的高新技术，包括以下四项基本内容：一是感测技术。该技术是人的视觉、听觉、触觉等感觉器官功能的扩展，使人们能更好地从外部世界获得各种有用的信息。二是通信技术。该技术是人的神经网络功能的扩展，其作用是传递、交换和分配信息，消除或克服空间局限性，以便有效地利用信息资源。三是计算机及人工智能技术。该技术是人的思维器官记忆、联想、计算功能的扩展，使人们能更好地存储、加工和再生信息。四是控制技术。该技术是人的效应器官（如手、脚）功能的扩展，根据输入的指令对外部事物的运动状态实施干预，实现信息的效应。

### （四）信息化

信息化是指社会经济结构从以物质与能源为重心，向以信息与知识为重心转变的过程，也就是在经济和社会活动中，通过普遍采用信息技术和电子信息装备，更高效地开发和利用信息资源，推动经济发展和社会进步，使利用信息资源创造的劳动价值在国民经济生产总值中所占的比重逐年上升，直至占据主导地位的过程。因此，信息化不是一种固定的状态，而是一个动态变化的过程。这个过程有着丰富的内涵，包含"两个支柱""三个层面""四个特点"。全面认识信息化的内涵，有利于我们准确把握信息化的基本规律，引导和促进档案信息化事业持续、健康地发展。

"两个支柱"是指数字化和网络化。数字化是将现实世界中的各种模拟信息转换为以二进制代码表示的数字信息，供计算机处理和网络传输的过程。数字化是信息化的基础，没有数字化就没有计算机技术和信息技术。网络化是指利用通信技术和计算机技术，把分布在不同地点的计算机及各类电子终端设备互联起来，按照一定的网络协议相互通信，以达到所有用户都可以共享软件、硬件和信息资源的目的。网络化是信息化的手段，没有网络化，计算机终端就会成为"信息孤岛"，难以提升数字信息的价值。由此可见，档案信息化建设必须紧扣数字化和网络化两个主题。

"三个层面"的内涵如下。一是信息技术的开发和应用过程。这是信息化建设的技术基础。信息技术的开发和应用是信息技术与档案工作有机结合、融合的过程，在很大程度上影响档案信息化发展的效率和质量。二是信息产品制造业不断发展的过程。这是信息化建设的物质条

件。信息产品包括计算机软硬件和网络产品,在很大程度上决定了档案信息化平台建设的质量,进而决定了档案信息系统建设的水平。三是信息资源的开发和利用过程。这是信息化建设的核心与关键。档案信息资源是档案信息化管理和利用的对象,其规模与质量以及潜在和显性的价值,决定了档案信息化的效率和效益。这三个过程是相互促进、共同发展的,需要全面、协调、持续地投入和发展。在档案信息化建设过程中,需要建立档案信息化发展的长效机制,充分利用和平衡这三个层面的互动关系。

"四个特点"的内涵如下。一是渗透性。信息化可以渗透并融入人们社会生活的各个领域,深刻改变人们的工作、学习、交流、生活等方式。二是增值性。信息化可以实现信息的增值,将信息转化为信息资源,进而转化为知识,通过网络共享,广泛地传递信息、传承文化、传播知识,不断地提升信息资源创造的社会价值和经济价值。三是创新性。一方面,信息技术的应用能够带来管理理念、管理理论、管理方法和管理手段的全面创新;另一方面,管理理念、管理理论、管理方法和管理手段的全面创新可以提高信息技术的应用水平和应用效能。四是带动性。信息化可带动档案行政管理和档案业务管理水平的全面提升。

## 二、信息化与档案工作

档案信息化不是简单地用计算机替代传统的手工作业,也不是将传统的管理方式复制到信息化平台上去,其本质是档案工作和信息技术的结合,其成功与否也取决于这两者的融合程度,这种融合从概念到实践都是一场深刻的革命,赋予了两者崭新的内涵。

## （一）档案信息化的概念

科学的定义是档案信息化实践的理论基础，有利于全面理解档案信息化的目标和任务，有利于按照信息化的客观规律推进档案事业的科学发展。什么是档案信息化？档案信息化是指在国家档案行政管理部门的统筹规划和组织下，以档案信息资源建设为核心，以信息人才为依托，以法规、制度、标准为保障，全面应用现代信息技术，不断改革传统的档案管理模式，有效地提高档案信息资源收集、管理及提供利用服务水平，加速档案管理现代化的过程。该定义总结了我国档案信息化的基本经验和基本规律，其内涵如下。

（1）必须由档案行政管理部门统筹规划和组织实施。

档案信息化不是单纯的计算机应用，也不是具体的档案业务，而是事关全局且影响深远的复杂的系统工程。需要人才、设备、资金等方面的支持，需要全面、持续、稳步地推进，并需要经历较长的完善过程。因此，档案信息化不能各自为政、分头建设，而必须由各级国家档案行政管理部门统一规划，建立统一的制度、规范、标准，实行宏观管理和监督指导；同时，需要精心组织实施，在技术平台、网络体系、组织机构、人才队伍、资源建设、基础业务、建设经费等方面提供保障，才能确保这项事业持续有效地开展。

（2）必须以档案信息资源建设为核心。

从某种意义上来说，档案信息化的核心目标是使档案信息资源化，即将档案信息转化为真正意义上的档案信息资源。资源化不是简单地将档案信息做数字化处理，也不是简单地将其放到网络上传输，而是应用信息技术，使档案信息媒体多元化、内容有序化、配置集成化、质量最优化、价值最大化，通过档案信息系统的加工处理，确保各种社会信息的真实、完整、有效，便于跨越时空广泛地共享利用，在实现档案信息

增值的同时，承担起传承人类记忆的历史使命。

（3）必须建立高素质的档案信息人才队伍。

档案信息化是档案专业、信息专业和计算机专业的结合，属于技术密集和知识密集型专业。传统的档案干部队伍结构和人员知识结构已经不能完全适应档案信息化的需要。目前，档案部门缺乏档案专业和信息技术专业的复合型跨界人才，特别是中、高级信息技术专业人才，这已经成为制约档案信息化深入发展的"瓶颈"。因此，一方面，要引进和培养相关人才；另一方面，要通过建立有效的激励机制，鼓励档案人员学习信息技术知识，提升档案信息化水平。

（4）必须在法规、制度、标准方面建立相应的保障体系。

信息技术的应用必然向传统的保障体系提出全面的挑战。只有根据信息技术的特点和应用要求，制定并不断完善档案管理的法规、制度、标准、规范，才能确保档案信息系统的科学建设和有效运行。

（5）必须全面应用现代信息技术。

信息技术具有强大的潜能，只有全面、成功地应用才能真正转化为生产力。所谓全面应用，有三层意思：一是与档案工作有关的各个工作部门和人员都要参与应用，而不是仅靠档案业务人员应用；二是应用于档案全过程管理的各项业务，而不是只应用于单项业务；三是引进、消化、吸收各种先进、适用的信息技术，并不断跟踪和应用新型的信息技术，使信息技术真正成为档案事业发展的不竭动力。

（6）必须改革传统的档案管理模式。

传统的档案管理模式建立在手工管理的基础上，必然会出现与信息技术应用不相适应或不相匹配的问题。因此，应当不断改革传统的档案管理模式，适应信息技术环境下的新型档案管理模式，而不能消极地让新技术适应传统的档案管理模式，这样才能最大限度地发挥信息技术应用的效能。

（7）必须树立强烈的效益意识。

档案信息化不是作秀表演，不能徒有虚名，而要遵循经济规律，力争取得务实的效果。当然，档案信息化的直接经济效益很难估量；但是，在产出效果方面，要努力追求社会效益、长远效益。要树立大目标，不能仅仅满足于省人、省事、省力，而要致力于解决传统档案管理中遇到的收集难、著录难、整理难、保管难、内容检索难、多媒体编研难以及电子文件的保真、保密、保用等老大难问题，力争提升档案科学化、规范化的管理水平和服务水平，在促进社会改革开放、经济发展、文化繁荣以及法治化、民主化进程中建功立业。

档案信息化的概念是在档案工作与信息技术相结合、档案管理理论研究和实践推进相结合的过程中逐步形成的。档案界有过许多与档案信息化类似或相关的概念，但都仅强调某些侧面。例如："档案管理自动化"强调计算机、微电子、缩微、复印、传真等自动化技术在档案管理中的应用；"计算机辅助档案管理"强调应用计算机人机交互、对话的方式，辅助档案管理的各项业务工作；"档案现代化管理"除了强调档案管理应用计算机技术实现管理手段的现代化以外，还强调档案管理理念、体制、方法的现代化；"文档一体化"管理强调运用文件生命周期理论，从公文和档案管理工作的全局出发，应用计算机技术实现档案的全过程管理和前端控制，提高文档管理的效率和质量。这些与档案信息化相关的概念的形成，都是计算机技术及其在档案工作中应用状态、发展水平的标志，既体现了档案信息化理论研究和实践探索的阶段性成果，也反映了我国档案信息化发展的轨迹。

## （二）档案信息化历程回顾

我国的档案信息化是随着国家信息化的发展而发展起来的，其过程大致分为萌芽起步、快速推进和系统发展三个阶段。

## 1. 萌芽起步阶段（20世纪70年代末至90年代初）

档案信息化的起步以计算机技术的发展为基础。20世纪70年代末、80年代初，随着计算机的引入，我国档案界开始尝试利用计算机管理档案。自1979年起，国家档案局档案科学技术研究所，四川、辽宁、江西等省档案科学技术研究所，以及中央档案馆、中国人民解放军档案馆等个别大型档案馆陆续购置计算机设备，进行档案管理自动化课题研究和实验，编制出一些简单的档案检索程序，初步积累了计算机辅助档案管理的一些经验，在此基础上培养了部分技术人员。

20世纪80年代初，绝大多数档案部门尚不具备配置计算机的条件。资料显示，至1985年年底，全国只有20多个档案馆配置了在当时而言比较先进的计算机设备，但成功开发并运行计算机档案管理系统的仅限于中央档案馆、中国第一历史档案馆、中国第二历史档案馆、中国人民解放军档案馆、中国照片档案馆等少数实力雄厚的国家级档案馆。这些实验性应用系统尝试使用数据库管理档案目录，多数只是建立一个简单的目录数据库，自行开发应用软件，档案系统的功能仅限于用计算机来辅助档案编目与检索。

为适应计算机辅助档案检索的需要，档案界自20世纪80年代中期开始着力制定档案著录标引的国家标准，陆续出台了一系列档案编目和机读档案目录制作方面的规范，主要有国家标准《档案著录规则》（1985年制定，1999年修订，DA/T18—1999）、《中国档案分类法》（国家档案局1987年编制）、《中国档案主题词表》（国家档案局1988年编制，1995年修订再版）等。这些规范、标准的制定，为建立全国统一的档案目录检索体系奠定了基础，推动了我国档案机读目录数据库建设的发展。

1985年召开的全国档案工作会议要求，省以上档案馆要有计划地实施计算机档案检索。此后，各地的档案目录数据库建设有了一定的成效，但受设备和人员不足的限制，数据量的积累速度缓慢，每个单位每年的平均建库量不足 5 万条记录，只有少数单位达到年平均建库量 10 万条记录以上，数据库容量有限，录入数据以案卷级为主，查询很不方便，多数档案管理应用系统处于数据量不足的状态。此后，随着机读档案目录数量的增加，一批实用效果较明显的应用系统问世，许多档案馆在档案目录数据库建设方面取得了不俗的成绩。计算机档案管理应用效果的逐步显现，极大地鼓舞了档案工作者的热情，使档案界对计算机档案管理的认识产生了质的飞跃。

随着计算机软硬件环境的进一步发展以及档案界对档案管理自动化研究的逐步深入，计算机辅助档案管理的范围开始从检索、统计向各个环节扩展，计算机档案管理系统由实验性系统向实用化系统转变。

20 世纪 90 年代初，我国档案管理现代化方面的标准进一步完善，1992—1995 年颁布的数据交换国家标准、行业标准多达 11 部。在此基础上，个别专业软件公司开始介入档案管理软件的开发、推广，功能较全、通用性较强的商业性档案管理软件问世，计算机档案管理开始普及。

**2. 快速推进阶段（20世纪90年代中期至21世纪初）**

20 世纪 90 年代初，国家开始实施国民经济信息化工程，"三金工程"的启动加快了整个社会的信息化进程，计算机应用成了普遍的工作方式。随着办公自动化（OA）、计算机辅助设计（CAD）、计算机辅助制造（CAM）的应用发展，电子文件的种类和数量迅速增加，对档案管理提出了严峻的挑战，如何保证数字档案的原始性、真实性、完整性和可靠性，成为档案界面临的巨大挑战。

在此背景下，国家档案局于 1996 年成立了电子文件归档与电子档案管理研究领导小组，着手开展对电子文件归档管理方法及标准的研究。1997 年以中华人民共和国国家科学技术委员会（以下简称国家科委）为首的有关部门对 CAD、CAM 中形成的各种电子文件的归档及其归

档后形成的电子档案的管理进行研究，并将其列入"九五"国家科技攻关计划项目。在一系列研究和实践的基础上，1999年国家档案局发布行政规章《电子文件归档与电子档案管理方法》，对公文类电子文件和电子档案的收集、整理、归档、保管、利用等做出规定，同年发布了国家标准《CAD电子文件光盘存储、归档与档案管理要求》（GB/T 17678.1—1999），对CAD电子文件的光盘存储和保管进行规范。电子文件的大量问世，使电子文件的归档与管理成为档案信息化关注的核心问题。

在计算机档案管理系统方面，随着技术支持的社会化，软件的通用性越来越强，档案管理软件市场不断丰富，档案管理软件系统一度多达上千种。形形色色的档案管理软件质量参差不齐，规格功能不一，在提高计算机管理档案普及率的同时，也带来了数据交换和系统集成方面的困难。为此，国家档案局从1996年开始对国内计算机档案管理软件进行测评和筛选，1997年公布了首批推荐软件，使通用档案管理软件的质量得到保证，也为档案部门以较少的投入获得最佳应用效果提供了指导。技术的进步和市场竞争的作用，使档案管理软件系统不断升级，功能更加完善，从基于机读目录的编目、联机检索系统发展到基于外部存储的档案全文信息系统，从一般的档案管理到"文档一体化"管理，从封闭的单机系统到基于局域网的档案网络管理系统，档案管理软件的标准化程度、通用性不断提高；但总体上，这一阶段的档案管理系统仍以单机系统为主，档案数据库也以目录管理为主。

为进一步提高档案管理软件的标准化程度，确保档案数据的安全和有效利用，国家档案局、中央档案馆于2001年6月发布《档案管理软件功能要求暂行规定》，对档案管理软件的开发研制和安装使用进行严格规范。江苏省、福建省、天津市等省、市针对"文档一体化"管理系统的文件目录结构和数据交换格式制定了更为具体的技术规范。这一阶段档案目录数据库发展迅速，数量增长惊人，省级以上档案馆的数据条目总量以百万计，市级综合性档案馆的机读档案条目数量也接近百万条，一些档案馆甚至完成了全部或大部分馆藏档案的案卷和文件级目录建库工作。2002年，青岛市档案馆档案目录数据库的机读档案条目总量达到550万条。随着新的《归档文件整理规则》（DA/T 22—2015）的实行，机读案卷目录逐步淡出，机读文件目录和专题目录成为档案目录数据库的主要内容。

档案网站建设从无到有、快速发展是该阶段档案信息化建设的一个重要特征。我国档案网站随着互联网的普及于20世纪90年代末问世。1999年年底，我国在互联网上可以查询到的档案网站仅12个，2001年7月发展至60多个，至2002年年底增加到267个，这些网站分属不同省份，涉及国家、省、市和区四个级别的综合性档案馆、大学档案馆、专门档案馆和企业档案馆，内容主要是档案法规、局馆介绍、档案目录信息和档案工作信息。

这一阶段，在国民经济信息化整体战略的推动下，国家和地方政府对档案信息化建设的投入大幅增加，档案部门配置的信息化设备越来越多，档案信息化建设的相关法规进一步完善，除上述关于电子文件归档管理的标准、规范外，档案界还先后颁布了5部行业标准，同时，档案从业人员的计算机应用能力迅速提高，档案信息化建设进入快速发展时期。

**3. 系统发展阶段（21世纪初至今）**

进入21世纪以来，网络信息技术的广泛应用，特别是电子政务的快速发展，为档案信息化建设注入了新的活力，国家档案局开始正式部署并全力推进全国档案信息化工作。加强档案信息化建设成为"十五"期间档案事业的基本目标之一，在《全国档案事业发展"十五"计划》提出的九项工作任务中，专门列举了档案信息化建设的五项工作内容：

①吸收、采纳、转化有关电子文件归档和电子档案管理的各类标准并制定相应的办法与标准,实现电子文件即时归档;②加强对电子文件积累、著录、归档工作的监督、指导,保证有保存价值的电子文件齐全、完整、有效;③探索档案馆电子档案接收、保管、利用的方法;④组织力量研究解决电子文件归档管理技术方法、电子档案科学保管技术方法、电子档案远程利用技术方法、电子档案原始凭证作用等课题;⑤加快现有档案的数字化进程,建设完善一批内部局域网,实现馆藏开放档案目录的网上查询和浏览服务。

2002年11月,国家档案局发布了我国档案工作迄今为止唯一一个专项规划《全国档案信息化建设实施纲要》(档发〔2002〕8号,以下简称《纲要》)。《纲要》对"十五"期间档案信息化建设的指导思想、目标任务做了专门部署,具体明确了档案信息化建设的基本内容和建设要求,对全国档案信息化建设产生了积极、重大的影响,成为我国档案信息化过程中"里程碑式"的文件。

2005年6月,为提高档案信息资源开发利用水平,贯彻落实《关于加强信息资源开发利用工作的若干意见》的文件精神,国家档案局和国务院信息化工作办公室在上海联合举办"中国档案信息化发展战略论坛",邀请国内外专家就加强档案信息资源开发利用展开深入研讨,会议对档案信息化建设适应国家信息化发展战略的转型,进一步发挥档案信息资源的作用,建立档案信息化发展长效机制,起到了积极的推动作用。

2005年12月,在北京召开全国档案局长馆长会议,审议通过《档案事业发展"十一五"规划》,"国家数字档案建设与服务工程"(以下简称"金档工程")作为"十一五"重大建设项目正式启动,总体目标是:以3127个国家综合性档案馆为建设对象,以分布式档案数据库建设为核心,重点建设涵盖全部馆藏档案的全国性、超大型、分布式、规范化、可共享的档案目录数据库、纸质档案全文数据库和多媒体档案数据库，建立适应国家经济建设和社会发展需要的档案信息资源共享体系，建立适应各级党委、政府电子政务建设需要的电子文件归档管理和电子档案接收管理系统。"金档工程"的实施为各级档案部门的信息化建设确立了目标，提供了政策和资源支持。

这一阶段档案信息化建设成绩斐然，主要表现在以下几个方面。

第一，档案信息化被纳入信息化建设的总体框架之中，与电子政务建设紧密结合，成为国家信息化战略的重要组成部分，全国许多省、市档案局被列为地方信息化领导小组成员单位。

第二，档案信息化建设由局部走向整体，在宏观框架下进行全面规划和组织实施。国家档案局成立全国档案信息化工作领导小组，出台《全国档案信息化建设实施纲要》，各地也相继出台本地区档案信息化建设方面的规划和规章，全国大多数省、自治区、直辖市档案局成立了由主要负责人任组长的档案信息化领导小组。

第三，一些重大档案信息化项目得到立项，如天津档案信息资源建设、上海市电子档案工程、浙江省数字档案馆建设工程、江苏省电子文件管理中心工程、安徽省档案信息化建设项目、福建省分布式档案基础数据库建设项目（一、二期）、湖北省基于政务网的电子档案系统项目、四川省文件服务中心建设项目、青岛市数字档案馆项目、大连市数字档案馆项目、深圳市数字档案馆项目、杭州市网上档案馆建设项目等，特别是"金档工程"的立项实施，迅速扩展了档案信息化方面的投入规模，全面提升了档案信息化建设的水平。

第四，电子文件的归档管理受到更多的重视，有关电子文件管理的标准、规范相继出台。

第五，各级档案部门在档案机读目录数据库建设、馆藏档案数字化、档案网站建设、数字档案馆建设方面均取得长足进展，档案网站总数逾

千，档案信息化建设全面、有序、系统推进。

2011年1月，国家档案局、国家档案馆印发《全国档案事业发展"十二五"规划》，加快数字档案馆建设成为"十二五"期间档案事业的基本目标之一。这一阶段，我国数字档案馆（室）建设扎实推进，各级档案馆（室）按照"存量数字化、增量电子化"的要求，积极开展传统载体档案的数字化。中国第一历史档案馆、中国第二历史档案馆数字化工作取得决定性成果，全国副省级市以上档案馆已数字化的档案占馆藏总量的比例大幅提高，中国人民解放军档案馆以及部分中央国家机关、部分市县档案馆馆藏档案全部实现数字化。与此同时，我国档案信息化建设不断向纵深发展。全国副省级市以上档案部门基本完成"三网一库"（局域网、政务网、互联网和档案信息库）建设工作，初步建成以局域网、政务网、互联网为平台，以档案信息管理系统为支撑，以档案目录中心、基础数据库、档案利用平台、档案网站信息发布为基础的工作体系。此外，我国档案信息共享建设稳步实施。全国开放档案信息资源共享平台门户网站已开通；农村档案信息资源共享工程使地方农民不出村就可以利用开放档案和政府公开信息；各地档案部门还采取建设共享平台等多种方式开展网络档案利用服务，实现馆际互联互通，信息远程共享。

"十三五"期间，全国档案信息化建设以"初步实现以信息化为核心的档案管理现代化"为目标，统筹推进档案信息化管理体制机制建设，建设满足业务发展需要的信息化基础设施，大力开展档案数字资源建设，积极推进数字档案馆（室）建设，不断拓展档案利用服务，档案信息化建设水平显著提升，档案事业服务党和国家大局、服务经济社会发展、服务社会公众需求的作用日益突出。

这一阶段档案信息化工作亮点主要有以下几个。

第一，档案信息化法规标准体系不断完善。档案信息化相关法律法规建设取得突破性进展,为档案信息化高质量发展提供了有力的法治保障。《档案法》设立"档案信息化建设"章节,明确了电子档案的法律地位,提出了建设数字档案馆的要求。《国务院关于在线政务服务的若干规定》明确政务服务电子文件可以按照档案管理要求仅以电子形式归档。国家标准《党政机关电子公文归档规范》(GB/T 39362—2020)细化了电子文件的归档流程、归档范围、数据组织方法等,是实现电子文件规范化归档的重要基础。

第二,档案信息化基础设施建设日趋完备。各级档案部门在国家档案局和地方党委、政府的指导支持下,建立起能够基本支撑档案信息化工作正常开展的机房、软硬件、网络平台等基础设施。一些档案部门在确保档案安全、数据安全、业务连续的前提下,积极研究自主可控设施设备的应用。

第三,电子档案管理系统建设科学规范。2017年,国家档案局印发《电子档案管理系统基本功能规定》,指导各级档案部门科学开发、规范应用电子档案管理系统。近年来,各级档案部门应用的电子档案管理系统功能日趋完善,电子文件归档以及电子档案移交、接收、保管和利用各项业务在电子档案管理系统支持下得以规范开展。

第四,数字档案资源建设成效显著。全国各级档案馆(室)存量档案数字化比例大幅提高,很多地市、区(县)级档案馆已基本完成全部馆藏档案数字化工作,部分档案馆启动数字化图像全文识别。

第五,数字档案馆(室)建设硕果累累。数字档案馆(室)建设得到各级党委、政府的重视与支持。各地综合性档案馆的数字档案馆建设进程逐年加快,经费投入持续增加,应用技术水平逐年提升,数字档案馆整体运行效果逐年增强,有效提升了区域档案信息化建设水平。

第六,档案资源共享服务取得突破。2020年,国家档案局印发《关于档案部门使用政务云平台过程中加强档案信息安全管理的意见》,指

出应用政务云平台的优势和安全风险,为各级档案部门使用政务云平台开展业务工作划出了数据范围,明确了管理责任,为档案部门对接政务服务平台提供了政策保障。各省、市积极探索省、市区域内档案资源共享服务模式,一些省、市积极探索跨区域互联互通、资源共享模式,部分省、市积极加入地方政府建设的政务服务平台,利用政务云资源开展相关业务工作。

"十四五"时期,国家更加注重档案信息化建设,在具体实施过程中,在国家档案行政管理部门的统一组织下,充分利用现代信息技术手段,对档案信息资源进行合理开发和利用。未来档案信息化发展主要集中在三个方面:一是通过档案信息化建设,完善档案信息化所需要的物质基础,满足档案信息化建设的基本要求;二是积极推进档案标准化和规范化建设,为档案信息化建设奠定基础;三是充分利用网络信息技术,实现对各类档案信息资源的合理开发利用和共享。

### (三)档案信息化的意义

档案信息化建设无论是对档案事业自身发展,还是对社会信息化发展都具有十分重要的现实意义及深远的历史意义。

#### 1. 档案信息化是社会信息化建设的客观要求

人类已经进入崭新的信息社会。信息化已经成为衡量一个国家、地区、企业或专业综合实力的重要标准,各行各业都在贯彻实施信息化战略,档案事业发展也必须主动适应时代潮流,搭上信息化快车,加快现代化步伐。

社会信息化包括政府信息化、企业信息化、家庭信息化、社会保障体系信息化四大领域。这四个信息化都离不开档案信息化,因为这些领域的信息化已经或正在形成浩瀚的电子文件,这些新型文件打破了纸质媒体一统天下的局面,使信息的存储媒体、传播媒体、表现媒体呈现出多元化发展态势。新媒体与传统媒体相融合,深入社会生活的各个领域,深刻地改变着人类的生存环境和生活方式,并留下精彩纷呈的数字记忆。这些记忆是社会的宝贵财富,迫切需要实行档案化管理,即采用信息技术手段进行收集、整合、保管和共享利用,以提高其整合度,延长其价值链,保障社会的全面、协调、可持续发展。因此,档案信息化是时代和社会信息化发展的客观需要。

**2. 档案信息化是档案工作现代化的必由之路**

档案工作现代化是指用科学的思想、组织、方法和手段,对档案工作进行有效管理,使之获得最佳的工作效率、经济效益和社会效益的过程。信息化与档案工作的结合,不仅能减少手工劳动,提高工作效率,而且能全面优化档案工作的各个要素,提升档案管理水平。

(1)"化"观念。

信息化是一个充满生机和活力的领域,也是公开、公平的人类活动平台。信息技术的应用,可以使档案工作者不断破除封闭、狭隘、守旧、畏难的落后观念,激发其"开拓、开放、效益、效率、服务"等先进意识,弘扬追求理想、崇尚科技、奋力改革、务实创新、图存图强、团队合作的精神风貌,营造尊重知识、尊重人才、鼓励创新的社会氛围,为档案事业的持续发展注入强大的正能量。

(2)"化"资源。

档案信息资源是管档之基、用档之源。按照档案信息化的要求,需要将电子档案收起来,将存量纸质档案数字化做起来,将档案信息资源总库建起来。做好这些工作,就能逐步解决目前馆藏档案中存在的载体单一、门类不全、存储无序、利用不便等难题,显著提高档案资源的丰裕度、适用度、有序度、集成度、可靠度,使档案管理从实体管理转变为内容信息管理,再转变为知识管理,更好地满足社会大众不断增长的档案信息利用需求。

（3）"化"管理。

信息技术的应用会暴露传统管理模式的弊端，向传统管理模式提出挑战，促使档案管理部门加快建立完善与信息技术应用相适应的档案管理原则、体制、机制、规范和考核体系，加强档案收集、保管、利用等各项基础工作，以保障档案信息化的顺利实施和建设成效。信息化管理水平越高，对改革传统管理观念和模式的要求也就越高，因此档案信息化工作的推进必将全面、持续地提升档案管理的现代化水平。

（4）"化"技术。

先进和适用的技术永远是档案信息化发展的强大动力；然而，先进和适用有时会产生矛盾，只有进行档案信息化实践，才能使技术的先进性和适用性取得统一，产生效益；才能持续激励档案工作者关注、引进、吸收新兴的信息技术。事实证明，档案信息化一方面能促使先进的信息技术与档案管理有机结合，对档案和档案工作产生带动和增值作用；另一方面会使信息技术在档案需求导向下日臻完善，促进信息产业的发展。

（5）"化"队伍。

信息化是技术密集型、知识密集型的事业，档案信息化对高素质人才具有依赖性。一方面促使我们去选拔和培养人才，更新档案工作人才队伍的专业结构和知识结构，并合理地组织和使用人才，最大限度地调动人才的积极性；另一方面，档案信息化的理论研究和实践锻炼，为人才的培养及其能力的发挥提供了机会和舞台，使越来越多热衷于、尽心于、擅长于信息技术的档案工作人才脱颖而出、创新创业。

**3. 档案信息化是提高档案服务水平的必然选择**

在传统的档案管理方式中，档案工作人员借助简单工具，通过手工方式对档案实体进行收集、保管、利用。其局限性在于：只能通过档案实体（如文件、案卷、卷盒）的整理、存放、调用和传递，管理和利用档案内容；用户利用档案，只能实时（上班时间）、实地（在阅览室）调用档案实体（案卷）进行查阅；档案信息难以脱离档案实体灵活、高效地跨越时空，广泛共享。信息化时代的档案利用可以突破原有档案利用方式的局限，提高档案信息资源利用效率。

（1）直接查阅内容。

电子档案信息内容和实体的可分离性，使我们可以直接对档案信息内容进行灵活分类、排序和组合，发挥计算机检索途径多、能力强的优势，实现信息快速查找，同时能实现对档案信息内容的全文检索。

（2）提供多媒体信息。

可以采用多媒体技术，提供声情并茂的多媒体档案信息，真正做到让记忆"说话"，让记忆显影，生动逼真地还原历史。

（3）打破时空障碍。

档案信息化系统可以借助互联网，将任何档案信息，在任何时间，传递到位于任何地点的任何人手中，彻底打破了档案信息传递的时空障碍，实现全天候服务。

（4）实现联动服务。

通过网络将档案服务主体，包括档案馆、档案室、社区事务受理服务中心的档案资源连成整体，通过数据集成，在馆室联动、馆社联动、馆际联动的基础上，实现档案信息的"一站式""一口式"或"一门式"服务，联动服务在民生档案服务中特别有效。

（5）服务的多样性。

信息技术，特别是网络技术的应用，极大地拓宽了服务主体、服务对象、服务手段、服务形式和服务媒体，如网站查询服务、电话咨询服务、微博微信服务、个性化推送服务、主题展览服务等，使档案服务真正做到了以用户为中心、以需求为导向，改善了档案部门的服务形象。

## 三、档案信息化的任务

国家档案局发布的《全国档案信息化建设实施纲要》将档案信息化建设任务归纳为以下六项内容。

### （一）档案信息化基础设施建设

基础设施是档案信息资源收集、管理、开发利用的物质基础和技术条件，主要包括计算机和网络的软硬件系统、数据库管理系统、网络系统及计算机用房设施等。基础设施应当从先进性和适用性相统一的原则出发，按照档案信息化建设规划以及应用系统建设的实际需求，进行采购、配置和安装。全国尚无统一的档案信息化基础设施建设规划，强调将档案信息化基础设施建设纳入本地区、本行业、本单位信息化发展总体规划，与电子政务、电子商务、办公自动化等基础设施共同建设，形成统一的系统平台和设备环境，以便获得必要的资金、技术支持，相互协调发展。

### （二）档案信息资源建设

档案信息资源是国民经济和社会发展的战略资源，档案信息资源建设的任务包括三个方面：一是开展档案目录和全文信息资源总库建设，满足机读目录检索和共享利用的需要；二是加快馆（室）藏档案的数字化工作，加强对珍贵档案的保护，满足档案内容网络查询利用的社会需求；三是加强电子文件归档以及电子档案移交进馆，将具有档案价值的电子文件收好、管理好和利用好。档案信息资源建设应当与数字档案馆、数字档案室以及社会公共信息库、所属单位管理信息库的建设相结合，充分实现资源的无障碍传输、互联互通和共享利用。

## （三）档案管理应用系统建设

档案管理应用系统建设是信息技术与档案工作需求相结合的产物，是实现档案信息化实用价值的关键环节。其主要任务有以下几个：①研制开发和推广应用相对统一且符合规范的档案管理软件，包括电子文件归档管理软件以及数字档案馆、数字档案室、档案行政管理等软件；②推进档案信息化与电子政务、电子商务、办公自动化的同步发展；③建设档案信息网站，并与本地区、本系统各级各类档案门户网站建立链接；④运用档案管理系统开展档案管理业务，并做好应用系统维护工作。

## （四）档案信息化标准规范建设

标准规范化是档案信息化建设的重要基础，要在充分调研的基础上，根据国际标准和通用规范，逐步推出适合我国国情的档案信息化标准规范。档案信息化标准规范体系包括管理型、业务型和技术型三种类型，其内容包括电子文件归档和电子档案管理，档案信息资源的标识、描述、加工、存储、查询、传输、转换、管理和使用，等等，逐步形成具有中国特色的档案信息化的标准规范体系。所形成的标准规范体系应与信息源（档案生成者）、信息用户（档案利用者）的标准规范体系兼容，将分散的档案机构、档案信息系统、档案资源库集成为有机的整体，真正在跨地区、跨行业、跨层次、跨部门的广阔空间内最大限度地实现档案信息资源的广泛共享。

## （五）档案信息化人才队伍建设

坚持以人为本，始终把培养人才、建设队伍、提高人的素质放在首位。将信息技术基础知识培训列入档案干部培训教学计划；加强档案信

息化建设相关技术、技能培训课程与教材的建设；加强对档案业务人员实用技术的操作培训；更新档案工作人才队伍的知识结构，在内部培养人才的同时，吸纳社会信息技术人才力量，形成开放式的人才队伍，形成尊重知识、尊重人才、鼓励创新、人尽其才的良好工作氛围，营造优秀人才脱颖而出、健康成长、才尽其用的政策环境。

### （六）档案信息安全保障体系建设

档案信息化安全责任重于泰山。档案信息安全保障体系建设包括建立档案信息安全保障组织体系，健全档案信息安全管理的法规制度，加强档案管理应用系统的安全管理，采取管理和技术手段确保档案信息网络传输安全，加强对档案信息安全的行政监管和业务指导，加强档案工作人员的安全教育，等等。

## 四、档案信息化管理

随着我国科学技术的深入发展以及经济水平的不断提高，档案管理的各环节和方式逐步实现信息化，便捷、高效成为档案管理工作的全新标准和要求；但是在档案信息化建设过程中，仍然存在一些问题，需要我们客观对待。

### （一）档案信息化管理的现状及问题

#### 1. 档案信息化基础设施建设不平衡

我国大部分一、二线城市各个领域和行业的档案管理工作已经采用计算机技术、网络技术及电子化办公模式，档案信息化基础设施建设成效显著，信息化程度逐步提高；但另一个不容忽视的客观事实仍摆在我们面前，在我国一些偏远地区及农村地区，大多数企业及单位的档案信息化管理的基础设施不完善,计算机等设备配置不到位、网络资源匮乏等情况普遍存在,给这些地区的档案信息化管理工作带来了严重影响。

**2. 档案管理应用系统建设滞后**

我国很多企业单位的档案管理工作存在的另一个问题就是,档案应用系统建设滞后,虽然多数企业单位均已安装使用档案管理系统,但系统版本陈旧,功能单一,在当前信息量迅猛增长的情况下已经不能适应档案管理工作的需要,亟待研发更新档案管理系统。另外,目前,我国还没有建立起全国统一的档案管理网站平台,也没有构建起大规模的国家档案数据库,这些现实情况使得档案管理工作暂时无法随时随地为社会公众提供档案信息查询、保存、提取等服务,这也成为制约档案信息化管理的一大障碍。

**3. 档案信息化标准亟待完善**

我国现有的档案管理相关的政策、规定及标准中真正涉及档案的现代信息化管理的内容还不多,这样的现实情况与新时代信息现代化建设的客观要求还有一定距离。与此同时,我国现有的一些档案管理的标准由于制定的年代久远,其效用越来越小,相互间的内容联系也逐渐淡化,对当前档案信息化管理工作的规范和引导作用越来越弱,从某种程度上来说,当前我国的档案信息化管理工作标准体系建设亟待加强。

**4. 档案信息化人才队伍亟待培养**

人才是发展的基础和后备力量,对于档案信息化工作来说也不例外。档案信息化管理工作面临的另一个现实问题,即国内的档案信息化人才资源与档案信息化建设及工作需求之间的矛盾突出,专业的档案管理人才无法补足档案信息化管理工作的缺口,满足相应需要,专业人才队伍亟待发展壮大。档案从业者的信息化素养总体偏低,这一现实与技术型人才严重缺乏、"中间型"人才缺失、人才引入及激励政策有待完

善等因素有着密切的联系，这也是人才培养的症结所在。

5. 资源共享观念淡薄

在档案管理工作中，我国传统的某些思想和理念一直或多或少地影响着当前的档案管理工作。例如，在管理工作中，档案馆藏一直是衡量档案馆规模和地位的重要指标，这就造成一些档案管理部门片面地追求自我实体拥有量，却忽视了将自我主体拥有的馆藏与整个社会信息体系相结合并共享，实现信息资源的最大化利用，这一现实也成为当前档案管理工作的一大问题。

## （二）当前档案信息化管理的建议及思考

### 1. 提高认识，统筹规划

当前档案信息化管理要提高认识，统筹规划。首先，必须在思想上充分认识到档案信息化管理的重要性。积极学习档案信息化管理知识，顺应档案信息化管理工作的要求，为做好档案信息化管理工作打好基础。其次，做好统筹规划。档案信息化管理工作量较大，要积极做好相关情况的调研，包括档案的类型、载体形态与状态、馆藏数量以及档案信息利用等基本情况，同时根据实际情况制定档案信息化的科学规划，包括硬件设施的购置计划以及软件研发的长期规划，使其具有较强的支撑能力和扩展能力。

### 2. 档案管理要有所侧重

当前，信息资源呈几何数级增长，以我国现有的技术水平和软硬件设备要将其全部纳入档案管理有一定难度，也没有必要。在大量的信息资源中，我们应根据一定的原则对其进行分类，筛选有价值的、重要的资源进行整合、收集和管理，以实现资源利用的双向最大化。在实际工作当中，我们要根据不同档案区别分类的原则，将重要的、价值高的档案优先纳入信息化管理，充分释放档案的价值，提高档案利用率。

**3.做好档案数字化的全程控制**

在档案数字化过程中，要对档案管理工作的流程、流转过程、封存、纳入数据库等各个环节进行妥善、全面的质量控制和质量检查，以保证数据资源准确安全。具体来说，档案数字化质量控制应包括以下几个方面的内容：一是数字化前的档案整理检查，保持数字化档案原件的完整性、有序性；二是做好档案资料数字化后的数据质量控制，如图像质量检查等；三是数据联结检查，如通过系统目录数据库与已扫描的档案文件资料进行联结比对等。这些方面都需要引起档案从业人员的高度重视，把握其中的每个细节，做好档案数字化工作。

**4.加强档案工作人才队伍建设**

针对档案信息化管理人才队伍不能满足工作需要的现实情况，一方面要加大相关专业的人才培养力度，不断增加具有专业知识和较高业务能力的人才数量；另一方面要有计划地定期对现有从业人员进行培训，使现有档案从业人员有机会接触新时期的档案信息化管理工作，转变传统观念，更好地适应工作。

# 2

第二章

# 档案资源建设与服务

# 第一节 档案资源建设与服务现状

## 一、档案资源建设的特征与存在的问题

档案资源建设是档案事业的基础性工作，是档案利用、服务和开发的前提，其重要性不言而喻。改革开放以来，随着档案工作制度的不断完善，档案的征集、接收以及按规定移交等工作都有章可循，各级政府机关如期向档案机构移交档案，各地档案馆（局）档案征集接收工作有序进行，各级国家档案机构的档案资源建设成就突出。

### （一）档案资源建设的特征

我国档案资源建设具有如下特征。

1. 档案馆（室）是主体

当前我国档案资源建设的主体是档案馆（室），尤其是综合性档案馆和专业档案馆，在档案资源积累、保存和管理过程中，起主要作用。我国档案资源建设能力不断加强，与档案馆（室）的数量不断增加密切相关。

2. 主动色彩愈加浓厚

档案资源建设形成惯性，由原来的被动接收变为主动接收，由原来的"收资源"到当下的"抢资源"，主动性成为档案资源建设的主旋律。

### 3. 档案实体资源建设与数字档案资源建设"齐步走"

随着档案信息化的逐步推进，档案网站建设、档案数字化建设、档案软件开发等工作不断发展，形成了档案工作的时代特征，且得到了公众和档案从业者的欢迎。

### 4. 我国已经形成非常丰富的档案资源体系

通过档案数字化工作，我国形成了非常丰富的档案资源体系，主要体现在以下几个方面。

（1）从数量上来看，我国档案资源非常丰富。

至今，我国省级档案馆的存量档案数字化不断发展，数字化档案数量不断增加。

（2）从类型上来看，我国档案资源类型全面。

我国档案资源现状主要体现在以下两个方面。①实体档案资源方面，以纸质档案为主，胶片、光盘等档案相对较少；以文字型档案为主，多媒体档案数量逐渐增多。②数字档案资源方面，光盘、磁盘、数据磁带等已经成为数字档案的典型载体，各种数字档案格式并存。

（3）从内容上来看，我国档案资源种类繁多。

档案馆馆藏构成以文书、人事、财会档案为主。随着文化事业的发展，又出现了新的档案类型，如非物质文化遗产档案。

### 5. 以公众需求为导向的档案资源建设日益受到关注

在档案资源建设过程中，满足公众需求占据主导地位，并形成了一种动力机制，不断引导档案资源建设更加贴近公众。

## （二）档案资源建设存在的问题

档案资源建设中主要存在以下问题。

### 1. 档案资源建设速度与质量之间的矛盾

早期，国家档案行政管理部门尚未出台档案信息化、档案数字化的政策与标准，各机构在档案资源建设过程中各行其是，形成的档案资源存在质量差异。随着《电子文件归档与管理规范》(GB/T 18894—2002)、《纸质档案数字化技术规范》(DA/T 31—2005)等一系列标准的问世与执行，档案资源建设的质量不断提高，但由于各地对这些标准的理解不同，执行力不同，档案资源建设的质量仍然存在差异，资源质量良莠不齐，数据异构、系统异构的情况大量存在；同时，档案信息资源缺乏深层次的加工和组织，档案编研材料以一次性编研成果居多，深层次综合性编研成果较少。

### 2. 档案资源建设的数量与利用率之间的矛盾

在数量上，档案馆馆藏以为党和政府服务的政府信息资源为主，而涉及民生的馆藏数量较少，地方档案、名人档案等特色档案以及科技档案、专业档案馆藏贫乏。这种馆藏结构反映了档案资源建设能力较低，是造成档案资源利用率低的重要原因。

### 3. 档案资源建设方式与公众需求之间的矛盾

从全国角度来看，我国档案资源建设，尤其是档案信息化、档案数字化建设的主体多元化，既有档案机构的开发，也有IT（信息技术）行业、外包机构的参与，形成了封闭式的分头建设局面，造成"信息孤岛"现象，使档案资源碎片化，影响了档案资源的利用。例如，专题档案往往涉及多个档案馆(室)，由于档案资源建设过程中这些档案馆(室)的标准不统一，数据无法共享，造成公众利用档案困难。此外，不同馆藏档案存在档案重复、冗余现象，在一定程度上增加了档案利用的难度。

### 4. 档案资源的结构与公众需求之间的矛盾

档案资源的结构主要是指档案的类型。现阶段，我国档案资源结构

存在"四多四少"现象：行政类档案多，经济、文化、科技、民生类档案少；红头公文类档案多，非公文类档案少；文字单媒体档案多，音像多媒体档案少；纸质档案多，电子档案少。档案资源建设的现状或多或少给档案用户带来了失望的体验，影响了档案机构在档案利用过程中的形象。

## 二、档案服务的特征与不足

### （一）档案服务的特征

当代档案服务具有以下特征。

1. 档案服务不断推动档案开放

与早期以"藏"为主、以"用"为辅的档案工作相比，当代环境下，在国家关于档案开放的政策引导下，档案工作由"收藏资源"转变为"展示资源"加"利用资源"。这种局面的出现，推动了档案服务范围的扩大以及档案数量的大幅提升。

2. 档案服务越来越依赖档案资源建设

"巧妇难为无米之炊"，档案服务亦离不开档案资源的积累。数字档案出现以前，档案服务基于档案机构的收藏。数字档案出现以后，借助档案网站等信息化工作的成果，各地在进行新建特藏库（室）的档案实体建设的同时，加大了网上"晒档"、目录数据库、全文数据库、特色数据库的建设，档案资源建设为档案服务提供了保障。

3. 档案服务的复杂性不断增强

档案服务对象的组成越来越复杂，服务内容多样化，服务方式越来越丰富，服务要求越来越高，这些都增加了档案服务的复杂性。

### 4.档案服务着眼于公众需求

早期的档案服务主要表现为机关服务、为科研服务。当下的档案服务在继续履行上述职能的同时，人事信息的查询量日渐增长，民生信息、经济信息等与民生相关的档案信息服务要求的呼声渐高。公众对档案服务内容的需求发生了变化，还对利用途径提出了新的要求，包括网上展览、网络查询、调阅数字档案及微博服务等网络服务需求日渐突出，用户与档案机构的交流日趋频繁，这些是当代档案服务必须面对的。

## （二）档案服务的不足

我国当前的档案服务也存在不足，主要体现在以下几个方面。

### 1.数字档案的远程利用有待加强

用户利用档案的主要目的在于"求证""取证"，档案馆仍以提供实体档案、复印服务为主。在信息化环境下，用户对数字档案的利用尚未引起高度重视。对于档案机构而言，数字档案不断积累，但远程服务准备不足。

### 2.档案机构被动服务的色彩依旧浓厚

档案工作重保管、轻利用的观念根深蒂固，工作重点在于如何保管好库房中的档案，并通过查卷、借阅、复印等手段提供档案服务，形成了一种"坐等上门"、被动服务的惯性和定式。信息化环境和公共服务的要求推动了档案工作的改革，档案信息服务已经成为档案工作中不可分割的一部分，但目前档案信息服务部门提供的只是简单、浅层的服务，离满足当代网络化环境下的信息服务需求还相差很远。

### 3.档案机构的信息供给与公众需求不平衡

国家档案行政管理部门对于档案数字化较为重视，各个机构形成了数量巨大的数字档案，为满足公众需求做了大量的数字资源准备；但是，

公众需求的内容是多方面的，包括法律取证、信息参考、资料编辑、工作查考、娱乐休闲、个人教育等，公众需求也存在当前需求和长远需求、个体需求和大众需求、现实需求和潜在需求之分，这就决定了档案机构加工档案信息、提供数字档案产品的优先次序，也决定了档案机构信息供给具有一定的难度。正是因为公众需求的复杂性，造成公众的需求难以完全满足，影响了档案信息供需之间的平衡。

**4. 档案服务质量缺乏评价**

公众利用邮件、网络查询档案越来越普遍；然而，公众对于档案机构的信息反馈并不满意。从档案机构来看，查收公共邮件、档案微博、网站浏览日志等做法，尚未引起重视。这些都影响了公众对档案服务的满意度。

## 三、档案资源建设与服务特征的产生原因

我国档案资源建设与服务之所以能取得如此大的进步，主要归因于档案机构的内部驱动力和外部推动力。

### （一）内部驱动力

内部驱动力是指为了适应档案工作发展的要求，档案机构通过提高自身觉悟、优化机构、开发资源、拓展新业务等途径，提升自身的核心能力，自觉地适应档案服务需求而产生的合力。归纳起来，推动档案资源建设与服务不断发展的内部驱动力主要有以下几个。

**1. 国家档案政策的导向力**

党和国家给予的政策支持和法制保障对于推动全国范围内的档案资源建设具有很大的政策导向作用，为档案服务和档案事业发展奠定了

坚实的基础。

2.档案机构数量增加产生的势能

随着档案事业体量的不断增加，档案机构运行产生的势能不断增加，其档案资源建设与服务能力随之增强。

3.档案不断开放的惯性力

随着《档案法》（2020年修订）"县级以上各级档案馆的档案，应当自形成之日起满二十五年向社会开放。经济、教育、科技、文化等类档案，可以少于二十五年向社会开放；涉及国家安全或者重大利益以及其他到期不宜开放的档案，可以多于二十五年向社会开放。国家鼓励和支持其他档案馆向社会开放档案"的规定的实施，我国各级各类档案馆依法开放的档案数量不断增加。这种依法不断开放档案所产生的惯性力，为服务广大公众提供了丰富的档案资源。

## （二）外部推动力

外部推动力是指档案机构所处的环境中所产生的力量，促使档案工作不断提升自身的业务水平，踏上新台阶。归纳起来，推动档案资源建设与服务不断发展的外部推动力主要有以下几种。

1.公共服务的牵引力

公共服务是21世纪政府改革的核心理念，目的是通过一系列手段和方法，保护个人基本的生存权和发展权，为实现人的全面发展提供所需要的基本社会条件。提高政府公共服务能力根本的出发点就是转变政府职能。在政府职能转变的牵引下，档案机构，尤其是档案局（馆），通过组织变革，必然会形成一股为公众服务的力量，推动档案机构公共服务意识的形成以及公共服务行动的产生和发展。

## 2. 信息产业发展的拉力

信息产业是与信息的生产、搜集、存储、加工、传播和服务相关的多种行业的总称。计算机和通信行业的发展，各种硬件、软件、数据库、通信服务、在线信息服务等，产生了一种无形的拉力，推动包括档案资源建设与服务在内的档案事业的发展。

## 3. 相关机构发展的竞争力

相关机构发展的竞争力主要来源于同属于文化事业机构的图书馆、博物馆等。与数字图书馆的发展相比，数字档案馆的发展显得非常落后。与虚拟博物馆的发展相比，虚拟档案馆的发展尚未起步。这些机构产生的竞争力，尤其是在当前我国文化事业机构多馆合一、集中设置的情况下，档案馆承受的压力可想而知。因此，面对竞争和压力，通过管理自身独特的资源，形成特色化服务，提升服务质量，是档案馆发展的必由之路。

## 4. 向国外同行看齐的追赶力

数字档案馆在美国、英国等国家的发展较快，利用新方式加强档案服务是欧美档案馆提升核心竞争力的重要方法。如何吸收国外的先进理念，优化我国档案资源建设与服务？对这些问题的思考会使我国档案机构在追赶国外同行的过程中产生一种力量，推动档案工作的发展。

## 5. 公众利用的压力

公众对档案资源的利用越来越普遍，对档案服务的内容、途径、方式等都提出了较高的要求，使档案机构产生了很大的压力。出于应对这种压力的需要，档案机构无形中产生了一种力量，以提升自己的服务质量。

正是因为内部驱动力和外部推动力的双重作用，推动着以面向公众需求为目的、以档案资源建设与服务为主要表达方式的档案工作不断发展，实现了档案工作的服务职能。

## 四、档案资源建设与服务存在的不足

在分析成绩产生原因的同时，也不能讳言，我国档案资源建设与服务存在诸多不足，究其原因，主要有以下几个。

### （一）档案行政管理的顶层设计不足

国家档案行政管理部门在档案信息化、档案资源建设等方面存在顶层设计不足的问题。以档案信息化为例，我国档案信息化率先起步于基层，由基层档案机构、地方档案馆先行试点，缺乏整体发展角度的宏观规划和干预。一旦着手进行顶层设计，已经起步的基层档案机构档案信息化与顶层规划之间的差异就会显现出来。档案信息鸿沟、数字档案异构等现象的产生，与档案机构的条块管理、各行其是相关，也与国家层面的顶层设计不足有关。

### （二）相关政策与标准滞后

相关政策与标准滞后问题在档案信息化、数字化方面表现得尤为明显。《纸质档案数字化技术规范》（DA/T 31—2005）出台之前，国内相关机构，尤其是综合性档案馆，实施数字化多年，早已形成了档案数字化流程、格式等方面的独特做法，在此过程中出台的标准的约束力是有限的，对于企业档案机构更是如此。

### （三）档案资源的把控能力不足

档案机构产生的数字档案资源量已经很大，综合性档案馆表现尤甚；然而，可通过网络查询、利用的档案，尤其是可全文查阅的数字档案不多。究其原因，是档案行政管理部门对于档案资源的把控能力有限所致。

### （四）档案开放的措施不足

档案机构已经形成了档案开放的意识，但档案开放的措施尚显不足，尤其是在网络环境下开放档案，包括开放档案的类型、内容和时间的确立，档案开放利用模式的选择，等等，导致开放档案"老龄化"和开放时间滞后的问题。档案机构在网上档案展览方面取得了很大的成功，但通过档案网站开放的档案以政务公开文件、档案目录为主，很少能够查到数字档案全文。

上述四个因素都会阻碍面向共享需求的档案资源建设与服务的发展。

## 五、今后档案资源建设与服务工作需要思考的问题

我们认为，今后的档案资源建设与服务如何发挥优势、克服不足，是值得思考的问题。针对当前档案机构在数字档案建设与服务中存在的不足，总结经验，形成具有参考价值的理论、方法，是今后需要关注的重点，尤其是需要关注以下问题。

第一，针对档案机构已经形成的面向公众需求进行档案资源建设与服务的现状，如何总结和提炼面向公众服务的档案资源建设和服务机制并形成具有时代特征的理论。

第二，针对以往基层档案工作机构在档案资源建设方面各行其是，缺乏顶层设计和总体规划的现状，国家档案行政管理部门如何进行档案资源建设的规划。

第三，针对各个机构产生的大量数字档案缺乏整合的现状，如何整

合档案资源，为档案服务提供资源支撑。

第四，针对当前档案资源建设与服务需求脱节的情况，如何使档案资源建设与服务形成一个不可分割的、动态平衡的有机整体。

第五，针对部分地区的远程服务现状，如何创新服务机制，系统地运用档案远程服务，综合运用传统和现代两种服务方式。

第六，针对档案资源建设与服务现状，如何建立以推动、保障档案资源建设与服务质量为目标的评估体系。

对上述问题，不仅是当前实践工作关注的重点问题，也是学界关注的重点问题。对于这些问题的回答，不仅具有理论指导价值，而且富有实践应用价值。

# 第二节　档案资源建设与服务的动力机制

## 一、档案资源建设与服务的动力源

要分析档案资源建设与服务的动力机制，首先必须搞清楚其动力构成——动力源。动力源是一切事物发展的源泉。档案资源建设与服务只有具备了动力源，才能不断发展与完善。档案资源建设与服务的动力来自两个方面，即内部动力和外部动力。其中，内部动力是档案资源建设与服务发展的根本，而外部动力是推动档案资源建设与服务进一步发展的重要因素。

## （一）内部动力

档案资源建设与服务的内部动力源自档案机构内部，是直接促进档案资源建设与服务的主要因素，包括档案自身价值实现的要求，档案管理制度改革与完善的推动，档案馆功能的转变，等等。

### 1. 档案自身价值实现的要求

档案作为社会记忆的承载体，是国家机构、社会组织或个人在社会活动中直接形成的有价值的各种形式的历史记录，具有原始记录性、知识性、信息性、政治性、文化性、社会性、教育性、价值性等特点。档案资源是人类活动中积累下来的重要财富，真实地记录了人类的历史发展、科学进步和文化发展，直观地反映了历史进程，是重要的信息资源，对我国政治、经济、文化、社会建设都有巨大的参考使用价值。档案的价值不可能自动实现，需要对收藏在档案馆（室）的各种档案资源进行整理加工并加以公布，才能为广大公众所接触、使用，也只有被广大公众所需要，才能实现档案的价值。

档案工作人员的工作价值、档案馆存在的必要性也需要通过档案利用来展现。从档案在现行机关形成到进入档案馆，中间各个环节都需要档案机构与人员的指导、监督。进入档案馆后，档案工作人员需要对其进行收集、整理、保管、编研等。上述所有工作的目的归结起来就在于，为公众提供更好的档案资源与服务，使档案的价值得以实现，同时促进档案工作人员个人价值的实现。

档案只有真正被公众利用，才能最大限度地发挥其功能。档案作为公共文化产品，没有排他性，使用也不会给其资源带来损耗，只有尽可能多地利用每份档案，其价值才能得到有效发挥。在过去，档案机构作为政府行政的附属机构，主要为政府机关服务，档案多保存在档案馆（室）的高阁之中，难为普通公众所利用，档案价值的实现有限。20

世纪 70—80 年代，随着改革开放政策的提出，社会各界思想逐步解放，尤其是学术界引发了各种学术研究热潮，对档案的需求日益显现，也是在这个时候，档案才真正对公众开放；但那时档案开放数量有限，国家对档案保密的要求较高，能为公众所利用的档案有限。随着社会的进一步发展，以及档案保密与开放关系的妥善处理，开放的档案资源越来越丰富，我们需要对这些档案资源进行系统的加工与整理，建立统一的资源管理利用平台，使公众能方便地获得并使用档案资源，如此才能实现档案的价值。

2. 档案管理制度改革与完善的推动

制度是国家机关、社会团体、企事业单位，为了维护正常的工作、劳动、学习、生活的秩序，保证国家各项政策的顺利执行以及各项工作的正常开展，依照法律、法令、政策而制定的具有法规性或指导性与约束力的应用文，是各种行政法规、章程、制度、公约的总称。

档案管理制度是档案行政管理体制、档案机构设置和档案行政关系的集合体，是档案各项工作正常进行的保障，是关乎档案事业持续、健康发展的核心问题。

中华人民共和国成立以来，党和国家非常重视档案管理制度的完善，先后进行了多次调整，改变以前分散管理的状态，确立了"统一领导、分级管理"的档案工作原则以及"局馆合一"的档案管理体制，档案资源结构得以丰富，由单一型向资源整合型转变。

随着我国经济体制改革的深入推进，社会主义市场经济体制不断完善，对档案服务机制、服务对象、服务内涵及服务方式都产生了深刻的影响。虽然档案由于自身保密性、公共性等问题不可能走市场化发展的道路，但市场经济中以公众需求为导向的理念仍值得借鉴。此外，随着现代化的发展、网络的普及，档案资源的数字化、信息化建设也提上了日程。这些变化客观上要求我们改革现有的档案管理体制，改变以往的

政府服务导向,以公众需求为目标,建立覆盖人民群众的档案资源体系和档案利用服务体系,确定未来档案工作的重点。

### 3.档案馆功能的转变

档案馆是收集、保管档案的地方,也是提供档案资源与服务的主体。我国各级综合性档案馆即公共档案馆,是由国家或各级人民政府设置的、保存公共档案资源为公众服务的主体。

20世纪50年代,我国各级综合性档案馆相继建立起来。我国的综合性档案馆经历了封闭性阶段和半开放性阶段,在此期间,其公共服务性不强,主要满足党政机关工作的需要。

随着时代的发展和社会的进步,以及政府职能的转变,服务公众成为政府和社会公共组织的目标导向。公共档案馆作为重要的公共文化事业机构,也应跟随时代的步伐,不断改革创新,不仅作为政府行政的附属机构,更应该是面向社会、满足公众需要的公共事业组织。档案馆功能的转变迫在眉睫,也是大势所趋。

我国各级综合性档案馆在向公共档案馆转型的过程中,要重点突出服务性、公共性、开放性以及社会参与程度,包括参与的高度、频度和力度。社会参与是人民群众的权利,只有社会各阶层广泛参与,公共档案馆才能不断发展进步。档案资源建设与服务就是要以公众需求为导向。积极呼吁公众参与、监督的资源与服务体系建设,是我国公共档案馆建设的主要任务之一。

虽然我国各级各类综合性档案馆建设仍然存在一定的问题,如馆藏资源单一,文件公开时间滞后,文件公开数量有限,配套设施不全,服务模式有限,等等,但是以公众需求为导向进行档案资源建设与服务已成为档案馆发展的方向。作为档案工作的主力军,档案馆功能的转变,对建设面向公众的档案资源与服务体系具有巨大的推动作用。

## （二）外部动力

档案资源建设与服务的外部动力源自档案机构外部，包括社会档案意识的提高，政务公开的推动，科学技术的发展提供技术支持，相关行业发展的推动，社会主义文化建设的客观要求，等等，是影响档案资源建设与服务不可忽视的环境因素。

### 1. 社会档案意识的提高

过去，公众对档案资源的获取利用受到严格的限制，利用档案资源创造财富并不普遍。随着经济社会的发展，公众对自身权利的追求越来越突出，档案作为一种珍贵的信息资源，对促进政治、文化、社会，尤其是经济发展具有重要作用，这种作用逐渐被公众发现、重视，他们要求建立并完善档案资源利用与服务体系，为社会发展服务。政府制定的档案开放利用的政策也促进了档案资源的重新配置，社会各界都可以利用档案信息维护自身经济利益。

此外，教育的普及，尤其是高等教育的发展，使人们的文化水平不断提高，公民的整体素质提高，民主意识增强，他们一方面对精神文化建设提出了更高的要求，档案资源作为文化财富的重要组成部分，理所当然地成为其精神食粮；另一方面，他们对于档案和档案馆的了解逐渐增多，希望利用档案提高自身文化修养，维护自身的合法权益。

### 2. 政务公开的推动

随着现代公共行政民主化的发展以及人们政治民主意识的不断增强，人们的政治参与积极性不断提高，传统的管理模式与运行方式需要改革，构建法治型、责任型的阳光透明政府成为我国政府改革的主要任务之一。公众对政府行政有参与权、知情权和监督权，政府信息公开是实现民主行政、依法行政、服务行政以及维护公众权利的必然要求，也是关系社会稳定以及和谐社会创建的重大问题。

档案是政府的一种信息资源，档案工作势必会受到政府信息公开的影响。一方面，政府信息公开直接将与政府工作相关的部分档案资源公之于众，客观上加大了档案的开放力度。借助政府网站，增加了档案资源的获取渠道，增强了档案资源获取的便捷性。另一方面，政府职能转变对档案管理部门来说是一个改变自身形象的良好契机。政务公开的理念、方式等给了档案机构很好的启示。政务公开显示了公众导向服务的重要性，档案机构通过参与政府信息公开的具体工作，既认识到服务公众，维护公众知情权、信息权的必要性和重要性，也提高了服务公众的能力，使其对面向公众的档案资源与服务体系建设具备足够的认识和能力。

### 3. 科学技术的发展提供技术支持

科学技术的发展，为档案保管、利用等提供了更多方式与渠道。现代社会，人们通过互联网进行信息传播与利用，互联网将人与信息联系起来，而物联网采用RFID（射频识别）等技术将物与物、物与人联系起来，互联网与物联网融合形成的泛在网络将人、信息、物进行无缝链接，是信息环境、信息处理技术和信息服务模式的巨大变革。在这样的信息环境下，通过各类智能终端设备，利用无所不在、无所不包、无所不能的网络结构，人们能在任何时间、任何地点与任何人、任何物进行顺畅通信。

这种无所不在的覆盖各个层面，各网络之间无缝连接、快速传输的泛在网络为公众提供了一体化的智能信息处理平台，可以实现数字档案、多媒体档案随时随地的快速传递，使用户不论在何时何地都能在最短的时间内获得档案服务，获得需要的档案信息资源，实现档案资源之间、档案资源与公众之间的有机联系，方便档案信息的发布、处理和获取。网络技术的发展以及网络覆盖范围的不断扩大，为档案资源与服务建设提供了技术支持，更为公众获取档案资源提供了畅通的渠道。

### 4. 相关行业发展的推动

档案工作是一项独立的工作，有其自身的特殊性；但是，档案工作的发展并不是孤立的。从档案学科发展来看，档案学与文书学、秘书学、图书馆学、情报学等学科相互联系、相互影响，尤其是图书馆学、情报学与档案学属于同源学科，具有同源共性的基础，因此档案工作与图书、情报工作也是相互影响的。档案工作与图书工作在收集、分类、整理、编目、鉴定、保管、检索、开发、利用等方面，虽然在具体操作上有所区别，但两者存在相近或通用的方法。档案馆与图书馆在发展过程中存在一定差异，档案工作的发展可以借鉴图书馆的成功经验。例如，我国数字档案馆的产生受数字图书馆的影响，数字档案馆与数字图书馆经历的发展阶段大致相同，但从各个阶段的主要建设内容和取得的成果来看，数字档案馆逐步落后于数字图书馆，数字图书馆的建设无论是理论研究还是实践水平都较数字档案馆更为成熟。因此，我国档案行业的发展应该打破僵局，向图书情报相关行业学习，尤其是借鉴图书馆行业的成功经验，打破传统档案馆单一的服务环境和服务手段的局限，转变服务理念、服务对象和服务方式，以用户为中心，以网络技术为平台，提供个性化的档案服务。

### 5. 社会主义文化建设的客观要求

档案的本质属性是原始记录性。它不仅是简单地对社会活动进行记录，更是人类知识与智慧的结晶，是人类生产生活经验的积累，甚至可以说是思想的一种储存传承方式，是存储、积累文化的一种手段。丰富的档案文化资源履行着记忆、存储、传播、发展文化的职责，是社会文化的重要组成部分。在大力发展社会主义文化的形势下，建设面向公众的档案信息资源与服务体系，发挥档案的文化功能，为广大公众提供丰富的文化食粮，是促进社会主义文化建设的重要方面。

## 二、档案资源建设与服务的主体

档案资源建设与服务是以档案馆的资源整合建设为基础、以公众需求为导向、以为公众提供档案服务为目标的系统化工程。该工程的实施，档案机构（档案工作人员）、公众是两个重要的行为主体。此外，档案机构作为国家管理档案的专门机构，受各级政府领导，档案管理制度、工作规范的设立都受到政府的制约，因此政府也是档案资源建设与服务的重要行为主体之一。档案机构（档案工作人员）、政府、公众三大主体在这个动力系统中各司其职，各自发挥着不可替代的作用。

### （一）义务主体——档案机构（档案工作人员）

档案机构（档案工作人员）是动力系统的义务主体，由档案行政管理部门和档案业务机构组成。我国的档案行政管理部门是档案机构的管理和领导部门，负责全国档案事业的发展与规划。档案业务部门，如档案馆（室），是保存档案资源的场所，承担着档案业务指导以及档案资源收集、整理、保管、编研、公开利用等任务，最终目的是提供档案资源为社会建设服务，满足公众档案利用的各种需求。档案行政管理部门及各级各类档案业务机构是档案资源建设与服务的主体，作为档案资源的保管者，理所当然承载着建设档案资源与服务体系的任务，而其工作人员作为档案工作的具体实施者，也是具体工作的承担者。档案行政管理部门及各级各类档案业务机构在档案资源与服务体系建设中要充分发挥各自的职能作用，互相协调。档案行政管理部门要做好行政指导以及规章制度规范工作，档案业务部门则要做好档案资源收集、整理、数字化等工作，全面建设档案资源与服务体系。

## （二）监督主体——政府

政府是档案资源与服务体系建设动力系统的监督主体。首先，政府作为整个社会的管理者，需要制定各项措施以保证公众的需求得到满足，公众对档案资源的利用需求随着社会的发展日益凸显，政府要做好服务工作，维护社会的稳定和持续发展，就必须重视这些需求。其次，档案机构作为管理档案的社会公共组织，受政府的领导，政府要对其进行管理，协调其在整个社会系统中的作用，保证其功能得到有效发挥，以满足公众的需求。政府作为整个社会的管理者，有权要求档案机构（档案工作人员）重视广大公众的需求，依法履行义务，建设面向公众的档案资源与服务体系。

## （三）权利主体——公众

公众是档案资源与服务体系建设动力系统的权利主体，是档案的利用者。公众是一个内部各部分相互联系而又不可分割的整体，是在政治、经济、文化等各种活动中利用档案的个体和团体。我国公民依法享有档案使用权，《档案法》第二十八条规定："单位和个人持有合法证明，可以利用已经开放的档案。"第二十九条规定："机关、团体、企业事业单位和其他组织以及公民根据经济建设、国防建设、教学科研和其他工作的需要，可以按照国家有关规定，利用档案馆未开放的档案以及有关机关、团体、企业事业单位和其他组织保存的档案。"此外，公民有知悉、获取国家机关掌握的社会信息及个人信息的权利和自由，即公民有知情权。档案信息中包含许多典型的公共信息及个人信息，且我国的档案信息中有相当一部分是由政府公共信息转化而来，公众有权依照法律规定获取这些信息，以满足自身需求。当政府及档案机构没有按照要求进行档案资源建设与服务时，公众有权利要求其履行义务。

## （四）动力机制的主体间博弈关系

档案机构（档案工作人员）、政府、公众这三大主体在档案资源建设与服务的动力系统中各有分工，各司其职，但它们并不是独立的、互不干涉的，它们之间一直围绕档案资源建设与服务进行着冲突与合作的博弈，呈现出一种动态的复杂关系。档案机构（档案工作人员）作为义务的主体，承担着建设档案资源与服务的义务；政府作为监督管理的主体，一方面督导档案机构进行档案资源与服务体系建设，另一方面监督公众正确合法地利用档案资源；公众作为权利的主体，拥有利用档案资源、接受档案服务的权利。围绕着"档案资源建设与服务"这个中心，三者之间彼此联系，互相博弈。

### 1. 档案机构（档案工作人员）与公众之间的博弈关系

档案机构（档案工作人员）与公众之间属于权利与义务的博弈，档案机构（档案工作人员）的义务履行是为了实现公众的利益。档案机构是档案资源的保管者，理应承担档案资源建设与服务的任务，而档案资源建设的广度与深度、档案服务质量的高低，不仅取决于档案机构的工作人员，还受到公众对自身权利实现的追求程度的影响。如果公众的权利意识较强，主动寻求权利的充分实现，就会给档案工作带来一定的压力与推动力，促使档案机构建设资源更加丰富、覆盖范围更加广泛的档案资源与服务体系，积极主动地为公众服务。总而言之，档案机构（档案工作人员）与公众之间的博弈决定了档案资源建设与服务动力系统的大小，公众的档案利用意识越强，要求权利实现的愿望越明显，档案工作人员的动力越大，动力系统就越大，档案资源建设与服务就更加完善；相反，如果公众对档案利用的认识水平较低，工作人员也怠于档案资源建设，缺乏积极主动的服务意识，动力系统就会变小，档案资源建设与服务就会缺乏长久动力。

### 2.档案机构与政府之间的博弈关系

政府利用自己的权力对档案机构的发展与规划起到管理与规范的作用。政府通过对整个社会发展规划和档案管理制度制定的参与,明确了档案在社会中的角色地位,指导档案机构发挥作用,为社会建设服务,档案机构则通过对自身资源的运用,为政府提供服务并在一定程度上影响政府的决策。

### 3.公众与政府之间的博弈关系

公众是赋予政府权力的主体,是政府工作服务的对象。政府的一切权力都是人民赋予的,政府是管理国家社会事务的主体,有义务为广大公众服务,且受公众的监督制约,以使其权力得到正确的运用。当政府不能有效发挥职能时,公众就会对政府施加压力,要求其转变或者完善职能,以更好地管理社会事务。在档案资源建设与服务动力系统中,公众主要通过对自身需求的表达,促使政府制定政策,保障档案机构的规范建设,并加大建设力度。政府也通过制定法律规章,约束公众在利用档案资源、享受档案服务的同时,不会给其他团体、个人造成困扰和损失。

## 三、档案资源建设与服务动力机制的类型

档案资源建设与服务的动力机制,按照不同的标准可以划分为不同类型。根据动力形成的原因,可划分为内生动力和外生动力;根据动力对事物运动与发展的作用方式,可划分为直接动力和间接动力;根据动力对事物运动与发展产生作用的层次,可划分为表层动力和深层动力。

### (一)内生动力和外生动力

事物的发展变化受内因和外因的共同影响,内因是决定事物发展的

主要因素,外因则通过内因起作用。内生动力是从事物内部产生的动力,其在事物发展过程中起主导作用;外生动力是指从事物外部产生的、转化为内部力量以后才能够导致事物运动和发展状态发生变化的力量。

动力具有动态性,它在事物发展的过程中不是一成不变的,而是随着时间的变化而变化的。内生动力与外生动力均表现出不同的动态性的特征。内生动力随着时间的推移而增加,呈正增长趋势;而外生动力随着时间的推移而减少,呈负增长趋势。也就是说,作用于档案资源建设与服务的内生动力是关于时间的增函数,这种增加包含两种过程:其一是原有内生动力不断积累的过程,其二是外生动力内化的过程。外生动力由于其不断内化以及新的外生动力的替代效应,导致外生动力会随着时间的变化而递减。

## （二）直接动力和间接动力

直接动力直接作用于事物之上,对事物的运动或发展状态产生影响;间接动力也是直接作用于事物之上的,但它是间接地影响事物的运动或发展状态。

## （三）表层动力和深层动力

表层动力作用于事物表面,在较低层次上改变事物运动或发展的状态,对事物的作用有限。随着时间的推移以及由表及里的传递,表层动力逐渐发展为深层动力。深层动力是对事物的发展产生持久、深厚的影响的力量。

## 四、档案资源建设与服务动力机制的构建

### （一）档案资源建设与服务动力机制的构建原则

构建档案资源建设与服务动力机制时，需要遵循下列原则。

1. 整体性原则

整体性原则是系统思维方法的一项基本原则。如前所述，动力机制涉及各个部分组成的整体，因此，档案资源建设与服务的动力机制构建是一个整体性的问题，要遵循整体性原则。整体性原则认为，世界上任何一个有机整体系统，不仅内部各组成要素之间是相互联系的，系统与外部环境之间也是有机联系的。在处理问题时，应当从整体出发，从分析整体内部各组成部分之间的关系以及整体与外部环境之间的关系入手，去揭示与掌握其整体性质。档案资源建设与服务的动力机制构建，应该在整体性原则的指导下进行，强调以综合为基础，在综合的控制与指导下，对各子系统及其之间的关系进行分析，并对分析结果进行恰当的综合。既把综合作为处理问题的出发点，也将其作为处理过程的归宿。分析和综合应贯穿于档案资源建设与服务动力机制构建的整个过程。

2. 动态性原则

组成动力的各种力量或因素不是一成不变的，均具有动态性的特征，动力的大小会随着时间和空间的变化而变化。例如，内生动力随着时间的推移而增加，外生动力却刚好呈相反态势。不论是内生动力还是外生动力，其随着时间的变化改变动力大小的特征，会影响面向公众需求的档案资源建设与服务动力系统的运转，因此，在构建档案资源建设与服务动力系统时，我们要注重其动态性的特点，注意各动力的变化，协调各子系统间的制约平衡关系，只有如此才能保证整个档案资源建设与服务动力机制的有效运转。

### 3. 效率性原则

档案资源建设与服务的动力机制构建要追求效率的提升。效率是衡量档案资源建设与服务的动力系统优劣的一个重要因素，档案机构（档案工作人员）对效率的追求不能简单地用对利益的追求来解释，其对效率的追求更多的是由政府的管理制度以及社会公众的需求推动的。因此，在档案资源建设与服务动力机制的构建中，需要注意调节制度动力系统与需求动力系统以及需求动力系统内部的各种关系，使其完美地结合，充分发挥档案资源建设与服务动力机制的作用，达到效率提升的效果。

### 4. 科学性原则

档案资源建设与服务是一项系统工程，构建一种有效的动力机制需要进行科学规划和引导，以及全社会做出全方位的努力。科学性原则主要体现在对档案资源建设与服务动力机制内涵的正确理解、对动力因素的正确分析，以及体系设计的完备性、逻辑严密性等方面。通过构建科学的档案资源建设与服务动力体系，鼓励档案工作人员和有关政府部门积极参与，取得社会公众的认同，从而将外部动力转化为自觉的内部动力。

## （二）档案资源建设与服务的动力剖析

### 1. 需求动力

需求指的是一种内部状态，它使人感到某种结果具有吸引力。当需求未被满足时就会产生紧张感，进而激发个体的内驱力，这种内驱力会导致个体追寻特定目标的行为。如果最终目标实现，则需求得以满足，紧张感得以消除。

根据马斯洛的需求层次理论，每个个体都存在生理需求、安全需求、社交需求、尊重需求和自我实现需求五个层次。涉及档案资源建设与服务的需求主要是尊重需求和自我实现需求。其中，尊重需求因素包括内部尊重因素（自尊、自主和成就感等）和外部尊重因素（地位、认可和关注等）；自我实现需求指的是个体成长、发挥自身潜能、实现理想的需要。

需求是各种行为产生的深层次的原因，不论是组织还是个人，其行为产生都有一定的动机，是为了满足特定的需要。在档案资源建设与服务中存在档案组织与公众两个方面的需求实现问题。

（1）档案组织内的自我实现需求。

档案组织内的自我实现需求包括档案价值的实现以及档案工作人员自我价值的实现。其中，档案价值的实现是通过档案工作人员的需求与行为表现出来的。作为一种重要的信息资源，档案具有巨大的社会价值，但是作为一种物，它没有追求自身价值实现的主动性，而是通过人——档案工作者来实现。

档案工作者作为管理档案的行为主体，有义务做好档案管理工作，提供档案利用服务，实现档案价值。另外，档案工作者通过档案价值的实现也能满足实现自身价值、获得社会尊重的需求，尤其是档案工作者自身成就感、社会认同感的需求强烈与否，对其能否更好地在自己的岗位上发挥作用有很大影响。档案工作者素质高、觉悟高，对档案资源建设与服务重要性的认识就更深刻，通过档案资源建设与服务成果获得个人认同感、价值实现感的愿望也就更加强烈，这种愿望反过来又会促使其进一步做好档案资源建设与服务工作。这样一个良性的需求动力系统是促进档案工作有序进行、推动档案资源建设与服务发展的有力保障。

（2）档案组织外的公众需求。

公众的需求是档案资源建设与服务的根本动力，是引发档案资源建设与服务的动力源。只有存在公众对档案的需求，档案资源建设与服务才有意义。当公众对档案的需求较少或者只有少数人有需求时，档案的

价值必然得不到充分发挥，档案工作者也没有足够的动力去提升档案服务。当公众的需求增多，档案用户量增加时，档案工作者就会进一步认识到档案资源的价值，公众的需求动力也会推动他们做好面向公众的档案资源建设与服务工作。

需求动力在整个档案资源建设与服务的动力系统中属于直接的、深层次的动力，不管是组织内生的需求动力，还是组织外生的公众需求动力，都是促进档案资源建设与服务的根本动力，是持久不竭的动力。

（3）需求动力系统作用机制模型。

需求动力系统的主要构成因素为档案价值实现需求、公众需求、成就动机需要、组织目标、个人目标、目标导向行为等。动力表现形式主要是需求激励、强化作用以及外化为目标导向行为。

需求有显性和隐性之分，只有被意识到的需求才有可能被激励、强化为目标导向行为。不论是档案组织还是公众个人，其需求都有未被发觉的部分，要想充分发挥需求的动力，不仅要注重显性需求的满足，还要不断挖掘隐性需求。需求——包括档案价值实现需求、档案工作价值实现需求、档案工作人员成就需求以及公众利用档案的需求显现以后，经过进一步驱动和强化，成为组织和个人的目标。目标确立以后，为了达成目标，档案工作人员就会发挥其主观能动性，借助各种科学技术、管理制度等完成档案资源建设与服务，这时候组织和公众的需求就转化为满足需求的目标导向行为。由于档案资源的特殊性，尤其是其保密性，档案资源建设不可能由公众参与进行，公众的个人需求只能通过档案组织的行为来满足。为了实现个人目标，顺利获取需要的档案资源，公众会用自身的力量推动档案组织设立目标，促使其进行面向公众的档案资源建设与服务。

总而言之，在档案资源建设与服务的动力系统中，动力的发挥主体是档案组织和档案工作人员。动力的来源一部分是组织内意识到的自身价值实现的需求以及公众的档案资源利用需求，另一部分是通过公众对自身需求的表达使档案组织及档案工作人员认识到这种需求，进而促使需求转化为档案工作人员的行为。这种档案组织和公众的需求表现得越充分，档案工作人员对其理解得越深刻，就越能调动其工作的积极性，转化形成的动力就越充足、越长久，对于档案资源建设与服务的推动作用就越大。

此外，档案资源建设与服务的成果也会部分转化为需求的动力。一方面，对于档案工作人员来说，成果是对其工作的肯定，是其获得成就感的源泉；但其对于成就感的需求不会就此满足，反而会因为对已获得成就的享受而加深对成就感的需求，这部分需求会进一步转化为动力。另一方面，公众通过利用档案资源，不断满足自身需求，对档案的认识也越来越深刻，公众未被发现的档案需求也会不断显现出来，对档案资源的利用也就越来越多，涉及生活的各个方面，这种需求会促进档案资源的全面建设。

**2. 科技创新动力**

（1）科技创新动力概述。

科学技术是一种特殊的人类活动和社会现象，随着社会的发展，其逐渐从个人对自然现象的探求，转化为企业、社会团体和政府有意识的活动。科学技术与社会发展的关系越来越密切。一方面，科学技术对社会发展的推动作用日益凸显出来；另一方面，社会发展为科学技术的发展提供基础和动力。

以信息技术、生物技术、纳米技术为代表的新科技革命正深刻地改变传统的经济结构、生产组织和经营模式，使生产力发展出现质的飞跃，尤其是信息技术的发展，对档案行业的发展产生了重大影响。

信息技术是人们用来获取信息、传输信息、保存信息以及分析、处理、利用信息的技术，是用来扩展人的信息器官功能，协助人们进行信

息处理的一类技术。

科技创造工具，档案科技创造档案的载体工具、保管与管理工具、信息传递工具等，并进一步影响档案工作的模式、社会关系与地位。科技的发展，使档案自身的存在形态发生了根本性的变化，提高了档案载体的多样性，电子文件数量逐渐增多，档案管理不再局限于传统的纸质文件管理，逐步从物理管理转向了逻辑管理，注重档案资源的整合利用。

随着信息技术的发展，档案资源的传播与利用具备了更加方便、畅通的传输与获取渠道。1990年，施乐实验室的计算机科学家马克·威瑟（Mark Weiser）首次提出"泛在计算（Ubiquitous Computing）"的概念，指出未来的计算模式是泛在的，用户拥有的计算设备将嵌入其生活空间中，协同地、不可见地为用户提供计算、通信服务。日本、韩国在2004年分别提出U-Japan和U-Korea计划，为公众建设无所不在的"泛在网络"。紧接着，欧洲联盟（以下简称欧盟）提出"环境感知智能（Ambient Intelligence）"，北美提出"普适计算（Pervasive Computing）"，新加坡发布"下一代I-Hub"计划，中国提出"感知中国"战略，等等，全球掀起了一股构建"泛在网络"的热潮，把建立无所不在的"泛在信息社会"作为各国信息化建设的重点之一。在这样的信息环境下，利用各类智能终端设备，利用无所不在、无所不包、无所不能的网络结构，人们能在任何时间、任何地点与任何人、任何物进行顺畅通信。

泛在网络融合了电信网、互联网以及各种有线无线宽带等，形成了一个无所不在，覆盖各个层面、各个网络的无缝链接、快速传输的网络。利用这样的网络，可以实现数字档案、多媒体档案随时随地的快速传递，使用户不论在何时何地都能在最短的时间内获得档案服务，获得所需的档案信息资源，为数字档案服务提供了新途径。

简言之，科学技术对档案资源建设与服务的动力集合起来，就形成了科技力。科技力从性质上来讲，属于外生动力与表层动力，其对档案资源与服务体系的建设能够产生直接的影响。运用科学技术，档案工作人员能够更好地管理档案资源，为公众提供更全面的服务。

（2）科技创新动力系统作用机制模型。

科技创新动力系统的主要构成因素是科技创新组织、档案组织、技术等，动力的表现形式主要为推动力，是推动档案资源建设与服务的决定性力量之一。

"科学技术是第一生产力"，是推动经济和社会发展的决定性因素。科技创新动力的主要形成者为各科技企业、高等院校和科研院所，这些科技创新力量致力于用科技的力量促进社会的发展进步。科技力量对档案资源建设与服务的推动作用主要表现在档案载体、档案管理手段、档案传播渠道和档案利用方式四个方面。计算机网络的发展，对档案载体产生了重大影响；电子文件的产生，使档案管理手段、档案传播渠道、档案利用方式发生了变化；档案数字化、信息化建设也随着科技的发展被提上日程，成为档案资源建设与发展的主要趋势。计算机网络的普及推动了信息化的进程，网络技术、数据库技术、数据存储等各种信息技术的迅猛发展，为档案信息资源的科学保管和开发利用创造了前所未有的技术条件；网络基础设施不断完善，为档案信息化建设创造了良好的硬件环境；同时，档案信息资源共享的实现，为向社会公众提供全面、准确、快速、方便的档案信息服务提供了保障。正是科技力量的推动，使档案资源的整合更加方便，利用更加便捷；正是网络覆盖范围的不断扩大，使档案资源的建设与传递成为可能；正是物联网与互联网的不断发展，使公众随时随地获得档案资源成为可能。

**3. 制度创新动力**

（1）制度创新动力概述。

制度是规范人们行为的规则，制度安排与创新对于各个行业的发展

具有十分重要的意义。制度是在一定的历史条件下形成的政治、经济、文化等方面的体系，是要求大家共同遵守的办事程序和行为准则。一般而言，制度由三个部分组成，即正式约束（正式制度）、非正式约束和实施机制。其中，正式约束是人们有意识创造的一系列政治规则、经济规则和契约的总和，以及由这一系列规则构成的一种等级结构，从宪法到成文法和不成文法，再到特殊的细则，最后到个别契约，它们共同约束着人们的行为。非正式约束，即通常所说的文化习俗，是指在社会发展和历史演进中自发形成的、不依赖于人们的主观意志的文化传统和行为习惯，是人们在长期交往中无意识形成的，具有持久的生命力，并构成代代相传的文化的一部分。非正式约束主要包括价值信念、伦理规范、道德观念、风俗习性、意识形态等。实施机制是保证制度实行和发挥作用的手段、工具、政策和措施，包括相应的机构、人员、惩罚措施等，其作用在于保证非正式约束和正式约束的实施和落实。

制度动力主要是指法规政策这一正式约束，其规范人们在档案资源建设与服务中的行为的功能，可以称为"制度功能"。

我国档案管理制度的发展历程，可以分为以下几个阶段。

第一阶段：中华人民共和国成立至1954年，各自为政、分散管理阶段。这一时期，中华人民共和国成立伊始，档案事业缺少专门的行政管理机构，全国各机关、部队和企事业单位的档案工作尚未形成统一的管理体制。

第二阶段：1954年至1978年党的十一届三中全会以前，档案制度基本形成阶段。1954年，国家档案局成立，成为我国档案工作的领导机构，负责集中统一管理档案工作以及国家档案工作规章制度的制定。1956年，国务院常务会议讨论通过了《关于加强国家档案工作的决定》，确立了我国"集中统一地管理国家档案""维护档案的完整与安全""便于国家各项工作的利用"的档案工作基本原则。1959年，中共中央决定对党和政府的档案工作进行统一管理，国家档案局为全国党和政府档案工作的统一领导机构，我国党、政档案工作集中统一管理的体制基本形成。

第三阶段：1978年党的十一届三中全会以后，档案管理制度的发展改革阶段。1987年《档案法》正式公布，明确规定了国家档案行政管理部门统一掌管全国档案事业，统筹规划、组织协调我国档案事业的发展。1993年，配合国家政治体制改革，加强对档案事业的统一领导，档案工作实行"局馆合一"的管理方式。2007年，明确提出覆盖全国人民的档案资源体系以及覆盖并方便全国人民的档案利用和服务体系的"两个体系"建设，要求档案工作转变过去"重事轻人、重物轻人、重典型人物轻普通人物"的档案价值观念，转变过去"轻个人利用、轻为普通群众服务"的档案利用观念和服务观念，重视广大人民群众的档案利用与服务需求。

经过一系列制度改革，档案工作的方向发生了变化，由原先的机关内部的业务性工作转变为一项与社会经济、政治、科学、文化等活动紧密结合、协调发展的社会性工作。制度创新动力属于外生动力与深层动力，对面向公众需求的档案资源建设与服务起到直接的促进作用。它的作用主要体现在以下几个方面。

①为档案资源建设与服务创造制度条件，促进档案机构之间、档案机构与其他组织之间的有效合作，并用相关的规范保障合作的顺利进行。

②制度提供给人们关于行为约束的信息，规范人与人之间的相互关系，降低信息成本的不确定性。制度除规范档案资源建设与服务的行为外，还需要规范公众的档案利用行为，使公众个人的档案利用行为不妨碍、侵犯他人的权利，并保障档案资源尤其是保密性质的档案资源的安全。

③提供持续的制度化激励机制，激励档案资源建设与服务的持续、长久发展和运行。

（2）制度创新动力系统作用机制模型。

制度创新动力系统的主要构成因素是政府、档案行政管理机构、制度供给、制度变迁等，档案资源建设与服务的动力表现形式主要有约束力、竞争力、合作力、引导力、政策力等，在动力发挥作用的过程中，强制性是它的一个显著特点。

制度的基本功能是对行为起到规范作用，主要通过两种途径实现：一种是直接的激励和约束作用，通过对当事人行为的奖励和惩罚来实现；另一种是间接的示范和警示作用，通过对当事人以外的其他主体的奖励和惩罚过程来实现。由于不同制度的性质、层次等存在差异，各种制度的激励、约束、示范和警示作用的具体表现也不同。

政府及档案行政管理机构是档案制度的供给者和改革者，通过制度的供给、改革与创新，它们对档案资源建设与服务形成了约束机制和激励机制。

制度创新动力系统的约束机制即通过制度约束档案组织及公众的行为，使其符合面向公众的档案资源建设与服务的要求。对于档案组织，政府及档案行政管理部门通过制定制度，强制要求其履行档案资源建设与服务的义务，以满足社会发展与公众的需求。对于公众，主要是通过法律规定，要求其在档案资源利用过程中遵守法律法规的规定，不得泄露国家秘密，不得对档案资源造成损害，不得侵犯他人权利，等等。因为档案资源属于公共文化资源，面向社会公众开放，我国公民都可持有效证件登记后利用。如果没有一定的规章制度对公众行为进行管理，公众的档案利用行为就会毫无秩序，甚至可能对其他公众与社会造成危害，也会妨碍档案工作者的档案服务工作。

激励机制主要是档案组织对档案工作人员所期望的努力方向、行为方式以及应遵循的价值观的规定,是指可以调动档案工作人员工作积极性的各种诱导因素的集合。档案行政管理的各种规章制度,包括各种精神激励、薪酬激励、荣誉激励、工作激励等,会反复强化档案工作人员符合档案组织期望的行为,促进档案资源建设与服务的发展。

不管是制度的约束机制还是激励机制,在制度的实施过程中都具有强制性,这是制度创新动力系统与其他动力子系统的最大区别,也是制度创新动力的优势所在。其强制性保证了制度创新动力的发挥,档案法规更是对违反制度的行为提出了相应的惩罚措施,这就会对档案工作人员的工作行为起到示范和警示作用,强制规范其行为,使其符合面向公众的档案资源建设与服务的要求。

**4. 文化动力**

文化动力,是指文化的作用和力量。从性质上来看,文化动力是指渗透在人类活动中的一种以价值为中心、以创新为目标,经过人们交往活动整合而构成的一种综合性的、深层次的力量。文化动力具备推动或制约经济、政治、军事等发展的巨大能量。档案资源建设与服务的文化动力分为组织文化和社会文化两种类型。

(1) 组织文化。

组织文化是成员共有的价值体系和信念体系,代表了组织成员所持有的共同观念,这一体系在很大程度上决定了组织成员的行为方式。档案资源建设与服务的组织文化动力即档案文化,是档案工作人员对于建设档案资源与服务体系所持有的价值观、世界观等观念,是档案机构在实现档案资源建设与服务这一目标任务的过程中形成的价值理念、管理策略、服务理念以及各种行为规范,由广大档案工作人员共同遵循,展现了广大档案工作者的精神风貌、文化素养和良好形象。

(2) 社会文化。

社会文化是与基层广大群众的生产和生活实际紧密相连,由基层群

众创造，具有地域、民族或群体特征，并对社会群体施加广泛影响的各种文化现象和文化活动的总称。它是社会的意识形态以及与其相适应的文化制度和组织机构，其核心是各种文化载体所宣传的价值观念和人生态度。

社会文化的作用主要体现在三个方面：第一，社会文化的发展提高了人民群众的生活质量，不断满足广大人民群众逐步增长的文化需求；第二，社会文化的建设保障了基层群众的基本文化权益，促进人的全面发展；第三，社会文化能够巩固文化大发展、大繁荣的群众基础，促进了我国特色社会主义政治、经济和文化的协调发展。

社会文化通过一定的社会环境因素影响政府、档案行政管理部门和公众的行为，从而影响档案资源建设与服务。第一，社会文化通过确立社会共同理想，把社会发展的内在要求转化为广大人民群众的奋斗目标，使文化成为动员和组织人民群众为理想而奋斗的精神力量，从而为档案资源建设与服务提供强大的精神动力；第二，社会文化通过指导社会制度的建构，实现社会经济体制和政治体制的优化，从而为档案资源建设与服务提供一定的制度保障；第三，文化的发展促进人的全面发展，为档案资源建设与服务提供智力支持，也使人们认识到档案资源建设与服务的重要性，使他们积极参与到建设中来，积聚社会各方面的力量建设档案资源与服务体系。

总之，文化是影响人们行为取向的重要方面，它不仅决定了人们的价值观念，而且构成了人们的行为准则，它既影响人们的活动方式，又影响人们的活动结果。

（3）文化动力系统作用机制模型。

在文化动力系统中，主要构成因素是组织文化和社会文化。文化动力通过对人们的思维方式、行为方式、道德观念和价值观念的影响产生作用，其动力的主要表现形式为激励力、导向力、凝聚力。

文化动力首先作用于人的思想观念，进而影响人的行为活动、智力、精神动力，能为档案资源建设与服务提供无限动力，并形成长久促动效应。文化动力除具有非强制性、多样性的特点外，还具有长效性和渗透性的特点，使文化动力成为一个内涵丰富的复杂系统，其对档案资源建设与服务的作用主要通过文化的激励力、导向力和凝聚力来实现。

①文化的激励力。道德信仰可以激发人们的牺牲精神，科学信仰可以激发人们的创造热情。在特定条件下，人们巨大的精神能量的释放及创造力的爆发都与文化的激发有着密切关联。档案资源建设与服务，首先要能激发人们的潜能，尤其是档案工作者的潜能。其次要最大限度地调动人们的积极性。没有积极能动的主体，就不可能建立起有活力的档案资源与服务体系；没有有效的人文激发力，也就不可能形成具有活力的、积极能动的档案资源建设与服务主体。

②文化的导向力。人是有目的、有意志的主体，人的主体性赋予档案资源建设与服务以人的价值与意识，引导其向着符合人的目的、意志的方向发展。档案组织文化的建设与深化，使档案工作人员认识到档案工作的意义，尤其是面向公众提供各种档案资源与服务对满足公众需求的重要作用。这种认识的逐渐加深，对引导档案工作人员进行档案资源建设与服务具有重要意义。

③文化的凝聚力。文化的凝聚力是人的社会性的体现。它使主体间互相沟通，形成合力，使经济生活与社会生活中的组织的形成成为可能。利用组织文化和社会文化的影响，增强档案组织内工作人员的团结合作程度，以及组织外档案工作人员与公众和谐相处、共同建设的可能。团结就是力量，档案资源建设与服务不是一个局部的、单层次的简单工程，它涉及全国各地各类档案资源的整合以及覆盖全国人民的档案服务体系的建设。其工作量之大、建设之难不是一个部门、一个地区能够完成的，需要全国范围内档案组织系统的团结合作才能做到。这种全国范

围的档案组织的合作,不仅需要国家档案局的统一协调以及组织规章制度的规范,还需要在整个档案界形成一种合作的精神文化,将档案工作人员凝聚起来,共同合作,发挥"1+1＞2"的效用,共同做好这项巨大工程。

总之,文化是影响人们的行为取向的重要方面,也是影响人们生活质量的重要因素,它既影响人们活动的方式,又影响人们活动的结果。在文化的三种作用力中,激发力赋予档案资源建设与服务以活力,导向力赋予档案资源建设与服务以价值意义,凝聚力则赋予档案资源建设与服务以组织效能。缺乏其中任何一种作用力,或者其中任何一种作用力不适应,都会给档案资源建设与服务的发展带来负面影响。

## 五、档案资源建设与服务动力机制的形成

### (一)档案资源建设与服务动力机制形成的方式

1. 基于公众需求充分表达与公众充分参与的动力机制构建

档案资源建设与服务主体的科学配比是保证其建设服务有效性的一个重要因素,多元主体充分参与下的动力机制的构建是档案资源与服务体系建设取得重大成果的必要条件。档案资源建设与服务应坚持以公众需求为导向,呼吁广大公众参与,充分吸收民众意见,通过制度安排让人民群众对档案资源建设与服务具有发言权,对建设进度有监督权,对建设成果有评估权,保证档案资源建设与服务为民所用。

档案资源建设与服务可以采取听证会、问卷调查、网络调查、电话调查等多种方式收集公众的意见与需求,加强政府、档案机构与公众之间的交流,只有这样才能为档案资源与服务体系建设带来持久的活力与动力。

广大公众参与所象征的社会智慧是开展档案资源建设与服务的动力所在；大众参与是构建档案资源建设与服务体系的基本原则。公民满意是评估档案工作的最高标准。所以，我们必须调动公众参与的积极性，不断拓宽公众参与渠道，让社会公众可以通过多种途径和渠道与档案机构、政府互动，保证公民能够公正地行使表达个人意见的权利，避免和消除由于主观性、干扰性导致的偏差，使公众需求得到充分表达，公众力量得到有效发挥。

**2. 政府及档案管理机构职能履行推动下的动力机制构建**

档案资源建设与服务动力机制的构建，需要政府部门和档案管理机构从领导层到基层工作人员全体参与和支持。政府与档案管理机构高层领导的高度重视和支持，是档案资源与服务体系建设能够顺利进行的首要条件，在其建设初期需要高层领导了解档案资源建设与服务的紧迫性和必要性，制定科学可行的政策并提供强有力的制度保障，积极营造良好的氛围，并利用激励机制和利益机制提供强有力的动力来保证档案资源与服务体系建设工作的顺利推进。中层干部承担着向工作人员传播和解释政策意图、帮助工作人员认识档案资源建设与服务的意义、对基础信息进行收集、充当评估者的任务。基层工作人员自身积极参与档案资源建设与服务，同时通过加强宣传来引导公众参与档案资源建设与服务，以保证档案资源建设与服务以公众需求为导向积极推进，因而政府及档案管理机构职能履行推动下的动力机制构建的直接动力，就是政府与档案工作人员的责任心和进取心。组织需要制定各种管理制度，采取各种管理措施，保障各级领导与工作人员认真负责地履行职能，并加强彼此之间的合作，保证档案资源与服务体系建设的顺利进行。

**3. 档案机构、政府与公众充分互动下的动力机制构建**

自下而上的动力机制构建强调公众需求的表达及公众的参与，自上而下的动力机制构建则要求政府与档案机构发挥职能。两者并不是彼此

孤立的，在档案资源建设与服务中，仅靠其中之一是不可取的，而是需要将两者综合，在档案机构、政府、公众充分互动产生的推动力下构建动力机制。

档案机构发挥职能是动力机制运行的主体，同时要紧紧围绕人民群众的需求，使档案资源建设与服务真正将公众放在顾客的角度来审视，充分发挥人民群众在档案资源与服务体系建设中的重要作用，让广大人民群众参与到档案资源建设与服务中来，增强人民群众利用档案的迫切愿望，从而使社会公众对档案机构活动的约束更加到位，档案资源建设与服务工作取得更好的效果。此外，政府要对档案机构的工作进行适当的监督与干预，在其职能发挥不到位时要求其改正，利用法律法规约束其行为。

### （二）档案资源建设与服务动力机制的合成

前文分析了档案资源建设与服务的各个动力子系统，但动力的发挥还需要机制保证其沿着正确的方向有效地运行。各动力子系统由于结构和功能的差异，产生的动力不同；由于构成要素、动力表现形式和动力实现过程不同，动力机制也各不相同。分析各动力子系统的作用机制，是构建档案资源建设与服务整体动力机制的基础。

档案资源建设与服务的各动力子系统内部机制控制其运行，保证各种动力的形成，不仅如此，在各动力系统之间还存在相互促进、相互制约的关系，只有如此才能使各动力形成合力，共同致力于档案资源与服务体系建设，否则，各动力子系统自成一家，各自施力，反而不能有效发挥作用，甚至会制约动力机制的总体作用效果。将各动力子系统整合成一个动力总系统，对参与合成的各个动力机制子系统表述如下。

在档案资源建设与服务的动力系统中，需求动力处于核心地位，这主要是由动力系统的动力主体决定的。公众和档案工作者是需求动力系统的主体，而他们是动力的直接产生者和直接使用者，尤其是档案工作者，是档案资源与服务体系的建设者，因此不论是其工作产生的动力，还是其他动力子系统产生的动力，最终都需要归结到档案工作者身上，由其发挥作用。

文化动力系统、制度创新动力系统和科技创新动力系统在档案资源建设与服务的动力系统中处于次要地位，但并不表示其产生的动力比需求动力小，而是由于其动力并非直接地、全部地作用于档案资源与服务体系建设。文化动力系统产生的动力属于表层动力，不直接作用于主动力系统，而是主要通过需求动力来发挥作用。文化动力的激发、导向和凝聚作用，使公众认识到自身的需求，使档案工作者认识到自身义务，并将档案工作者团结起来发挥需求的动力作用。

科技创新动力和制度创新动力直接作用于档案资源建设与服务。科技通过提供各种技术推动档案资源与服务体系建设，制度通过其强制性保障档案资源与服务体系建设合理、合法地顺利进行。此外，科技的发展与制度的完善也会促进需求的发展。例如，网络的发展、传播的进步、信息沟通的顺畅，使人们之间的交流增多，与他人交流又会使自己认识到一些未被挖掘的需求等；而制度可以通过明确的规章制度将各种需求转变为具有法律效力的权利，增加了需求的权威性，使满足这种需求成为必须有的作为。

文化动力系统、科技创新动力系统和制度创新动力系统又相互影响。文化动力系统通过文化的深层次的、长久的影响，潜移默化地影响人们的思想观念和行为方式，通过对人们的价值观、世界观及文化素养的影响，对科技进步的速度、制度的形成产生微妙的影响。

制度创新与技术创新在内在机制上存在强烈的互动关系，两者相互制约、相互促进，使两者的均衡发展表现出对档案资源建设与服务的无处不在的影响力。制度创新能够为技术创新创造条件，使技术创新的直

接收益有所保障；技术创新在一定情况下能够引发制度创新，甚至可以降低某些制度创新的成本。这是技术创新与制度创新互动关系的机理所在。

正是基于各动力子系统相互制约、相互促进的关系，才形成了档案资源建设与服务的动力机制，保证各动力子系统形成的动力合力能够有效作用于档案资源与服务体系建设，发挥其最大效用。档案资源建设与服务动力系统中存在需求动力系统、科技创新动力系统、制度创新动力系统和文化动力系统四个子系统。这四个动力子系统各司其职，发挥着自己的效用。

当然，档案资源建设与服务动力机制的有效发挥，还需要档案工作人员具备较高的综合素质。档案工作者是档案资源与服务体系的直接建设者和服务者，也是动力系统的最终承担者，不论是需求动力、制度创新动力、科技创新动力还是文化动力，最终都需要档案工作者来发挥效用，因此档案工作者综合素质的高低与档案资源建设与服务发挥动力的大小息息相关，只有档案工作者具备较高的综合素质，才能有效吸收各种动力。

总而言之，构建档案资源建设与服务的动力机制是一个复杂的问题，其出发点是阐释当前档案工作尤其是档案资源建设与发展的新动向，其落脚点是为当代档案资源建设与服务走向公众提供理论指导。

# 3

第三章

# 档案资源建设实施

## 第一节　档案信息的数字化

### 一、档案信息数字化的基本问题

#### （一）档案信息数字化的目的

档案信息化建设的根本目的是最大限度地发挥档案资源的价值。档案部门配备计算机，构建信息网络，只是建造了档案信息利用的"高速公路"，而这些"高速公路"能否真正地发挥效能，取决于有无充足的运送对象——数字档案资源。对传统档案进行数字化，旨在为信息传输"备货"，其意义不言而喻，具体目的如下。

1. 提高档案信息的利用效率

数字化档案可以在网络环境中利用，充分发挥网络传输面广、快捷便利的特点，解决传统利用方式中档案同时利用带来的矛盾。此外，数字化档案可以与办公系统生成的现行电子文件在同一系统中提供利用服务，极大地提高了文档信息的利用效率。

2. 保护历史档案，规避安全风险

许多历史档案因物理老化或保管不当而脆弱易损，如不及时"抢救"，很可能彻底损坏，通过制作其数字化副本代替原件流通利用，可以保护重要历史档案免遭进一步损坏。通过异地存放多套档案数字化副本，可以确保档案信息安全，规避各种自然灾害或人为损害给档案信息

带来的灾难性后果。

3. 缓解库房空间压力，便于档案移交

对于日益增多的非永久保存的半现行文件，可以制作数字化文本来取代原件，缓解档案库房保存空间的压力，提高空间利用率。以数字化档案代替档案原件，以档案"信息流"代替档案"物流"，可以解决已经到移交年限的档案移交与利用之间的矛盾，便于档案移交工作的正常执行。

## （二）档案信息数字化的要求

1. 规范性要求

规范性是开展档案信息数字化的基本要求，也是确保数字档案信息可用性的基本条件。规范性要求的内容如下：所有档案信息必须按照规定的技术模式、文件格式和工作标准进行数字化，并尽可能地采用通用标准。

档案数字化的目的是利用网络这种新的信息传递方式来提供档案服务。因此，数字档案信息的存储与传递必须制定并采取各方均认可的规范与标准，以避免因存储格式和软件平台不同而不断转换，造成资源浪费和时间延误，降低信息存储与传输的效率。

2. 安全性要求

档案信息数字化的安全性要求包括以下内容。

（1）确保档案原件的安全。

档案数字化需要对档案原件进行扫描、录音或摄录，因而可能对原件进行拆卷、加工或其他必要的处理。由于被数字化的档案大多数是要继续保存的，在数字化处理过程中必须最大限度地保护档案原件，尽量避免造成档案原件内部特征和外部特征的不可逆变化。一旦发现处理质量问题，或者处理好的数字化档案信息被破坏或丢失，便没有挽回的余地了。对于具有文物或史料价值的档案而言，遵循这一原则或要求尤为重要。为将数字化工作对档案原件安全的威胁降至最低，必须仔细设计档案信息数字化的工作流程，制定严格的操作规程，以确保数字化工作安全有序地开展。

（2）维护档案信息的保密性。

被数字化的档案大多是开放文件，不具有保密性，但是为了保护档案原件或为备份拟移交文件而进行的数字化，可能涉及保密档案。档案数字化工程通常有外来人员参与或交由专门的数字化公司承担，因此对参与数字化工作的公司和人员应进行严格的安全保密教育，并签订安全保密协议，限定其操作权限和保密责任。对于内容敏感或者有严格适用范围的档案文件，应考虑由专门人员采用专门的设施进行数字化。数字化工作完成后应将过程中缓存在操作终端或服务器中的相关文件彻底删除，以免泄密。

3. 真实性要求

档案信息的数字化必须确保信息内容的原真性。数字化是对档案信息存在形式的变换，这种变化犹如对档案原件进行复制，可能出现复制件的内容与原件内容不一致的情况。"忠于档案原文"是档案工作者的天职，在档案信息数字化的过程中，必须严格维护数字化档案信息内容的原真性，最大限度地保留档案信息的原始面貌。如果数字化后的档案信息大量丢失原载体上的信息内容，那么档案数字化将失去意义。

由于技术和文件体积上的限制，数字化常会造成档案信息某种程度的失真，为此，在选择文件格式、技术参数和处理方法时，必须在文件精度、文件大小和系统处理速度上进行权衡，优先考虑文件的保真度，力争将信息失真降低到最低程度，至少应限制在允许的范围内。

### 4. 效率性要求

档案数字化工作面广量大、耗时耗财，必须十分注重工作的效率与效益。效率原则有两个方面的要求。

（1）要采取最优化的技术方案。

应在充分研究的基础上选择最优化的档案数字化方案，包括最优化的工作流程、最合理的文件格式、最有效的信息存储模式以及高效、经济的数字化加工系统。技术方案决定整个数字化工程的成败和效率，高效率的数字化加工系统更是档案数字化工程的"善事之利器"。数字化加工系统的效率与设备投入的多少并不成正比，高效的数字化加工系统是硬件设备、软件系统和工作流程合理配置的结果，一味地追求高配置的硬件设备，讲究扫描仪的扫描速度，而忽视软件处理效率和加工力量的配备，会因设备利用率低下造成浪费。多数情况下，配置两台中速扫描仪的性价比要比配置一台高速扫描仪更高。

（2）要实现档案数字化工程的专业化和社会化。

对传统档案的数字化是档案工作从纸质时代向数字时代迈进的过渡性工作。在这一过渡阶段，由于传统档案存量较多，需要集中处理，数字化任务比较繁重；但存量档案数字化问题解决后，随着无纸化办公的进一步发展，档案数字化任务也就基本完成了。因此对大部分档案馆来说，数字化只是阶段性工作，至少经过一个阶段后工作量会锐减。每个档案馆都配置庞大的数字化加工系统是没有必要的，可以通过相互合作或外部的数字化公司来集中解决过渡时期的档案数字化任务，以较低的成本获得专业化服务，避免出现大量高配置设备低利用率的情况，从而提高整个社会的档案数字化劳动效率。

### 5. 实用性要求

档案数字化需要较大的投资成本，开展该项工作之前必须分析其实际效益，明确其必要性。对档案进行数字化可能是出于多种目的，但归结起来不外乎两点：第一，为保护档案尤其是濒危档案而制作数字化副本；第二，为实现网络环境下的档案信息共享利用而进行数字化。深入分析可以看到，无论是出于何种目的，都只需要进行有限范围的数字化工作。

首先，需要用数字化副本的方式特别保护的濒危档案只是少数，况且这种利用替代式保护只是权宜之计，无法从根本上解决这类档案的长久保管问题；其次，为实现网络共享而进行数字化，必然要考虑拟数字化档案的实际利用率问题；最后，互联网是超越时空限制的虚拟环境，存储在网络中某个节点的数字化档案信息，整个网络中的所有用户都可以方便地使用，原有的时空阻隔被打通，许多原来因地域隔阂而重复保管的档案信息在网络环境中将成为冗余信息。档案机构在确定拟数字化档案的范围时必须充分考虑网络共享的这一特点。

### （三）档案信息数字化的标准

#### 1. 档案信息数字化工作的宏观组织

档案信息数字化工作的宏观组织应从以下几个方面着手进行。

（1）加快档案数字化标准规范的建设。

国家档案局责无旁贷应承担起档案数字化相关标准的制定工作，并严格监督这些标准、规范的执行。由于国家标准出台相对滞后，落后于实际工作的需要，导致各地早期数字化的档案资源缺乏规范管理。加快档案数字化标准体系建设，是档案数字化宏观管理的首要任务。为保证数字化档案资源与数字图书、情报以及其他文献信息检索利用的一体化，国家档案局应积极联合图书、情报部门，制定共同的技术标准，建立统一的技术模型和技术规范，以实现不同数据资源的"无缝整合"，提高信息资源的利用效率。

(2) 建立档案数字化工程中心。

各级档案行政主管部门应组织资源成立地区档案数字化工程中心。档案数字化工程中心的基本任务是开展档案信息数字化技术研究，提供档案数字化技术咨询指导，专门从事档案数字化加工。档案数字化工程中心可以采取灵活多样的组织机制，既可以是非营利的事业机构、商业化的经济实体、地方档案馆的下属部门，也可以是多方合作的股份公司。无论采取何种组织形式，档案行政主管部门在档案数字化工程中心的运行过程中应有专业"话语权"，能够通过合法的形式对其进行指导、监督与控制，以保证档案数字化工作的规范有序进行。

(3) 建立档案数字化机构认证制度。

对从事档案数字化的机构实行认证和许可证制度应成为发展的一个方向。质量认证和许可证制度是现代经济的重要组成部分，目的是规范生产者和生产过程，确保产品质量。认证分为商业性认证和法规性认证，后者具有强制性。目前，数字化档案信息的法律地位逐步得到认可，作为法律证据的数字档案信息不仅要有可信的来源，而且要由可信的机构对其进行数字化处理，包括嵌入验证其信息真实性的"数字水印"等。目前除档案部门外，从事档案数字化工作的有各类文献信息机构或其下属经营开发公司、信息技术公司、新闻出版机构等，这些机构技术力量和管理能力参差不齐，基础条件不同，经营运作纯市场化，追求的是经济利益的最大化。

(4) 启动档案数字化工程。

档案数字化工程需要大量的经费支撑，对公共档案而言，这些经费主要来自政府的财政拨款。例如，河南省档案馆"十三五"期间的重点任务是数字档案馆项目，项目自立项起得到河南省委、省政府的高度重视，项目总投资2700多万元，目标是实现数字档案馆、数字档案室档案信息一体化，省、市、县档案信息一体化管理，实现全省档案信息资源远程利用和社会共享服务。数字档案馆经过10年的持续建设,于2022年通过国家档案局系统测试,成为省级综合性档案馆中全国第四家、中部地区首家全国示范数字档案馆,实现了由手工管理到信息化管理的历史性跨越。为了加快档案数字化建设的步伐,引起各级地方政府的重视,国家档案局和地方档案行政主管机关要力争启动国家或地方的"档案数字化工程"或"数字档案馆工程",以获得专项经费支持。

**2. 数字化档案文件格式的选择**

数字化档案文件格式的选择包括以下内容。

(1) 数字文件格式的实质。

数字化的实质是信息记录方式和载体形式的转变。传统的档案信息以图、文、声、像等形式记录于纸张、胶片、磁带等传统载体中,这些信息经过数字化后,以数字代码的形式记录下来,即将这些图、文、声、像信息按照某种规定的方式转换成数字代码组合,并转录到磁带、磁盘、光盘等数字载体上。

(2) 数字化档案文件格式选择的基本要求。

档案保管利用的长久性,要求所选文件格式具有稳定性以及对技术环境的相对独立性。文件格式必须在数字化之前选定,并且一经选定只能一以贯之。文件格式的随意改变或多样性将造成难以想象的困难,然而数字文件格式本身处于不断发展之中,新的格式层出不穷并日臻完善。这种"稳定性要求"和"变动性现状"之间的矛盾,使数字化档案文件格式的选择成为一个重要课题。根据所表达信息类型的不同,数字文件格式分为图形图像格式、音频格式、视频格式等。不同信息类型的档案,所选择的文件格式不同。

①文件的保真度。

"忠于原文"是档案数字化的基本要求。数字化可以看成对档案内容的拷贝,这种改变信息表达方式的拷贝过程极易造成内容失真。为此,

在选择文件格式时要考虑其保真程度。数字化档案的目的不同，对信息保真度的要求也不同，但无论如何，档案数字化对保真度的要求都要高于其他文献。严格来说，任何格式的数字文件都存在不同程度的信息失真，关键是将失真度控制在允许的范围内。

②文件的大小。

高密度存储始终是档案管理追求的目标。卷帙浩繁的档案文件，即便只将其中的少数精品数字化，也会占用巨大的存储空间。在起步阶段，档案数字化在存储空间上的压力并不大，但与一般文献的数字化不同，数字档案文件通常需要长久保存，其累积空间是十分惊人的。为此，在选择文件格式时必须将文件的大小作为一个重要的考虑因素。

③与软硬件平台的相对独立性。

大多数数字文件需要长期保存，在选择数字化文件格式时，拟选格式对软硬件平台的依赖程度是一个十分重要的考虑因素。

文件格式根据其对软硬件环境的依赖性可分为应用软件专用格式、中间转换格式两种。应用软件专用格式虽然能够保存文件信息，但对特定软硬件环境具有很强的依赖性，其存储、处理和还原受到操作系统、应用软件版本等限制，要还原档案的原始面貌，必须重构这种专用格式特定的生成环境，包括操作系统、特定版本的应用程序，甚至是特定的硬件平台。在经过较长时间后，再建某种专用格式的生成环境，不仅投资成本很大，而且通常难以实现。因此，应用软件的专用格式并非数字化档案的首选，无论这种格式的技术支持有多好，除非这种专用格式已经成为事实上的标准。

中间转换格式是按照跨应用软件、跨软硬件平台的要求为同类专用格式相互转换而设计的数字文件格式，如图形图像文件的 TIFF 格式、PDF 格式等。作为各类专用格式相互转换的"中介"，各种应用软件都尽可能支持中间转换格式，因此中间转换格式具有较强的通用性。中间转换格式的优点十分明显，由于其能在不同操作系统和硬件平台上使用，不受数字环境的限制，所以便于资源共享和长期保存。以这类格式保存的数字档案文件，迁移的频率较低，迁移过程相对简单，数据丢失的风险减小。数字化档案应尽量选择中间转换格式。

④通用性。

通用性是指某种数字文件格式被用户及业界广泛使用和支持的程度。数字化档案文件格式的通用性具体表现为：选择该种格式的信息系统的相对数量，各类应用系统对该种文件格式的技术支持或兼容性，获取该格式工具软件或应用系统的便利性，该种格式的技术开放程度，等等。

档案信息数字化的根本目的在于应用，因此所选的文件格式必须考虑广大档案用户的应用环境，即用户软硬件环境对所用文件格式的支持程度。显然，选择通用性较强的文件格式会得到更多用户环境的支持。

事实上，一个文件格式之所以流行，不仅是因为这种格式自身具有某种优势，而且在于这种格式获得了更多的技术支持，其利用环境的建立十分便利。比如，用户可以通过网络或其他途径方便、低价甚至免费地获得其生成、阅读、处理、转换所需的各种工具软件，或者大多数用户已有的应用程序兼容这种文件格式。

文件格式的通用性通常与其技术开放性相关。技术公开的文件格式，便于应用系统的开发者实现对该种文件格式的兼容或支持，从而提高其流行度；而通用性的提高又迫使更多应用系统以这种格式为规范，以求达到与其兼容。反之，具有技术专利的文件格式其通用性必然会受到限制。

⑤标准化程度。

每种类型的文件都有多种格式，这些文件格式的产生源于以下三种情形：其一，配合特定应用软件及其软硬件环境而制定的文件格式；其

二，计算机相关厂商为占领或规范市场而推出的文件格式；其三，国际性组织或协会为实现文件格式的规范、统一而推出或推荐的某种文件格式，或者对某种格式做出的某些技术规范，如国际标准化组织和国际电话电报咨询委员会为数字图形图像文件制定的国际标准 JPEG 格式，为音频文件制定的压缩技术规范 MPEG 格式，等等。

选择数字文件格式时应优先考虑标准格式或规范化程度较高的文件格式。一方面是出于所选格式的通用性、技术开放性的考虑，另一方面是因为标准格式或规范化程度较高的文件格式通常在技术上更为合理。

需要指出的是，标准格式的形成是要经过时间考验的，在一般情况下需要 3～5 年甚至更长的时间，在标准格式问世之前，某些被业界或用户广泛支持、使用的格式，由于已经牢固占领并主导市场而成为事实上的标准格式。

（3）档案数字化的目的。

根据档案数字化的目的选择文件格式主要考虑以下两个因素。

①受制于数字化工作的目的和性质。

文件格式的选择受制于数字化工作的目的和性质，目的不同，所选择的数字文件格式就有可能不同。档案数字化工作的目的之一是长期保存，以保存为目的的数字化存在两种不同的情形：其一，使用数字化复本替代原件长期保存和使用，原件销毁；其二，为重要档案原件制作异地保管的数字化复本。显然，"替代性保管"和"复本保管"对数字化工作的要求是不同的。对于前一种情况，数字文件内容上的原真性要求和长期保存的安全性要求远高于后者。为此，"替代性保管"所选择的数字文件格式必须具有良好的还原性、安全性，其识读、显示出来的数字文件在内容上应与原件完全一致，在原件销毁之前要进行严格的比对、鉴定，并能通过数字签署等技术固化数字文件的内容，防止保管、利用过程中信息被篡改。因此,"替代性保管"对有损压缩格式的选择应十分小心,即便采用,也必须将压缩比、分辨率、采样频率等技术参数设置在能够"维持档案原貌"的限度,不能过多地考虑存储容量问题,拟选格式是否具有安全管理和数字签署功能反而是一个重要的考虑因素。"复本保管"对数字文件格式的要求要宽松得多,主要考虑在维护原真性的前提下如何缩小文件的大小以及日后文件还原的便利性。

②数字化目的内容。

对档案进行数字化更多的是出于利用目的,主要是为了快速、便捷地利用档案的信息内容。为利用而数字化对数字文件原真性的要求比为保管而数字化的原真性要求要低得多。为利用而数字化同样要区分两种情况:网络利用和非网络利用。非网络利用的范围十分有限,目前主要是将数字化档案封装打包成光盘来发行。这种形式的数字化与制作、发行一般文献的光盘资料无异,注重短期利用效果,因此选择文件格式时,应更多地考虑拟选格式的通用性和文件的大小。以光盘的形式打包发行,有时可能会选择更具针对性的专用格式,只要利用起来方便倒也无可厚非。网络利用是数字化档案利用的主要形式,如网站档案信息公布、网上档案传输服务等。由于受到带宽的限制,网上档案利用尤其是网上实时响应对文件大小的控制近乎苛刻,此时选择文件格式不能在文件"质量"上做过多要求,只要能提供所需的信息即可。专门针对信息资源的网络利用推出了众多流媒体文件格式,这类格式对档案的网络利用而言是不错的选择。

## 二、纸质档案的数字化

### （一）纸质档案数字化的技术模式

#### 1. 目录数据与全文图像分体方式

每份文件的目录数据与全文图像分开存放：目录信息存放于目录数据库，全文图像以文件形式按照预定的存储规则和命名规则存储于文件服务器。目录数据库记录中的一个字段用以存储对应全文图像的存储路径，在目录数据库中检出文件记录后，借助记录中的存储路径可链接、显示该文件的数字图像。目录数据与全文图像分体方式减小了目录数据库的规模，加快了对目录数据库的操作处理速度，提高了数据检索和更新的效率，确保了数据库的稳定性；其缺点是地址链接容易出错，数据挂接颇费精力，需要通过软件来实现全文图像和目录数据库的一致性备份，因此程序编写较为复杂。

#### 2. 目录数据与全文图像一体方式

目录数据与全文图像作为一条记录存放在同一数据库中，即将档案的数字图像作为文件记录的一个字段（大对象数据项）直接存储到数据库中。

#### 3. OCR全文与目录数据合一、图像分体方式

为实现档案内容的全文检索，很多应用系统对于印刷清晰的纸质文件在扫描其数字图像的同时，还采用OCR（光学字符识别）技术将扫描形成的图像文件转换成文本文件，建立文本与图像页面之间的对应关系。使用时，具有全文检索功能的系统可以对存入其中的文本文件进行逐字、逐词式全文检索（基于文件内容的检索），在查找到所需内容后，再调阅该文本内容所对应的图像页面（扫描图像），以观看档案文件的原貌。OCR的文本全文可作为不定长字符型字段附加在相应文件的目录

数据之后，供档案管理系统对该文件进行自动标引和全文检索之用。除全文检索外，这种方式的另一个优点是可以对存储的档案文件进行自动、半自动标引，极大地减少著录标引的工作量。其缺点是配置成本较高，需要配置全文检索工具软件。

### （二）纸质档案数字化的工作流程

1. 档案整理

纸质档案数字化首先要进行档案整理，具体流程如下。

（1）检查案卷文件及其目录数据的质量。

在扫描开始前，档案整理人员先按扫描计划和工作进程，以一定卷数为一个批次，从档案库房提取档案，检查案卷的完整性，并按照《档案著录规则》等的要求，规范档案目录内容，包括确定档案目录的著录项、字段长度和内容要求。对有错误或不规范的案卷题名、文件名、责任者、起止页号和页数等要进行修改。

（2）拆除装订物。

如果不去除装订物会影响扫描工作的开展，则应拆除装订物，包括起订、拆卷、撕开粘贴页等，使档案文件以散张形式存放。拆除装订物时应注意保护档案不受损害。

（3）区分扫描件和非扫描件。

拆分前检查卷内页号是否完整无误，发现有误及时纠正，发现没有页号正确添加，以防止档案文件丢失和错序。然后从中选出需要扫描的页面，再次编制所需扫描的页号，两个页号通过不同的铅笔颜色或位置进行区分，以确保档案还原时能够清楚地区别和核实页数。此后，把同一案卷中的扫描件和非扫描件区分开，并按扫描后的电子文件组织形式进行重新分类，以便进行批量扫描。

（4）页面修整。

破损严重、无法直接进行扫描的文件，应先进行技术修复。因褶皱不平而影响扫描质量的原件，要先进行相应处理（压平或熨平），再进行扫描。

（5）档案整理。

登记分类整理后的档案，按顺序交付扫描人员，交接时填写纸质档案数字化加工过程交接登记表单，详细记录每份档案文件的起始页号和页数，并由交接双方签字。

（6）装订。

扫描工作完成后，档案原件应按档案保管的要求重新装订。恢复装订时，注意保持档案的排列顺序不变，做到安全、准确、无遗漏。

## 2. 档案扫描

扫描是纸质档案数字化的关键步骤，通过扫描可以将纸质档案转换为数字图像或文本文件，以便于存储、管理和利用。

（1）扫描方式。

扫描之前要根据拟扫描档案的质量及对扫描速度的要求，选择是采用自动进纸扫描方式还是平板扫描方式。自动进纸扫描仪中档案要随扫描仪滚动轴一起滚动来完成扫描过程；平板扫描仪则将档案固定在静止的稿台上，通过感光鼓的平移来完成扫描过程。尽管这两种扫描方式形成的图像文件相同，但扫描速度及对文件纸质的要求差别很大。自动进纸扫描仪多为中速或高速扫描仪，扫描速度每分钟几十张甚至上百张，比平板扫描仪快一个数量级，因此对纸质要求较高。

（2）扫描色彩模式。

扫描色彩模式有以下几种。

第一，黑白二值扫描又称"单色扫描"。以这种方式扫描的图像只有黑白两级灰度，即每个像素非黑即白，没有彩色或中间色（灰色）呈现。黑白二值扫描方式不能很好地表现照片图像，对于学籍登记册、婚姻登记表等证件档案，由于其上贴有身份照片且尺寸较小，用黑白二值扫描模式基本上无法辨认，故不宜采用。

第二，灰度扫描。灰度扫描所生成的图像既包括黑白两色像素，也包括黑白之间的中间性灰色像素，因此能够精确地表现图文的明暗变化和内容细节，但占据的存储空间要远远大于黑白二值扫描图像。灰度扫描适用于存在明暗变化的黑白图像、字迹清晰度差或者带有插图照片的黑白档案的数字化扫描。一些年代久远的档案，由于纸张已经泛黄，文件底色与其上记载的文字内容的对比不太明显，这类档案虽然没有照片，但仍应采用灰度方式扫描。

第三，彩色扫描。彩色扫描所生成的图像文件是彩色的，它能丰富地表现档案的全貌及细节部分。彩色扫描生成的图像需要占据巨大的存储空间，在档案数字化扫描过程中，除有特殊需要外，一般不宜将纸质档案扫描成彩色的图像文件。

（3）色彩位数。

采用彩色扫描或灰度扫描模式时，还需要确定色彩位数或灰度等级。色彩位数或灰度等级越高，所表达的颜色（或灰度）种类越丰富，越接近自然色。对于纸质档案而言，一般文稿或图片的质量不会很高，即使采用高色彩位数进行扫描，效果也不会有太明显的提高，相反，文件的大小却成等比数列增加。

（4）扫描分辨率。

分辨率是扫描过程中最为重要的一个参数，是单位长度内图像包含的点数或像素数，一般用每英寸点数表示。分辨率越高，图像越清晰，但所占的存储空间也越大。分辨率越低，图像细部就越失真，所占存储空间也就越小。因此选定扫描分辨率时，要在图像清晰度和所占存储空间之间进行权衡，原则上以扫描后的图像清晰完整，不影响图像的利用效果为准。

（5）亮度。

亮度是调节扫描生成图像的明暗效果的特定指标。亮度值越高，图像越明快；亮度值越低，图像越灰暗。亮度值调节得合适与否关系到所形成图像文件的清晰程度，影响着OCR识别的准确率。

如果采用灰度扫描或彩色扫描模式，生成的图像文件事后仍可借助图像处理软件进行亮度调整，但如果采用的是黑白二值扫描模式，确定扫描时的亮度非常关键，不仅能使白底黑字的档案更加清晰，而且可以借助亮度调节来修复档案原文在黑白反差上的缺陷。

（6）扫描登记。

扫描完成后要认真填写纸质档案数字化加工过程交接登记表单，登记扫描的页数，核对每份文件的实际扫描页数与档案整理时填写的文件页数是否一致，不一致时应注明具体原因和处理方法。

3. 图像处理

纸质档案数字化的图像处理流程如下。

（1）图像数据质量检查。

对图像偏斜度、清晰度、失真度等进行检查，发现不符合图像质量要求时进行图像处理。由于操作不当，造成扫描图像不完整或无法清晰识别时，要重新扫描。发现文件漏扫时，应及时补扫描并正确插入图像。发现扫描图像的排列顺序与档案原件不一致时，要及时进行调整。与此同时，要认真填写相关表单，记录质检结果和处理意见。

（2）纠偏与图像拼接。

扫描操作失误造成图像颠倒，或扫描时送纸没有完全垂直而使图像文件发生偏斜的，要进行旋转还原和纠偏处理。对大幅面档案进行分区扫描形成的多幅图像进行拼接处理，将其合并为一个完整的图像。

（3）去污。

对图像页面中出现的影响图像质量的杂质，如黑点、黑线、黑框、黑边等，利用系统提供的专用工具进行去污处理。处理过程中应遵循在不影响可懂度的前提下展现档案原貌的原则，利用图像处理技术修复因原件保护不当造成的明显缺失，如文件上的污痕、渍点或褐斑等。

（4）裁边处理。

如果图像文件有黑框或多余的白边而影响美观，尤其是采用彩色模式扫描的图像，要进行适当的裁切，以使图像与档案文件的实际边缘相符，并有效缩小图像文件的大小，以节省存储空间。

（5）色彩调整。

色彩调整旨在使录入的图像更符合原档案图文的色彩，或在不影响原真性的前提下对图文色彩的失真进行校正。色彩调整较复杂，包括各颜色通道的色阶上下限调整、色调变化调整、各色调区域的色调平衡调整、色相调整、对比度调整等手段。色彩调整仅在必要时采用。

### 4. 图像存储

档案文件经过扫描和图像处理后必须以一定的方式存储，这一环节的主要任务是合理选择图像文件的存储格式以及有效标识存储图像文件。

（1）存储格式。

纸质档案数字化后将形成成千上万幅图像文件，数据量巨大，因此图像压缩十分必要。图像压缩是在保证图像质量的前提下，通过某种数学运算方法将图像的数据量降到最小，分为无损压缩和有损压缩两种方式。无损压缩不破坏原有图像信息，压缩后图像可通过相应的恢复算法精确复原；有损压缩则是在可接受的图像质量条件下对图像进行不可复原性压缩。有损压缩比无损压缩有更高的压缩比，因而压缩后的图像数据量更小，更适宜网上传输。

（2）分层设定图像文件格式。

图书情报界在数字资源存储规范方面做了大量工作，针对数字资源

的文件格式选择提出标准性、可操作性、前瞻性等要求，这些要求富有积极意义，档案界也应当与图书情报界携手合作，提出适用于多方的共享标准。就数字化文献的文件格式而言，图书情报界的建议是根据数字图像的应用目的和应用环境，将其应用分为三个层次，即存储层、网络层、索引层，分层设定数字化图像的格式规范。

（3）图像文件的命名。

纸质档案目录数据库中的每一份文件都有一个相应的唯一档号，以该档号为这份文件扫描生成的图像文件命名。多页文件可根据该档号建立相应的文件夹，按页码顺序为图像文件命名。

### 5. 目录建库

目录数据库建设工作与档案数字化工作密切关联，在多数情况下两者是同步进行的。目录数据库的质量关系到数字化资源的利用与管理效率，因此在数字化流程中，目录建库及其质量核查被作为一个独立环节，提出了严格的要求，录入的数据要采用人工校对或软件自动校对的方式进行质量检查，对著录项目是否完整，著录内容是否规范、准确等要进行严格的审查。

### 6. 数据挂接

纸质档案数字化的数据挂接流程如下。

（1）数据关联。

以纸质档案目录数据库为依据，将每一份纸质档案扫描生成的一个或多个图像存储为一个图像文件。将图像文件存储到相应文件夹时，要认真核查每个图像文件的名称与档案目录数据库中该文件的档号是否相同，图像文件的页数与档案目录数据库中该文件的页数是否一致，图像文件的总数与目录数据库中该文件的总数是否相同，等等。通过每个图像文件的文件名与档案目录数据库中该文件的档号的一致性和唯一性，建立起相对应的关联关系，为实现档案目录数据库与图像文件的批量挂接提供条件。

（2）交接登记。

纸质档案数字化转换过程交接登记表单，记录数据关联后的页数，核对每一份文件关联后的页数与档案整理、扫描时填写的页数是否一致，不一致时应注明具体原因和处理办法。

（3）汇总挂接。

档案数字化转换过程中形成的目录数据库与图像数据，经质检确认合格后，应通过网络及时将其加载到数据服务器端并进行汇总，通过编制程序或借助相应软件，实现目录数据对相关联的数字图像的自动搜索，加入对应的电子地址信息，等等，实现批量、快速挂接。

### 7. 数据验收

数据验收以抽检的方式检查已完成数字化的所有数据，包括目录数据库、图像文件及数据挂接的总体质量。一个全宗的档案，数据验收时抽检的比率不低于5%。目录数据库与图像文件挂接错误，或目录数据库与图像文件出现内容不完整、不清晰、有错误等质量问题时，抽检标记为"不合格"。全宗的档案数字化质量抽检的合格率必须达到95%以上方为验收"通过"，其中合格率为抽检合格的文件数占抽检文件总数的比例。

### 8. 数据备份

经验收合格的完整数据要及时备份。为保证数据安全，备份载体的选择应多样化，可采用在线、离线相结合的方式实现多套备份，并异地保存。备份数据也要进行检验,检验的内容包括备份数据能否正常打开，数据信息是否完整，文件数量是否准确，等等。数据备份后应在相应的备份介质上做好标记，以便查找和管理。数据备份还要填写纸质档案数字化备份管理登记表单。

### 9. 成果管理

要加强对数字化档案数据保管与利用的管理，以确保其安全完整和长期可用。档案数字化成果在提供网上检索利用服务时要添加制作单位的电子标识，并根据具体情况分别采用可下载或不可下载的数据格式。

### （三）纸质档案数字化系统的基本结构

#### 1. 扫描仪

（1）扫描仪的种类。

按扫描原理不同，扫描仪可分为手持式扫描仪、平板式扫描仪、胶片专用扫描仪、滚筒式扫描仪、CIS（接触式图像传感器）扫描仪。手持式扫描仪扫描幅面窄，难以操作和捕获精确图像，扫描效果差，已经销声匿迹；平板式扫描仪采用光电耦合器件（CCD），一般用于普通幅面档案的扫描；胶片专用扫描仪分辨率很高，专门用于胶片扫描；滚筒式扫描仪使用光电倍增管，性能高于CCD类扫描仪，因此多用于大幅面图文的扫描，特别是大幅面工程图纸的扫描；CIS扫描仪具有高分辨率、精准成像、易于操作等特点，可广泛应用于文档扫描、图片数字化等领域。扫描仪有单面扫描仪和双面扫描仪两种类型。双面扫描仪一次扫描可以同时完成对文件正反两面内容的扫描。档案馆应视实际需要决定是否配置双面扫描仪。

（2）扫描速度。

扫描速度指标对档案馆来说颇为重要，因为档案馆藏数量庞大，高速扫描有利于提高工作效率，缩短档案数字化所需的时间。扫描仪按扫描速度可分为中速自动进纸扫描仪、高速自动进纸扫描仪和低速平台扫描仪。高速自动进纸扫描仪的处理速度可达每分钟几十页至几百页，缺点是无法处理大幅面的档案文件，对档案纸张质量的要求较高，纸张状况较差时容易损坏档案原件。

（3）扫描仪的光学分辨率。

分辨率是反映扫描仪精度的重要指标，反映了扫描仪对图像细节的表现能力，通常用每英寸长度上扫描图像所含像素点的个数dpi（每英寸点数）来表示。扫描仪分辨率有两种，即光学分辨率和插值分辨率。光学分辨率是扫描仪的实际分辨率，是决定图像清晰度和锐利度的关键指标。插值分辨率则是通过软件运算的方式来提高分辨率而得到的数值，又称作"软件增强的分辨率"。

（4）色彩位数。

扫描仪色彩位数越高，所能显示的色彩越丰富，扫描出的图像也就越真实。目前，30位、36位、42位色彩的扫描仪成为市场上的主流产品。扫描仪的色彩位数并非越高越好，过高的色彩位数不但增加了扫描仪的购买成本，而且所形成的文件会占用很大的硬盘空间，所需的扫描时间也会大幅增加。普通档案扫描使用30位色彩的扫描仪已经足够。

（5）动态密度范围。

动态密度范围表示扫描仪所能探测到的最淡颜色和最深颜色间的差值。探测范围越宽表示扫描仪可捕获到的可视细节越多，再现色彩细微变化的能力越强。普通平板扫描仪的动态密度范围在2.4dpi～3.5dpi，能够满足普通文档数字化的要求。对用于扫描工程图纸的滚筒式扫描仪，动态密度范围要求较高，一般滚筒扫描仪的动态密度范围大于3.5dpi，因而能够分辨出图像细微的层次变化。

（6）扫描仪接口方式。

扫描仪接口方式是指扫描仪与计算机的连接方式，常见的有EPP接口、USB接口、SCSI接口和IEEE1394接口等。EPP接口即打印机端口，其最大特点是方便，对计算机要求低，且加强EPP接口和USB接口、SCSI接口的速度已经很接近了，但扫描质量较差。USB接口速度较快，安装方便，可以带电插拔，但它对主板质量的要求高。

（7）随机软件、资料。

扫描仪的功能要通过相应的软件来实现，除驱动程序和扫描操作界面外，几乎每一款扫描仪都会随机赠送一些图像编辑、OCR等软件。不同扫描仪配套软件性能不一，选购扫描仪时要关注配套软件的品种及说明材料。

2. 计算机

计算机是档案数字化的基本工具。整个数字化系统需要一台服务器来管理运行，对服务器的性能要求较高，必须有较大的存储容量以及较快的运行速度，具体配置因数字化系统的规模而异，可购置专用服务器，也可使用高配置的计算机来替代。理想配置为双CPU（中央处理器）、大容量内存、热插式硬盘驱动器SCSI硬盘和集成RAID（磁盘阵列）控制器等。

3. 信息存储设备

大量档案图文信息的存储离不开存储技术的支持。数字化档案信息的存储有在线、近线和离线三种方式，分别适用于网络共享数据备份等不同情形。存储介质有磁盘、光盘、磁带等，存储设备有硬磁盘机、光盘库、光盘塔、光盘阵列、磁带机、磁带库等。

## （四）纸质档案数字化系统

1. 软件配置

纸质档案数字化系统用到的软件有两类，即系统软件和应用软件。系统软件包括操作系统、数据库管理系统等平台。应用软件是在上述软硬件平台的基础上实现数字化流程的文档扫描、图像处理和数据存储等软件程序。这些软件程序可以从市场上购置，或者随硬件设备配送获得，对于大批量纸质档案的数字化处理而言，仅仅依靠上述分散的、专用的工具软件是不够的,必须采取系统集成方式,将整个数字化流程整合为一个统一的制作、加工系统,开发出专用的"纸张档案数字化制作软件系统",以实现档案数字化加工的"流水线"制作和"规模化"管理。

2. 基本要求

纸质档案数字化制作系统是一套批量加工纸质档案的数字化制作管理集成软件。对该系统的基本要求有以下几个:①可适应不同规模的制作环境开发不同的版本;②适用不同类型的纸张,兼容各种档次的扫描设备;③提供高效的扫描录入和图像处理功能;④提供完善的质量保障和工序流程管理,实现标准化和规范化的生产;⑤采用先进的软件开发技术和开发工具;⑥基于大型数据库管理系统;⑦网络版系统采用C/S(服务器/客户机)和B/S(浏览器/服务器)相结合的结构;⑧客户端浏览器支持大多数标准图像及文本格式,合法用户通过系统的认证可以由此访问服务器,调出数据和图像,浏览器可以对图像进行放大、缩小、旋转、反色、自动播放,尽可能采用多线程技术,以实现边下载边浏览图像,缩短等待的时间,提高工作效率;⑨采用多层安全防护,充分利用大型数据库管理系统的安全防护机制,可以对任何数据操作后台进行监控,阻止非法用户破坏数据系统。

3. 纸质档案数字化制作软件系统的功能模块

纸质档案数字化制作软件系统具有以下功能模块。

(1)认证注册子系统。

鉴于档案数字化工作的特殊性,并考虑到多台计算机同时工作时的跟踪管理,网络版的档案数字化制作系统应采取科学的加密认证措施,具有网络注册认证功能,确保只有合法的用户能够访问系统资源。

(2)原文扫描子系统。

原文扫描子系统模块实现系统最主要的功能,即原文扫描。系统带有扫描仪、数字照相机接口,可以直接获取来自外部的数据信息。通常

系统能够支持基于TWAIN协议（一种通信标准）的各种扫描仪。

（3）图像编辑子系统。

图像编辑子系统的主要功能是实现对图像的各种处理。在多机操作环境下，系统应支持对网络服务器文件的处理，同时标记已处理过的标识，以便很好地分工协作。完整的图像编辑子系统包括以下功能：①支持常用的几何作图，如画矩形、直线等；②支持添加文字注释；③支持剪切、复制、粘贴图像的局部；④支持图像形态学运算、几何运算、点运算等多种图像的特殊效果操作；⑤支持任意角度的旋转纠偏、去黑边、自动去污等；⑥支持不同颜色的图像相互转换；⑦支持不同格式的图像相互转换；⑧支持图像颜色的局部处理；⑨支持OCR。

（4）消蓝去污子系统。

消蓝去污子系统通过调节图像背景颜色和亮度来改善图像质量，达到"还旧如新"的效果，俗称"消蓝去污"，主要用于处理一些因年代久远或保管不善表面出现发黄、变旧、生霉、水渍等情况的老档案。该子系统的功能要求如下：①支持图像的局部处理，使图像局部效果增强；②可以将灰黑模糊的档案原件图像调整为字迹明显、基本无污点的理想效果；③可以还原关闭保存当前文件之前的一切修改；④经过处理的图像文件具有高压缩比。

（5）图像拼接子系统。

受扫描设备幅面限制，一些小型扫描设备不能直接处理大幅面的档案原件，因此需要采取局部扫描、后续拼接的处理工艺。图像拼接子系统的主要功能是实现左右拼接、上下拼接和连续拼接等。

（6）档案查询子系统。

档案查询子系统即浏览器，用以实现数字档案的快速查询与图像浏览。该子系统可按以下结构设计：①左视图采用树形结构显示查询结果，便于快速定位，并获知相关级属关系；②右视图采用显示控件，显示查询结果的指定页,并采用多线程设计,实现即时下载显示。左视图可以显示或隐藏图像,右视图中显示的图像支持缩放、旋转、全屏显示、翻页等功能,并且可以根据用户权限决定是否允许打印或保存到本地。

## 三、照片档案的数字化

### (一)照片档案数字化对象的选择

完整的照片档案包括底片、相片和文字说明三部分,其中相片是由底片冲印得到的"复制件"。照片档案的数字化究竟选择底片还是一般相片作为扫描对象,需要进行研究。

1. 底片

若采用底片做扫描母版,图像效果较好,因为底片是银盐感光胶片,图像分辨率和密度比相片要高很多,耐久性和稳定性也比相片要好,以其做母版扫描出来的图像色彩及细节的保真度高。其缺点是必须使用专门的底片扫描仪或者在常规扫描仪上加装透扫描适配器,对扫描设备的要求较高。

2. 相片

用相片作为扫描母版,图像效果要次于用底片做母版。相片本身是底片的"复制件",在冲洗过程中通常因为控制不当而出现色彩失真或偏色等问题,在长时间保存后,相片还会因为化学作用而发黄、变色,尤其是彩色相片,用这样的相片做扫描母版,颜色、亮度、饱和度等方面的失真问题可能会比较严重。

## （二）照片档案数字化方式与分辨率

### 1. 照片档案的数字化

照片档案的数字化可以采取用扫描仪扫描输入以及用高档数码相机进行翻拍录入两种模式。扫描输入是照片档案数字化最常用的方法，所需设备简单，操作也比较简便，适用于各类照片档案的数字化处理。翻拍录入过程虽然比较快捷，但要配置辅助照明设施，拍摄过程中对变焦、曝光等的调控要求较高，拍摄难度大。普通数码相机在光学成像过程中会产生像差，因此需要使用中高档数码相机翻拍，中高档数码相机镜头一般配有较大光圈、变焦镜头、高分辨率CCD相机等，可以保证高质量的拍摄效果。

### 2. 照片扫描分辨率

照片档案记录的是图像而不是文字，分辨率高低对其质量的影响更大。理论上来说，分辨率越高，扫描图像越清晰，所需的存储空间越大，扫描所需的时间也越长；但当扫描分辨率高于一定阈值后，照片质量不会有明显提升，反而会使存储空间陡增，延长扫描时间。因此，在设定扫描分辨率时，要在分辨率与图像大小之间认真权衡，区分是底片扫描还是相片扫描，综合考虑被扫描照片的尺寸、原照片的图像质量和利用性质及其还原输出要求等因素，在实际测试的基础上，具体确定每一批照片扫描的最佳分辨率。

## （三）照片档案数字化前后的处理

### 1. 照片档案数字化前的处理

底片乳剂层中含有明胶，明胶在温度、湿度和空气氧化的长期作用下，会产生霉斑、皱褶、粘连、褪色等现象。相片、底片保管不当也会沾上污垢、斑点、手印等。扫描时霉斑会在图像上生成白点，破坏数字影像，而采用图像处理技术很难将其清理干净。因此，最好的办法是在扫描之前对底片、相片上的霉点、斑渍等做适当清理。当然，处理方法必须正确、恰当，避免进一步损坏照片。

2.照片档案数字化后的处理

照片档案在数字化过程中不可避免地会产生噪声干扰，造成形与色方面的失真。为此，需要通过照片档案数字化系统中的图像处理功能或者专门的图像处理软件，对数字化后的照片图像进行处理，但这种处理必须以"尽量恢复其本来面貌"为宗旨，不可随意行事。

事实上，现有的图像处理软件功能强大，可以随心所欲地改变数字图像的外观形态；但是照片档案与一般的纸质档案是不同的，其侧重的就是图形和色彩，而不是文字符号所表达的意思。因此，对数字化生成的照片档案进行图像处理，极有可能破坏原作品本来的构图、格调或韵味，使照片档案丧失其原始性。

一般来说，照片档案图像处理的内容局限于以下三项：①旋正，将颠倒或歪斜的图像调整到正直位置；②裁白，将扫描图像中原照片以外的空白区域切除；③去污，修整并去除扫描过程中产生的黑白点和瑕疵。

## （四）数字化照片档案的保管

作为母版保存的照片档案图像，一般选择以 JPEG 格式保存，重要的、保真度要求更高的档案可以选择以无损压缩的 TIFF 格式保存，但同一图像的 TIFF 文件比 JPEG 文件要大很多。

数字化照片档案可以用不同的文件格式刻录到多套光盘上，异地保存，同时存储在服务器上提供在线利用。为方便照片档案的有效利用，应建立照片档案专题数据库，照片档案著录项目及其专题数据库结构，应尽可能遵循档案著录标引规则以及相关的数据库结构规范，著录项目可选择全宗号、归档年度、保管期限、分类号、照片序号、照片题名、

责任者、形成时间、摄影者、照片原文、主题词、整理人、密级、参见号、存放位置、组卷标识等。

## 四、音频档案的数字化

录音档案是以声音为信息表达方式的档案材料。在档案库房中，领导讲话、文艺演出、座谈、采访和会议录音等是馆藏的重要内容。传统的录音档案主要以录音带、唱片作为记录载体，数字化生成的音频档案则记录在数字光盘、磁盘、数字磁带等介质上。这里之所以将"录音"一词代之以"音频"，是为了与数字技术中的专业术语相一致。

### （一）音频档案数字化的现实意义

1. 网络共享呼唤数字化音频档案

随着宽带网技术的飞速发展以及音频压缩技术的日益成熟，数字音频广播、数字音频工作站、网络自动化播出系统等由概念变成现实，这类数字传媒必然会用到珍贵的档案资源，因而需要对大量音频档案进行数字化。

2. 传统录音档案亟待通过数字化加以保护

使用录音磁带保存录音档案，即使严格遵守磁性载体档案的保存环境要求，在长期保管和反复利用过程中，磁粉也会有不同程度的脱落，造成磁性衰减、退化，甚至出现磁带粘连、霉变现象。数字化技术能够有效解决这一难题，采用数字化方式进行复制后，声音信号被转化为二进制数字，由于存在校验机制，从理论上来说，无论复制多少次，无论利用得多么频繁，声音也与原先的录音档案原件完全一样，从而保证了音频档案的原真性。

### 3.音频档案数字化具有积极的实际效果

档案馆藏中，由于声像档案形象生动，其利用率始终较高，尤其是那些与文化生活相关的声像材料。这些为群众喜闻乐见的声像档案经数字化后通过网络广泛流传，对于充分发挥档案价值，提高公众的档案利用意识，增强档案馆的社会性，无疑具有积极的现实意义。

### 4.音频档案数字化所需投入较低

在数字化量有限的情况下，音频档案数字化在硬件方面只需配置一张高质量的声卡，在软件方面则有众多免费的编码、播放和转换软件供选择使用，所需投资极小。

### 5.音频档案数字化的技术实现相对简单

音频档案的数字化不存在太大的技术障碍，信息技术界已开发出各具特色、各有所用的音频格式，格式转换软件种类繁多。对档案界来讲，唯一需要考虑的是对某种录音档案宜选用何种音频格式，选择哪款转换软件，在数字化档案规模较大而软件开发力量又足够的情况下，自行开发更为适用的音频档案采集、转换系统。

## （二）音频档案数字化的原理

### 1.模拟电平信号对原始声音的保真度

由原始声音到生成模拟声音振动的电平信号是由拾音设备来完成的。拾音设备的性能决定了模拟电平信号对原始声音的保真程度。对需要数字化的录音档案而言，数字化的对象通常是已经固化在录音带、唱片等载体之上的模拟声音振动的模拟信号，将这种模拟信号本身视作原始声音，在相应的播放设备中将其转换为模拟电平信号。

### 2.模数转换设备的性能

模数转换设备是模拟电平信号向数字信号转换的基本硬件。模拟电

平信号送入计算机后，由其完成模数转换。模数转换过程中会产生噪声，导致原始声音的失真，高质量的模数转换设备信噪比较好，产生的噪声较小。为保证数字化音频档案的质量，应尽可能地选用高品质的模数转换设备。此外，在模数转换过程中，其他相关硬件设备也会对音质产生一定的干扰或影响，如性能不稳定或低品质的主板或接口卡，屏蔽不良的通信线缆，等等。

3. 数字化过程中的采样频率、采样精度和声道数

模拟电平信号向数字化信号的转换是通过对模拟信号的采样实现的。计算机在固定的时间间隔内对模拟电平信号的强弱进行测量，并用一组数字记录下来，以此记录模拟电平信号的变化。采样频率、采样精度和声道数是决定数字化音频质量的三个关键指标。采样频率是指每秒钟对模拟电平信号采样的次数。采样频率越高，数字音频信号的保真度就越高，数据量就越大。根据音频采样定理，对于随时间连续变化的模拟信号波形，只要采样频率高于信号中最高频率的2倍，即可根据采样所得信号恢复出原始信号的波形。虽然数字化音频的质量可以通过选择较高的采样频率、采样精度和声道数来改善，但数字化音频文件所需的庞大存储容量，使档案专家通常会在音频档案保真度要求和存储容量限制之间做出折中的选择。

4. 文件压缩方式

文件压缩方式是决定音频档案保真度的另一个关键因素。通过模数转换获得的数字信号需要选择一定的方式存储。由于数字化音频文件需要庞大的存储容量，因此在存储之前通常采用某种方法对其进行压缩，从而形成不同格式的音频文件。同一音源的不同存储格式，存储容量相差极大，音色的保真度也有较大区别。档案专家必须根据被数字化音频档案的不同要求做出合理选择。

### （三）音频档案数字化所需的软硬件设备

1. 传统放音设备

根据拟数字化录音档案的规格、型号配置相应的放音设备，如开盘式录音机、钢丝录音机、盒式磁带录音机、电唱机等。放音设备必须能以电平信号的方式输出声音源，若原设备不具有音频输出插孔，应进行改装。

2. 模数转换设备

模数转换设备是音频档案数字化的核心部件，好的模数转换设备有低失真、低时延、高信噪比等特点。音频模数转换设备分为家用声卡和专业声卡两种类型。家用声卡价格低廉，其模数转换器的品质较低，容易发生延迟、抖动，在将模拟信号转换成数字信号后，声音效果会减弱。

3. 多媒体计算机、操作系统和数据库管理系统

音频档案数字化需配置高主频、大内存、大硬盘容量的高可靠性多媒体计算机；同时要至少配置一台对音频档案进行著录、标引，建立音频档案目录数据库的普通录入终端。

4. 音频制作软件

录音档案数字化的音频制作软件应当具备以下功能：①音频电平控制功能，这对生成高质量的音频文件非常重要；②均衡功能，可以控制音频的音质；③噪声控制功能，可以削减音频中不必要的噪声；④CD（小型镭射盘）抓取和制作功能，可以直接获取 CD 上的所有数码信息，并且可以把制作结果备份到 CD 上；⑤为音频高级处理准备的插件程序支持功能，可以在音频编辑系统中使用第三方软件；⑥流媒体支持功能，可以直接从音频编辑系统中输出流媒体，而无须另外的编码器；⑦批处理功能，可以自动处理批量任务。

## （四）音频档案数字化处理的基本步骤

### 1. 原音带处理

数字化磁带能够正常播放是录音档案数字化的前提，也是保证数字化音频质量的关键。旧磁带普遍存在信号强度减弱、磁粉脱落、霉变、粘连等问题，因此在数字化前，要对录音磁带进行清洁、修复及必要的处理，以获得合乎要求的信号源。必要时，应将旧磁带置于放音机中，快速倒带一次，用录音机清洁带对放音机磁头进行清洁。

### 2. 音频线路连接

在关机状态下，使用音频连接线将放音机的音频输出口与计算机声卡的音频输入口相连，启动多媒体计算机，选择声音和音频设备属性中的"音频"选项，将录音控制设置为线路输入开，其他选项关。然后，打开放音机和计算机音箱，将计算机音箱音量调整到合适位置。

### 3. 音频采集

打开音频制作软件，创建新的音频文件，选择采样频率和采样精度等参数，在按下放音机放音按钮的同时，启动音频制作软件的录音按钮，通过控制和调整制作软件显示的电平波形将录音音量控制在适当的程度，以防止原始声音失真。实际工作中，对于批量录音档案的数字化，通常会设计专用的音频档案数字化系统，将音频制作软件作为插件嵌入其中，音频数字化的各个环节及其过程控制集成在系统平台上完成，操作者加载好磁带后启动音频档案数字化系统，设定好相应的参数，由系统按照已调整好的参数自动完成采录过程。采录过程中，操作者只需监测程序的运行情况，最终核对存盘即可。

### 4. 音频编辑

采集得到的音频文件可以用音频制作软件进行编辑处理，主要内容包括音量调节、音调调整及噪声处理。如果采集得到的音频文件音量太小，可以使用 Cool Edit Pro 2.0（一款数字音乐编辑器和 MP3 制作软件）对波形振幅进行提升，将其调整到最佳状态；可以利用 Cool Edit Pro 2.0 中的图形均衡器对音频文件进行高低音均衡调节，使整个声音文件听起来更加逼真；可以使用 Cool Edit Pro 2.0 中的降噪功能去除音频文件中的各种杂音。

5. 音频存储

编辑处理后的数字音频信号应选择合理的音频文件格式，以适当的方式存储到计算机中。

6. 后期工作

上述 5 个处理过程只是对录音磁带本身进行数字化，而在某些情况下，录音档案所对应的声音内容还需要以文本方式输入计算机，以实现对音频文件的全文检索。每份音频档案原则上对应一份文本文件，该文本文件与音频档案拥有相同的文件名，但扩展名不同。必须通过建立规范化的音频档案目录数据库或专题目录库来实现数字化的音频文件，以及对应的文本文件的有效利用。音频档案数据库除包括一般档案数据库设定的著录项外，还包括音频文件的存储路径、对应文本文件的存储路径、原录日期、数字化日期、数字化责任人等内容，并通过数据库的地址链接方式，将数字化音频文件与其对应的文本文件联系起来。后期工作还包括根据不同的利用需求对音频文件进行格式转换。为保证数字化音频文件的安全，通常要将音频文件、对应的文本文件、目录数据库及音频制作软件等一起刻录到光盘上，并一式多套异地保存。

## （五）音频档案数字化的文件格式选择

### 1. 音频文件的类型

按照不同的分类方式，音频文件可以划分为不同的类型。

（1）无损压缩格式和有损压缩格式。

数字音频文件按压缩方式不同，可划分为无损压缩格式和有损压缩格式两大类。无损压缩格式在对声音信号进行压缩时没有信息损失，真正的无损压缩音频文件能直接用播放软件播放，并且不同无损压缩格式之间可相互转换而不丢失任何数据。无损压缩的缺点是压缩率小，约为60%，缺乏支持硬件。与无损压缩格式相对的是有损压缩格式。为了减少音频文件的存储容量，便于在计算机中存储以及网络传输，音频文件更多是采用有损压缩格式。有损压缩音频文件的声音品质存在不可挽回的损失。

（2）普通音频文件和流式音频文件。

音频文件按网络传输方式不同，可划分为普通音频文件和流式音频文件两大类。普通音频文件如果在网络中利用，需将其全部下载完后才可以播放。

流式音频文件是针对网络应用而设计的音频文件格式，又称"流媒体格式"，它是将音频多媒体文件进行特定压缩处理后，放在网络服务器上进行分段传输，利用者不需要将整个文件下载到本地，可以边下载边收听。在现有网络带宽的限制下，为了达到网上流式传播的目的，音频文件需要经过专门的压缩处理，以缩减文件的大小，但需确保其品质能被人们接受。

### 2. 音频文件格式的选择

理论上来说，除 MIDI（乐器数字接口）外，音频档案数字化可任意选择存储格式；然而，音频文件格式的选择关系到整个数字化工作的成效,文件格式一经选定不宜变动,因此在选择前必须进行充分的论证,乃至必要的试验。选择音频文件格式时应注意以下几点。

(1)在存储空间与保真度之间取得平衡。

就追求音频文件的保真度而言,当然要选择无损压缩格式,应选取高采样频率和高采样精度;然而,无损压缩占用的存储空间数十倍于有损压缩,若设定高采样频率和高采样精度,空间开销更是惊人。事实上,无论采取何种存储模式,失真总是难免的,区别只是失真度的大小问题。对大批量音频档案的数字化,存储空间受到现实条件的限制。为此,在追求最小失真度的同时必须考虑到存储空间问题,在存储空间与音频失真度之间取得平衡,将音频失真度控制在档案管理允许的范围内。

(2)区分音频数字化的目的。

如果音频数字化是出于保存的目的,即数字化的音频文件将用来替代原先的录音带或唱片,永久或长期保存(原录音带或唱片因技术或物理原因将在音频数字化后逐步销毁),在选择音频格式时,对保真度的要求相对较高。如果数字化是出于利用的目的,即数字化的音频文件只是作为原录音带或唱片线上、线下利用的替代品,则所选的文件格式能够满足用户的利用需求即可。

(3)区别数字化对象的性质。

数字化的音频档案有两种类型:一是音乐歌曲,二是言语声音。前者对音质的保真度要求要高于后者。在具体选择时,要根据利用主体对象是专业音乐人士还是普通社会公众来设定采样频率、压缩比等可变参数。言语声音的保真度要求不如音乐歌曲,在选择格式时,可设定相对较低的采样频率、采样精度以及较高的压缩比,除非有特殊要求。

(4)注重所选格式。

在无损压缩格式中,CD是最流行的格式,并已成为国际标准。有损压缩格式中,由于软件公司可能采取"捆绑式"推销、强势舆论宣传以

及技术上的支持，WMA成为主流音频格式。

（5）充分考虑所选格式是否有较强的软件支撑。

每一种音频格式都需要相应的编码软件和播放软件作为支撑，并且需要具备与其他主流格式进行转换的工具。为此，在选择前，应对各种音频格式做充分的市场调研和技术摸底，了解清楚其可用软件的类型、来源，并对各种音频格式做细致的对比分析。强有力的软件支撑和技术支持是选择数字化档案音频格式的重要考虑因素。

（6）考虑音频档案的利用形式。

数字化的音频档案大多通过网络提供利用，在纯粹以此为目的而进行数字化的情况下，流媒体格式是当然选择。其中，RealAudio作为网上流行的音频流，以其可根据带宽提供不同音质的音频的特殊功能成为网络用户的首选。在非纯粹网上利用的情况下，更适宜选择既适合网络传输，又有较好音质的AAC、FLAC、APE等格式。总之，音频格式的选择是一个受制于多种因素的综合性决定，不同数字化背景下的选择可能不同。

## 五、视频档案的数字化

采用模拟手段制作的传统录像带类型众多，与录音磁带一样，录像带经过长时间的存放和利用，磁介质会发生退变、老化，信号逐步衰减，影像质量越来越差，甚至无法正常播放。与此同时，传统的模拟录像系统和放像设备逐渐淡出历史舞台，能够正常使用的越来越少，存放在模拟录像带中的珍贵影像资料将面临永久丢失的危险。因此，将馆藏模拟录像资料数字化，转换成可存储于任何数字媒体的计算机视频文件，是安全保管和有效利用这些重要档案的最好的出路。

## （一）视频档案数字化的记录原理

### 1. 视频档案数字化的信号

传统录像带中所录制的视频信息为模拟信号，若要在数码设备上存储和播放，必须将模拟视频信号通过模数转换技术，转换为计算机能够识别的二进制数字视频信号，这一过程就是录像档案的数字化。

无论是模拟录像带还是计算机视频文件，其动态视频均由一系列单个的静止画面组成，这些静止的画面称为"帧"，它们连续播放便形成了视频。为了保证肉眼感觉不到视频画面的跳动和闪烁，一般每秒钟要传送 24～30 帧图像。不同制式的模拟视频标准对每秒钟包含的帧数及每帧静止图像扫描显示的行线数有不同的规定。

视频档案的数字化过程远比音频档案的数字化过程要复杂，但基本原理是一致的，都要经过数字化采样、量化、压缩和编码等过程。视频档案的数字化要同时采集视频图像信号以及视频中的音频信号。其中，视频图像捕获的信号以帧为单位，一帧图像可以看作是由 m 行、n 列的像素点阵构成的，采集设备依次对各像素点进行采样、量化与编码。

### 2. 数字信号

（1）主观概念和参数。

在进行视频档案数字化采集时涉及的主要概念和参数有以下 5 个：①所用的色彩空间；②采样频率，各个色彩分量的采样频率与模拟视频信号的帧频、行线数、分辨率、图幅、宽高比等有关；③采样精度，即每个分量采样时的色彩位数；④音频信号的采样频率和采样精度；⑤所采用的压缩标准。

（2）视频数据处理。

采集到的未经处理的数字信号，在经过"打包"，即插入各种校验码后，即可作为有用的信号数码流进行相关处理；但是未经处理的数字

信号数据量巨大，不加压缩而直接存储是不现实的。

　　解决上述困难的方法是对视频数据进行编码压缩。通过删除相邻帧之间的相同信息，充分利用人眼的视觉特性去除大量冗余信息，在保证视频质量的前提下降低码率（比特率），将数字视频的数据量降至原来的几十分之一甚至几百分之一。20世纪90年代以后，数字视频压缩在各个领域迅速普及，各种压缩标准相继问世，基于不同压缩标准的视频文件格式种类繁多，各领风骚。国际上现有的视音频压缩编码标准主要有两大系列：一是国际电信联盟制定的H.26x系列标准，二是国际标准化组织和国际电工委员会共同制定的MPEG系列标准。H.26x系列标准主要用于可视电话、会议电视等清晰度要求较低的视频压缩。

### （二）视频档案数字化软硬件的配置

#### 1. 视频档案数字化系统的组成

　　视频档案数字化系统由以下设备和软件构成：①提供模拟视频信号输出的放像设备，如与录像带相配套的录像机、放像机等；②对模拟视频信号进行采集、量化、编码的视频采集设备，通常选择视频采集卡；③对数字视频进行编辑的编辑系统（软件）；④视频档案的存储设备或存储系统。

　　在对模拟录像带进行数字化之前，要准备好相应的放像设备，并保证放像设备能够正常工作。数字化音频的质量取决于模拟录像带的播放质量。制作、播放模拟录像带的录像、放像设备类型众多，但随着数码技术的深入发展，数字摄录设备盛行，传统的模拟录像机、放像机很快淡出市场，而有幸存留下来的设备许多已无法正常播放。这些放像设备是播放相应录像带的必要工具，一旦缺失，对应的模拟录像带就可能永久失读。

## 2. 视频采集设备

视频采集设备由高配置多媒体计算机的内置或外置的视频采集压缩卡组成。动态视频的数据量非常大,对计算机的速度要求很高。目前市场上的主流计算机基本能满足该需求。

视频采集压缩卡简称"视频卡",负责对输入计算机的模拟视频信号进行采样、量化和压缩编码,是整个录像档案数字化系统的核心部件,其性能好坏直接关系到视频档案的质量,因此必须谨慎选择。现有的视频采集压缩卡大致分为三档。

(1)低档视频采集压缩卡。

低档的视频采集压缩卡不是真正意义上的视频采集卡,而只是一种类似视频转换器的产品,如具有初级视频采集功能的电视盒或者有电视输入和采集功能的计算机显卡,其功能是将电视模拟信号转换成计算机可以识别的数字信号,然后在计算机中利用软件进行视频采集。其缺点是不能进行硬件级的视频处理,包括压缩编辑等。低档视频采集压缩卡分辨率较低,保存的文件类型少,功能相对单一,主要适用于在计算机上看电视以及做简单的视频采集。

(2)中档视频采集压缩卡。

中档视频采集压缩卡即通常所说的视频采集卡,它能将电视机或者录像机的模拟视频信号转入计算机。中档视频采集压缩卡种类较多,性能较好,搭配的软件较为专业、丰富,可进一步划分为视音频整合型和视音频分离型两种类型。视音频分离的视频卡为节省成本而省略了音频采集部分,因此对计算机,尤其是计算机声卡的要求比视音频整合型视频卡的要求要高,如果计算机声卡性能较差,就可能出现采集时声音信号和视频信号不同步的现象。视音频整合型视频卡较视音频分离型视频卡性能更好,在视频卡中加入了音频采集部分,因而能明显提高视频采集效果。

(3)高档视频采集压缩卡。

高档视频采集压缩卡是 MPEG 视频采集压缩卡的高端产品，可以采集来自任何视频源的视频和音频。高档视频采集压缩卡能直接把模拟视频数据压缩成 MPEG-1 格式的文件。高档视频采集压缩卡提供的是纯硬件级压缩，多数附带价格高昂的专业多媒体制作软件。

在挑选适用于录像档案数字化的视频采集压缩卡时，要仔细比较各种视频卡的性能、价格，对以下几项参数应予以特别关注：①是否支持视频数据的硬件级处理。这类视频卡采用硬件完成压缩过程，既节省时间，又节约空间，而且硬件压缩后的图像质量较好。②帧速率。帧速率的高低直接影响到视频卡制作的视频文件能否流畅播放。③是否带音频输入功能。如果视频卡仅能采集图像信号，音频信号必须通过声卡来传输录制，这将增加计算机资源的占用率，容易造成视频与音频信号不同步。建议采用视音频整合型视频卡。④是否附赠 VCD（影音光碟）制作软件。

### 3. 视频采集、编辑系统

录像档案的采集、转换和编辑除视频采集压缩卡外，还需要借助视频采集软件和视频编辑系统来实现。在购买视频采集压缩卡时一般会附带视频采集软件。在实现录像档案的数字化采集之前，可以通过视频采集软件设定所需生成的视频文件格式，设置视频文件的各项参数，如调节录像信息的亮度、视频取样标准，以确保采集信号的质量。

视频采集压缩卡配套提供的视频采集软件功能相对简单，通常不支持对视频信息的复杂编辑和转换。因此，对采集后的视频信息，在必要情况下，可以使用专门的视频编辑软件甚至功能强大的非线性视频编辑系统进行编辑处理。视频编辑与文本编辑类似，是对采集好的视频素材进行二次加工，如插入、剪切、复制、粘贴、拼接视频片段等，还包括字母、图形乃至不同视频、音频的叠加、合成等，通过上述处理，在不破坏信息原真性的前提下,使视频档案更加清晰、美观和生动,并对视频内容进行适当的引导、指示和标注。

非线性视频编辑系统实际上是由视频编辑软件、高性能计算机、视音频卡和大容量SCSI硬盘阵列组成的集成系统,而不仅仅指编辑软件。非线性视频编辑系统功能强大,价格昂贵,动辄几十万元甚至上百万元,主要为广播级的视音频编辑所用。视频档案的数字化并不追求华丽的影视效果以及专业的影视编辑手法,只需对视频档案做简单的编辑处理。除了广播影视等少数专业系统的档案部门以外,一般档案馆(室)无须配置非线性视频编辑系统。

4. 视频存储设备

数字化视频档案的离线或近线存储可选介质较多,刻录机的倍速及磁带机的数据阅读速度要高。联机存储情况下,对存储容量和读取速度的要求更高,因此硬盘容量要大,当前速度至少要达到7200转。在网络共享环境下,最好配置磁盘阵列。

## (三)视频档案数字化的步骤

1. 原像带处理

与音频档案数字化类似,视频档案数字化的第一步就是原像带处理。从库房中取出拟数字化的录像带,检查磁带的完整性及信号的质量,并做相应的记录,必要时对原像带进行修复和倒带处理,以获得符合要求的信号源。

2. 设备准备和连接

在进行视频档案数字化前先要准备好相关软硬件设备。具体配置要视拟数字化视频的实际情况而定。配置好相关硬件设备后,采取正确的方法进行连接。

### 3. 视频采集

打开视频采集压缩卡附带的视频采集软件，运行视频采集程序，并监控计算机上播放的视频、音频的质量。在正式采集视频之前，要做一系列的参数设置和调整工作。①视频源设置。选择输入的视频端口，端口设置必须与实际连接方式相一致。②视频制式设置。使视频采集压缩卡能自动检测和接收不同制式的视频信号。③视频格式设置。根据源视频质量情况和原来的录制水平进行设置。④视频码流设置。确定视频的传输速度。⑤图像大小设置。设定采集图像的分辨率等参数。⑥工作目录设置。设定采集后视频文件的存储路径。

参数设置完成后，预览采集到的视频信号，如果发现采集到的视频信号不理想，则需修改参数，优化采集环境，直到满意为止。此后，便可正式进行视频信号的采集。采集过程中，要对图像的播放质量进行严格监控。

### 4. 视频编辑和格式转换

采集的视频文件可以根据需要，使用视频编辑软件或非线性视频编辑系统进行剪辑、编排以及视频质量及效果调整，必要时进行格式转换。

### 5. 光盘刻录

将数字化的视频档案刻录到光盘中，刻录光盘前要先建立光盘目录页面，方便利用者浏览光盘时查找相关内容，然后把硬盘上的数字视频和光盘目录一同刻录到光盘上。检查光盘质量，打印光盘封面，并将其粘贴到光盘的盘盒上，用记号笔在光盘反面写上光盘的编号，光盘装盒后，竖直排放在卷柜中。

### 6. 后期工作

数字化的视频档案同样需要采用数据库的方式对其进行管理和利用。鉴于视频档案数据量庞大，一般将视频数据与目录数据分别存储，视频数据以文件形式存储，目录数据以数据库形式存储，以避免因数据库体量庞大而造成检索和操作困难。每一相对独立的视频片段建立一条数据库记录，每条记录中不仅包括一般的档案著录项目，还要加入视频对象的源盘名称、设置日期、摄制地点、摄制人员或单位播放长度、源盘制式及技术参数、数字化采集人、存储路径、存储格式、存储参数、采录编辑系统或软件、内容提要等字段。每一条目录中记录对应视频片段的存储路径，通过存储路径建立起两者之间的关联。

## （四）视频档案数字化的文件格式选择

### 1. 主流视频文件格式

视频档案数字化的主流视频格式有以下几个。

（1）AVI。

AVI 即音频视频交错格式，是 1992 年微软公司推出的一种视频文件格式，它将视频和音频交织在一起同步播放。其优点是，图像质量好，独立于硬件设备，可以跨平台使用；其缺点是，文件体量庞大，没有统一的压缩标准，用不同的压缩算法生成的 AVI 文件必须使用相应的解压缩算法才能播放。例如，高版本的 Windows 媒体播放器可能无法播放早期的 AVI 文件。AVI 有较高的市场拥护度，目前主要应用于多媒体光盘、电影、电视等各种影像信息的保存。AVI 也是我国电子文件管理国家标准认可的视频文件归档格式之一。

（2）MPEG。

MPEG 即动态图像专家组格式，动态图像压缩算法的国际标准，采用有损压缩方法减少动态图像中的冗余信息，同时保证每秒 30 帧的图像动态刷新率。MPEG 文件格式也是我国电子文件管理国家标准认可的视频文件归档格式。

MPEG-1 压缩编码标准制定于 1992 年，用于传输速率为 1.5Mbps(兆

比特每秒）的动态图像及其伴音编码。VCD 采用的就是 MPEG-1 压缩编码标准。MPEG-1 格式的图像质量要优于 VHS（家用录像系统）录像机，音频质量接近 CD，经过 MPEG-1 压缩后，视频数据压缩比可达 100∶1 至 200∶1，音频压缩比可达 6.5∶1。

MPEG-2 压缩编码标准制定于 1994 年，用于传输速率为 4Mbps～10Mbps 的高清晰度视频信号的压缩编码，与 MPEG-1 兼容。DVD（高密度数字视频光盘）、SVCD（超级 VCD）采用的就是 MPEG-2 压缩编码标准。MPEG-2 压缩编码标准最大的优点是影像清晰，采用 MPEG-2 压缩算法可以把一部 120 分钟长的电影压缩到 4～8 千兆字节大小，因此适合用来存储对保真度要求很高的珍贵影像资料。

MPEG-4 压缩编码标准制定于 1998 年，是为网络播放的目的而设计的流式视频文件格式标准，它要求传输速率在 4800bps～64 000bps，追求使用最少的数据获得最佳的图像质量。MPEG-4 压缩编码标准最大的特点是能够保存接近 DVD 画质的小体积视频文件，具有比特率的可伸缩性、交互性和版权保护等功能，是视频传输、检索等应用领域普遍采纳的文件格式标准。

MPEG-7 压缩编码标准并不是一种压缩编码方法，而是一个多媒体内容描述接口标准。继 MPEG-4 压缩编码标准之后，要解决的主要矛盾就是对体量日渐庞大的图像、声音信息的管理及快速搜索，MPEG-7 压缩编码标准就是针对这一矛盾提出的解决方案。MPEG-7 压缩编码标准力求快速且有效地搜索出用户所需的不同类型的多媒体材料。

MPEG-21 压缩编码标准正在制定中，其目标是为未来多媒体的应用提供一个完整的平台。MPEG-21 压缩编码标准致力于为多媒体传输和使用定义一个标准化的、可互操作的、高度自动化的开放框架。

（3）MOV/QT。

MOV/QT 是由苹果公司为其 Mac 操作系统开发的图像及视频处理文

件格式，随着个人计算机技术的飞速发展和普及，苹果公司不失时机地推出了 QuickTime（内置媒体播放器）的 Windows 版本。MOV 格式具有较高的压缩比和较完美的视频清晰度，其压缩方式与 AVI 类似，但画面质量要高于 AVI。MOV 几乎支持所有主流个人计算机平台，是数字媒体领域事实上的工业标准，其默认的播放器是苹果公司的 QuickTime Player。最新推出的 QuickTime 版本进一步拓展了原有功能，能够通过互联网提供实时数据流，网络上的很多视频宣传片采用的都是 QuickTime 文件格式。

（4）RM。

RM 是 RealNetworks 公司开发的一种流式媒体格式，主要用于低速率网络上的视频、音频实时传输。该格式压缩比很大，并且可根据网络数据传输速率自动调整压缩比，从而实现视频、音频的实时传送和在线播放。其他格式的视频文件可通过 Real Server（一款播放器）服务器转换为 RM 格式并对外发布和播放。

（5）ASF。

ASF（高级串流格式）是微软公司推出的一种流式视频格式，可以直接使用 Windows 自带的 Windows Media Player（一款播放器）播放。它使用了 MPEG-4 压缩编码标准，压缩率和图像质量非常优秀，其图像质量比同为流媒体格式的 RM 更好。

（6）WMV。

WMV 是微软公司推出的一种流媒体格式。它是由 ASF 格式升级延伸而来的，在同等视频质量下，WMV 格式的文件体积更小，非常适合在网络中传输和播放。

2. 视频文件格式的选择

数字化视频文件格式的选择同样需要考虑其保真性、通用性及利用的便利性等要求。从保真性角度来讲，数字化采集形成的视频文件应保

存为无损压缩的格式，但这是不现实的，因为未经压缩的视频文件数据量巨大，大量视频文件累积的存储容量要求是难以想象的。事实上，正是压缩编码技术的飞速发展，使视频文件的数字化存储和网络传输成为可能，所以只能做到尽可能保持文件的原真性。对视频档案而言，采用有损压缩的格式在所难免。

综上所述，MPEG压缩编码标准的视频格式在各个方面都要优于其他格式。MPEG是一个国际化的系列标准，具有良好的兼容性和通用性，能够提供比其他压缩算法更好的压缩比，并且已经成为市场的主流。MPEG-1、MPEG-2、H.264/MPEG-4 AVC压缩编码标准均可作为视频数字化的文件格式标准。考虑到MPEG-1格式的通用性较强，其数字信号质量与录像带的信号质量相当，而且MPEG-1是制作VCD的必需格式，通过MPEG-1格式还可以将数字视频文件转换为MPEG-2格式，以满足制作DVD的需要，因此MPEG-1可以作为录像档案数字化文件的首选格式。

大量模拟录像档案由于受到制式的限制，其原始图像质量并不好，数字化后若采用过高标准的视频格式是毫无意义的，只能徒增存储容量。

在流媒体技术出现之前，视频文件的管理和应用局限于单机环境，网络应用几无可能；但随着宽带网和流媒体技术的逐步推广，视频文件的网络应用成为现实。对于流式视频文件的检索，由于用户端无法直接对其进行更改，大大降低了病毒感染和黑客侵入的概率，增强了系统数据的安全性。

事实上，视频文件根据保管目的和应用环境不同，其归档格式不应是唯一的，在很多情况下可能需要同时保存为脱机保存格式、近线保存格式和在线保存格式。

（1）脱机保存格式。

为了最大限度地保证视频档案的原真性，脱机保存格式根据视频源的质量可选择使用MPEG-1、MPEG-2、H.264/MPEG-4 AVC、AVI等格式。

从技术上来看，H.264/MPEG-4 AVC 格式胜过 MPEG-2 格式，有可能成为今后高清视频的主流标准。

（2）近线保存格式。

近线保存格式介于在线保存格式与离线保存格式之间，主要用于存储不经常访问的视频档案，如果有用户访问，调入在线服务器供用户利用。MPEG-1、MPEG-2 和 H.264/MPEG-4 AVC 均可作为近线视频文件格式。随着视频文件数量的不断增加，近线保存格式也可以考虑用于流式视频文件。

（3）在线保存格式。

在线保存格式一般用于存放流式视频文件，既解决了视频文件的网络利用问题，又增强了视频文件的安全性。如果已归档脱机保存格式为 MPEG-1、MPEG-2、H.264/MPEG-4 AVC 格式，则需用流式编码软件将其转换成流式视频文件，以提供在线利用。当然，如果视频文件暂时不提供网络利用，可待将来需要时再批量转换为在线保存格式。

总之，脱机保存的视频文件应尽量接近其源文件，作为视频文件的原件长期保存，其格式相对稳定；但随着计算机网络技术和视频文件编解码技术的深入发展，其在线保存格式会不断变化。

## 第二节　电子文件的归档

《电子档案管理基本术语》（DA/T 58—2014）中定义电子文件是国家机构、社会组织或个人在履行其法定职责或处理事务过程中，通过

计算机等电子设备形成、办理、传输和存储的数字格式的各种信息记录。电子文件由内容、结构和背景组成。作为一种新兴的文件形态，电子文件直接形成于信息化系统，不仅是组织和处理机构日常工作的工具，而且可以作为信息化环境下机构工作的历史记录和活动凭据，也是国家的宝贵文化财富和社会的重要信息资源。因此，对电子文件进行及时归档、移交，使之得到长期保存势在必行，成为档案信息化建设的重要内容。

作为人类步入信息社会后档案领域出现的新事物，"电子档案"概念的确立是近几年的事情。在国际档案理事会电子文件委员会于1997年出版的《电子文件管理指南》中，把作为档案由档案部门接收和保存的电子文件称为"具有档案性质的电子文件"。国家标准《电子文件归档与管理规范》（GB/T 18894—2002）中将电子档案称为"归档电子文件"，是指具有参考和利用价值并作为档案保存的电子文件。2012年，国家档案局印发《电子档案移交与接收办法》，明确了电子档案的概念，将其定义为"机关、团体、企事业单位和其他组织在处理公务过程中形成的对国家和社会具有保存价值并归档保存的电子文件"。

档案学理论认为，档案是由各种文件材料转化而来的，文件是档案的前身，档案是文件转化的结果。这种观点已经为大众所接受，成为一种具有普遍意义的理论。在该理论下，文件和档案是两种在功能、时间和空间上相对独立又有密切联系的社会事物。在电子文件与电子档案的关系上仍应遵循这一原则，同时认为，那些具有长期或永久保存价值的、经过归档而实行档案化管理的电子文件即为电子档案。实际上，电子档案就是归档电子文件，是由电子文件转化而来的。

## 一、电子文件的特性

顾名思义，电子文件就是"电子"加"文件"。"文件"是电子文件的功能属性，是共性；"电子"是电子文件的技术属性，是特性。了解电子文件的特性对于管好电子文件非常重要。

## （一）信息的非人工识读性

信息的非人工识读性表现在两个方面。一是电子文件使用了人们不可直接识读的记录符号——数字式代码，即将输入计算机的所有信息都转换成二进制代码。对于这种经过复杂编码的二进制代码，人工无法直接解读它的含义，只有通过特定的计算机程序解码，使之还原为输入前的状态，才能被人们识读。所以，电子文件在给人们带来极大便利的同时，也使其内部实现机制变得更加复杂。二是电子文件存储在载体上，人们无法直接阅读，必须通过计算机等设备显示出来才能识读。

## （二）系统的依赖性

电子文件对系统的依赖性包含两个方面。一是电子文件的形成、流转、归档等全部管理活动必须借助计算机系统才能实现。离开计算机系统，人就无法识读和管理电子文件。二是生成文件的软硬件系统一旦更新换代，必然会造成电子文件的失真、失效，无法还原。

## （三）信息与特定记录载体之间的可分离性

电子文件中的信息不具有固定的物理位置，也不再对特定记录载体"从一而终"，可以根据需要随时改变其存储空间，也可以改变其在硬盘中的存储地址，或者在不同存储介质之间进行转换。信息与特定记录载体之间的可分离性使电子文件不再具有物理意义上的实体状态，成为人们形象指称的"非实体文件"或"虚拟文件"。

### （四）信息的可变性

造成电子文件信息可变性的情况有很多。首先，计算机系统中信息的相对独立性使信息的增、删、更改十分容易，而且修改之后看不出任何改动过的痕迹。其次，电子文件在形成、归档、管理和利用过程中会形成大量的动态文档，动态文档中的数据不断地被更新或补充，以反映电子文件的最新情况。最后，新的信息编码方案、存储格式、系统软件不断涌现，对电子文件存储载体和信息技术的稳定性产生了巨大的冲击，新系统要求将电子文件转换成某种标准格式或新的文件格式，可能会造成电子文件信息的损失和变更。

### （五）信息存储的高密度性

电子文件的信息存储密度大大高于各种人工可直接识读的信息存储介质。随着技术的进步，电子介质的信息存储密度将会越来越高。

### （六）多种媒体信息的集成性

电子文件可以对文字、图形、图像、影像、声音等各种信息形式进行有机组合，形成多媒体文件。这种文件将文字、图像、声音等表现媒体融为一体，图、文、声、像并茂，能够更加真实地再现文件所记录的场景，从而强化档案对社会活动的过程记忆和生动再现功能。

### （七）信息的可操作性

电子文件中的信息可以根据人们的需要，随时便捷、灵活地进行编辑、复制、删除，或者进行多媒体合成，或者按照特定的需要排列组合，或者进行压缩和解压缩，或者进行格式和数据结构的转换，或者利用各种传播媒体传递给远程用户，显著提升了人们对信息资源的管控和利用能力。

电子文件的上述特点既是它的优点，也是它的缺点。管理电子文件的基本思路是扬长避短、趋利避害，用新的管理理念、管理方法和管理技术，将其优势放大，再放大，将其劣势缩小，再缩小。

## 二、电子文件归档的含义和特点

电子文件归档是将应归档的电子文件经过整理，确定其档案属性，再从计算机存储器或其网络存储器上复制、刻录到可脱机保存的存储载体上向档案部门移交，或通过网络将电子文件转移存储到由档案部门控制的计算机系统中，以便长期保存的工作过程。归档是文件生命周期中的一个重要环节，是文件和档案的分界线，标志着电子文件管理责任由文件形成部门向档案部门的正式转移。电子文件归档是我国归档制度中的一个重要方面，除要遵守传统文件归档的要求外，还要考虑到电子文件的特点。

### （一）归档时间前置

纸质文件一般在文件处理完毕之后的第二年完成归档。电子文件因其信息和载体的可分离性，随时面临被篡改、破坏的风险，因此电子文件办结后要及时归档。在设计电子文件管理系统时，就要考虑到归档要素以及电子文件的真实性、完整性、有效性和安全性保障措施。

### （二）归档形式多元互补

电子文件的归档形式分为在线归档和离线归档两类。电子文件归档应按照鉴定标识进行，各单位可以通过计算机网络进行在线归档，也可以将电子文件存储在脱机载体上进行离线归档。网络条件不符合国家和本市有关保密法律、法规、规定的单位，其涉密电子文件不能进行在线

归档，只能进行离线归档。

### （三）归档范围扩大

电子文件的特殊性决定了电子文件归档的范围有所扩大。纸质文件的内容、结构、背景信息是固化在纸张上的，而电子文件的上述三要素可能是分离的，要保证电子文件的真实性和完整性，必须及时获取电子文件的结构信息和背景信息，因此，电子文件的背景信息、结构信息必须被纳入归档范围，形成电子文件的支持和辅助性文件，计算机、操作系统和应用软件的说明性文件也必须列入归档范围。此外，归档电子文件不局限于文字类文件，还应当包括图像、声音、视频及超媒体文件。

### （四）归档实体移交与权责移交的分离

在线归档的出现使电子文件实体移交与权责移交实现了分离。传统文件管理中，文件的管理权是随着文件的归档由文书部门转移到档案部门的，是实体保管者与信息管理者的统一；而电子文件的实体与其信息的管理权责是可以分离的。电子文件的在线归档，使档案部门并不一定拥有电子文件实体，但仍可以实现对电子文件的掌控，从侧面反映了电子环境中档案管理的工作重点由实体管理向信息管理的转移。

### （五）电子文件归档份数较多

离线归档的电子文件，至少一式三套：一套封存保管（一般称为"A套"）；另一套提供利用（一般称为"B套"）；必要时复制第三套，异地保存（一般称为"C套"）。电子文件在长期保存过程中可能会受到不可抗因素的影响，导致信息变异或失真，出现读取错误，而多套同时出错的概率较低，所以多套保存可以大大提高电子文件的安全性和可靠性。

## 三、电子文件归档的范围

电子文件归档的范围主要包括以下方面。

第一，在本机构行使职能、从事业务管理活动及行政管理活动过程中形成的、有对应纸质文件的电子文件，参照国家有关归档范围和保管期限规定归档。对于需要保存草稿及过程稿的电子文件，需要按照版本管理的要求添加版本号，并和正本一并归档。

第二，在行使和拓展本机关职能活动过程中，利用信息系统产生的无纸化新型电子文件，如网站、电子邮件、微博、微信等电子文件，也要列入归档范围。

第三，各种数据文件，如数据库、图形库和方法库等。由于数据库是动态的，对于这种数据文件应定期备份，作为一个数据集归档。

第四，为保证电子文件的长期可读性，其支持软件，包括操作系统、应用软件以及相关代码库、参数设置等也需要归档。

第五，有助于确保电子文件真实、完整、有效、安全的有关元数据、说明性材料也要归档。

第六，对于必须实行"双套制"保存的电子档案，应归档相同内容的纸质文件，并在有关目录中建立电子文件和纸质文件的关联。

## 四、电子文件归档的方式

### （一）按照归档电子文件的实际存储位置划分

按照归档电子文件的实际存储位置划分，可分为物理归档和逻辑归档两种方式。

1. 物理归档

物理归档是指把电子文件集中下载到可脱机保存的载体上，并向档案部门移交的过程。物理归档类似于纸质文件的实体归档，这种方式将电子文件直接交给档案部门统一存储和保管，该电子档案保管系统由档案部门统一维护，因此安全性比较高。

2. 逻辑归档

逻辑归档是指在计算机网络中进行，不改变原存储方式和位置而实现的将电子文件的管理权限向档案部门移交的过程。这种归档方法仍然将电子文件存储在形成文件的业务系统中，但是归档文件的著录信息、存储地址及元数据会自动保存到档案部门的数据库中，以便档案部门对其进行控制。逻辑归档虽然不妨碍电子文件的共享利用，但是分散存储会给电子文件带来一定的安全风险，需要档案部门加强安全检查和监督。

## （二）按照归档电子文件的移交方式划分

按照归档电子文件的移交方式划分，可分为在线归档和离线归档两种方式。

1. 在线归档

在线归档是指通过计算机网络，将电子文件及其元数据向档案部门移交的过程。在线归档必须在建立网络的条件下进行，网络带宽的大小、网络传输速度会影响在线归档的实行情况。一般来说，文本类电子文件的在线归档没有问题，但是多媒体电子文件的在线归档就要考虑网络带宽是否能承受多媒体文件的容量，或避开网络使用高峰时间进行在线归档，否则会严重影响网络信息共享利用。

## 2. 离线归档

离线归档是指将电子文件及其元数据存储到可脱机存储的载体上向档案部门移交的过程。当电子文件的形成系统不具备在线归档功能，或者电子文件形成与归档管理机构没有电子文件和档案管理系统时，可采取离线归档方式。例如，工程建设的施工单位、建设单位与档案部门不具备在线归档的条件，可以在工程项目结束后将电子文件备份到光盘或硬盘上向档案部门移交归档。

# 五、电子文件归档的要求

电子文件归档应以国家和本市有关规定和标准为依据，做到真实、完整、有效，实现档案的价值，便于社会各方利用。除此之外，还应根据电子文件的特性，满足以下要求。

## （一）归档范围和保管期限的要求

电子文件应明确归档范围和保管期限，具有保存价值的照片、音视频文件和公务电子邮件等电子文件也应当列入归档范围；电子文件的正本、定稿、签发稿、处理单，以及重要电子文件的修改稿和留痕信息，都应当完整归档。

## （二）"双套制"归档要求

具有永久保存价值或者其他重要价值的电子文件，应当转换为纸质文件或缩微胶片同时归档方式。定期保存的电子文件，由电子文件的形成单位根据实际需要决定是否采用异质双套归档方式。法律、法规、规定不适用电子签名的电子文件，归档时应附加具有法律效力的纸质签署文件。

## （三）载体要求

将带有归档标识的电子文件集中，制成归档数据集，存储至耐久性的载体上。电子文件归档推荐使用的载体，按优先顺序依次为：只读光盘、一次性写入光盘、磁带、可擦写光盘、硬磁盘等。

## （四）归档载体标签的要求

存储电子文件的载体或装具上应贴有标签，标签上应注明载体序号、全宗号、类别号、密级、保管期限、存入日期等信息，归档后电子文件的载体应设置成禁止操作的状态。用作电子文件归档或电子档案保存的光盘不能贴标签，必须用特制的光盘标签打印机将标签打印在光盘的空白背面上。没有光盘标签打印机的，可用光盘标签专用笔在光盘标签面上手工书写。

## （五）真实性要求

电子文件形成部门须对归档电子文件内容的可靠性、稿本的准确性以及双套文件的一致性进行确认。

## （六）完整性要求

确保归档电子文件、相关文件及元数据齐全，且关联有效。为了确保电子文件真实、完整、有效，可以将电子文件的办文单打印成纸质文件，与电子文件一并归档。

将相应的电子文件机读目录、相关软件、其他说明材料等一同归档，并附"归档电子文件登记表"。"归档电子文件登记表"可以制成电子表格，由系统根据归档电子文件的机读目录或著录、标引信息自动填写。归档时应将电子文件及其机读目录、登记表同时移交给档案部门，"归档电子文件登记表"如果是数字形式的，还应附有纸质打印件。

归档完毕后,电子文件形成部门应将存有归档前电子文件的载体保存至少一年时间。

## 六、电子档案的移交

归档后,电子文件按有关规定移交至档案室等档案管理部门,作为电子档案集中保管,这是电子文件归档的最后实施环节。

### (一)移交时间

电子文件的在线归档和离线归档,一般是在年度或文件所针对的任务完成后,或一个阶段之后的一段时间内进行归档移交,具体可视情况而言。例如,管理性文件可按照内容特点确定一个归档期限,技术文件、科研项目文件等则可在项目完成后归档移交。因涉及电子文件的技术环境条件、存储载体质量与寿命等问题,归档移交时间以不超过3个月为宜。

### (二)移交的基本要求

电子档案的移交应遵循以下基本要求:第一,元数据应当与电子档案一同移交,一般采用基于XML(可扩展标记语言)的封装方式组织归档数据结构;第二,电子档案的移交格式按照国家有关规定执行;第三,电子档案有相应纸质、缩微制品等载体的,应当在元数据中著录相关信息;第四,采用技术手段加密的电子档案应当在解密后移交,压缩的电子档案应当在解压缩后移交,特殊格式的电子档案应当与其读取平台一同移交。

### （三）移交检验

在接收电子档案之前，应对电子档案及其技术环境进行检验，合格率达到100%时方可进行电子档案交接。

电子档案移交的检验项目主要有以下几个：①载体有无划痕，是否清洁；②有无病毒；③核实电子档案的真实性、完整性、有效性及审核手续；④检查登记表、软件、说明材料等是否齐全；⑤对特殊格式的电子档案，应核实其相关的软件、版本、操作手册等是否可用且完整。

检验结果分别由移交单位、接收单位填入"电子档案移交、接收检验登记表"的相应栏目。

档案管理部门应按照要求及检验项目对电子档案逐一进行验收。对检验不合格的，应退回电子档案形成部门重新制作整理后再次移交。

### （四）移交方式

电子档案由于其自身特性，有在线移交和离线移交两种方式，交接双方可以根据实际情况选择。

离线移交归档电子文件应当满足下列基本要求：①移交单位一般采用光盘移交电子档案，且光盘应符合移交要求；②移交单位应当按照有关要求进行光盘数据刻录及检测；③存储电子档案的载体和载体盒上应当分别标注反映其内容的标签；④所移交电子档案的存储结构应符合《电子文件归档与管理规范》（GB/T 18894—2002）等国家标准和本市的有关规定。

在线移交电子档案的单位应当通过与档案密级和管理要求相匹配的网络系统传输符合要求的电子档案及其元数据。

## （五）移交手续

档案管理部门验收合格后,完成"归档电子档案移交、接收检验登记表"的填写、签署环节。登记表一式两份,一份交电子档案形成机构保管,另一份由档案管理部门保存。在联网的情况下,电子档案的移交和接收工作可在网络中进行,但仍需履行相应的手续。

# 第三节 档案数据库的建设

数据库是以一定的组织方式存储在一起的相关数据的集合。其特点是数据结构化、高独立性、少冗余。

档案数据库建设是档案信息化建设的核心和基础,是摆在档案工作者面前的重要而紧迫的任务,需要按照科学规范的要求进行严格管理。

## 一、档案数据库建设的意义

档案数据库建设的意义体现在以下几个方面。

（1）档案数据库建设是档案信息化水平的重要标志。

我国档案信息化自20世纪80年代起步以来,积极致力于档案目录数据库建设,建立了档案目录中心,显著提高了档案管理的效率和质量,方便了档案的查找利用和资源共享,成为档案信息化建设最早、最直接的成果,增强了档案工作者对档案信息化的认识和信心。实践证明,档

案数据库建设的规模和质量不但是档案信息化的核心任务,而且是衡量档案信息化水平的重要指标。

（2）档案数据库建设是档案信息资源建设的基础。

归档文件材料属于一次档案文献,虽然具有原始性,但是属于无序的、分散的、非结构化的档案信息,难以形成资源优势,不便于集中统一管理及广泛共享利用。档案目录数据库建设的实质,是通过对档案内容和形式特征的分析、选择与记录,采用数据库管理技术,将档案著录信息输入计算机系统,形成二次档案文献,即结构化的档案信息,此举可有效提高档案信息的丰裕度、凝聚度、集成度、融合度、共享度、适用度及价值密度,降低其失真、失全、失效和失密的风险,从而形成档案资源体系,提升档案信息化的综合实力。没有高质量的数据库,再好的软硬件系统也只能是"空壳子"。

（3）档案数据库建设是开发利用档案信息资源的前提。

档案信息化的主要目的是将对档案实体的管理转变为对档案信息的管理,也即对档案内容的管理,这是信息技术的优势所在,也是传统档案管理最大的难点。建设档案数据库,有利于加快推进档案信息资源的整合和共享,使档案信息真正成为优质资源和共享资源；有利于信息技术和数据技术的应用,促进档案信息的资源体系、服务体系和安全体系建设；有利于最大限度地发挥档案的价值,从而为档案信息资源的开发利用创造有利的条件。因此,档案数据库建设对于档案信息化的发展至关重要。

## 二、档案目录数据库建设

档案目录数据库中的记录又称为"档案机读目录"或"档案电子目录",是存储在计算机内,使用某种数据库管理系统组织管理档案目录的数据集合。

## （一）档案目录数据库的结构设计

根据著录对象的层次不同，档案目录数据库分为案卷级目录数据库和文件级目录数据库两种类型。为实现计算机检索，必须将反映档案内容特征和形式特征的案卷级著录信息和文件级著录信息输入计算机系统，通过专门的数据库管理系统和档案管理软件，对其进行采集、加工、整理和检索。

数据库管理系统是存储、管理档案目录信息的最佳工具，它按照一定的数据模型，将相互联系的结构化信息以特定的方式组织起来，构成数据集合。为此，档案目录数据库的结构设计包括两项内容。

### 1.选择档案著录项目

《档案著录规则》（DA/T 18—2022）规定了档案的著录项目和形式。该标准规定的著录项目共有7项，每项分若干著录单元（小项）。在该标准列举的22个著录小项中，只有正题名、责任者、时间项、分类号、档号、电子文档号、缩微号、主题词或关键词8项为必要项目，其他项目均为选择项目，这意味着不同的档案目录数据库在项目选择上可能存在较大差别。

事实上，《档案著录规则》（DA/T 18—2022）主要用于规范传统档案目录的著录标引工作，对电子档案目录的检索和网络共享考虑得不够充分。因此，目前在构建档案目录数据库时通常会增加一些新的著录项目。例如：为便于解决数据访问权限的控制问题，增加"主办部门"和"协办部门"项目；为便于调阅数字化档案全文，增加"全文标识"项目；为解决跨地区、跨层次数据共享问题，增加"组织机构代码"项目；等等。另外，《归档文件整理规则》（DA/T 22—2015）也对档案目录数据库著录项目的确定带来了较大影响，采用新规则形成的文件目

录数据库在结构上与此前的文件目录数据库有所不同,许多地方均针对传统文件与电子文件分别规定了不同的数据库结构。

### 2. 确定著录项目的数据格式

确定著录项目的数据格式即具体规定每个著录项目(记录字段)的数据类型和字段长度。数据库管理系统所管理的数据对象是结构化的,必须事先确定好档案目录数据库各字段的名称、数据类型、代码体系和约束条件等。

## (二)档案文件的著录标引和著录信息录入

档案文件的著录标引和著录信息录入,是建立档案目录数据库的重要工作以及档案信息化的关键环节,意义重大,需要给予高度重视。从形式上看,"著录"和"录入"是两项工作,然而在档案信息系统的操作中通常将两者结合起来,交叉进行,即一边著录标引,一边录入数据。为了提高档案著录、数据录入的速度和质量,须从以下三个方面采取对策。

(1)提高认识,增强操作人员的责任心。

档案著录和数据录入工作有以下重要意义。一是大规模、高质量的档案目录数据是实现档案信息化价值的前提。信息行业有一句话:"三分靠硬件,七分靠软件,十二分靠数据。"没有实力强大的数据库,再先进的档案信息系统也只能是"空中楼阁",形同虚设。二是数据质量问题会给档案信息系统埋下隐患。信息行业还有一句话:"计算机系统输入的是垃圾,输出的也必然是垃圾,绝不会成为宝贝。"一旦输入了数据垃圾,仅靠计算机软硬件技术难以消除。档案数据库质量控制主要有"技防"和"人防"两种方式。"人防"即提高人的责任心和操作技能,"人防"永远是第一位的。因此,要从增强操作人员的素质抓起,落实工作职责和考核办法,实现对档案文件的著录标引和著录信息录入工作的精细化管理。

（2）严格按照国家规范设计数据库结构。

档案信息化建设单位应当严格按照《档案著录规则》（DA/T 18—2022）、《档案分类标引规则》（GB/T 15418—2009）、《档案主题标引规则》（DA/T 19-1999）、《中国档案分类法》、《中国档案主题词表》等国家相关标准规范的要求，结合档案工作实际，制定本行业、本专业、本单位的标准和规范，为档案目录数据库建设提供标准支持。要维护标准和规范的权威性，在档案信息系统开发，特别是进行数据库结构设计时应严格执行相关标准和规范，防止数据库设计的盲目性和随意性，确保档案数据的一致性、准确性和规范性。

（3）采取有效的技术手段提高数据录入的速度和质量。

档案文件的著录标引和著录信息录入工作十分枯燥，不但效率低，而且容易因操作疲劳而出错。为此，应当在加强"人防"的同时，尽量采用"技防"进行数据质量控制。事实上，计算机技术的发展为提高数据录入的速度和质量提供了有效的手段。

在档案目录数据库建设中控制数据结构定义。为了提高系统的适用性和可扩展性，很多档案信息系统都为用户提供了灵活的数据库自定义功能，然而这项功能如不加以控制就会造成"乱定义"，即定义的随意性。为此，在设计档案信息系统自定义功能时，应当将数据库的表字段设计分为"必选项"和"可选项"。必选项应严格按照《档案著录规则》（DA/T 18—2022）设置，不允许自定义，可选项可在规范引导下进行自定义。

利用计算机智能自动录入数据。在录入档案数据时，某些档案著录项可以通过计算机自动处理后录入数据。例如：自动生成档号、序号、部门号、库位号；根据文件级著录的文件页数、文件日期，自动生成案卷级文件页数、起止日期；根据文件的归档类目号，自动生成分类号；

根据文件标题或文件内容，自动标引主题词；等等。自动录入的数据能够避免人为录入差错，大量节约人力成本，并显著提高录入速度。

使用代码录入。代码是确保著录信息和档案特征一致的有效手段。如组织机构名称，有全称或简称，简称通常不规范，这会造成检索混乱；而应用代码，可以做到代码和组织机构的严格对应，检索时就不会出现漏检或误检问题。因此，档案信息系统应设计简便的代码管理功能，包括代码的维护、录入提示等，确保规范使用代码，又快又好地录入档案著录信息。

## 三、档案全文数据库建设

档案全文数据库是存储、组织管理数字化档案信息的数据库系统，既包括档号、题名、责任者、正文、形成时间、密级、保管期限、载体、数量、单位、编号等著录信息，也包括档案的内容信息。档案全文数据库的管理对象不仅包括经数字化处理的传统馆（室）藏档案，而且包括以数字化形式直接生成的电子文件（档案），如各类文本、表格、图形、图像、音频、视频、数据、网页、程序等。应用环境不同，系统软件不一，生成的文件格式也不同。因此，必须确定电子文件的元数据标准和存储格式，以规范档案全文数据的组织与管理。

### （一）档案全文数据库的构建过程

#### 1. 数据采集

数据采集即对加载到档案全文数据库中的数据进行录入、采集、整理等处理。档案全文数据的获取方式有三种。一是图像扫描（或数码拍摄）录入。该方法形成的图像信息能保持文件的原貌，但占用存储空间大，不能直接进行全文检索和编辑。二是键盘录入。该方法形成的是文本信息，占用存储空间小，存取速度快，支持全文检索，但是输入工作量大，文本的格式和签署信息容易丢失。三是图像识别录入，即对扫描形成的图像进行 OCR 识别，形成文本信息。该方法虽然具有上述两种方法的优点，但是 OCR 识别有一定的差错率，特别是当档案原件字迹或材料不佳、中英文混排或者带有插图、表格时，差错率较大，而人工纠错成本较高。因此，数据采集要权衡利弊，有选择地使用。

2. 数据预处理

将采集形成的档案数字化成果转换成规范的格式，进行规范化命名，再进行统一标准的著录与标引。采用自动标引技术的系统，还可以从文本文件中直接提取关键词或主题词，辅助计算机检索。

3. 数据检索

档案全文数据库建成后，可采用全文检索系统提供的功能进行档案全文数据检索。

4. 数据维护

档案全文数据库建成后，需经常对数据库的内容进行索引、更新、追加和清理，以保证数据库的实用性和时效性。

### （二）档案全文数据库的功能

理想的档案全文数据库应具有以下基本功能。①能够获取、存储和使用不同类型、不同格式的档案信息。②能够按照确定的数据结构有效组织大量分布式的不同类型、不同格式的电子文件或扫描件，并为之建立有效的检索系统。③能够快速、正确地实现跨库访问和检索。④能够对全文信息的访问和使用进行许可、控制和监督等授权管理。⑤能够在网络上发布档案全文数据库数据。⑥能够集成支持档案全文数据库管理的各种技术，如超大规模数据库技术、网络技术、多媒体信息处理技

术、分布式处理技术、安全保密技术、可靠性技术、数据仓库与联机分析处理技术、基于内容的分类检索技术、信息抽取技术、自然语言理解技术等。

## 四、档案多媒体数据库建设

档案多媒体数据库是对文本、图像、图形、声音、视频（及其组合）等媒体数据进行统一管理的数据库系统，它具有良好的交互性，输出的多媒体文件形象直观，图、文、声、情并茂，能真实生动地还原历史记录。因此，档案多媒体数据库属于特色数据库和优质档案信息资源，应当列为档案数据库建设的重要内容。

### （一）档案多媒体数据库的建设步骤

建设档案多媒体数据库有三个步骤。一是收集和采集来自各种档案信息源的多媒体信息。如果信息来源是数字化多媒体信息，即多媒体电子文件，可在归档处理后直接存入档案多媒体管理系统的存储设备中；如果信息来源是模拟多媒体信息，如模拟录音、录像等，可采用音频或影像采集设备，将其转换成数字化多媒体档案后输入档案多媒体数据库。二是按照多媒体档案的整理规则，对多媒体电子文件进行整理，形成档案多媒体目录数据库。三是将整理后的多媒体档案挂接到档案多媒体目录数据库中。

### （二）多媒体档案与档案多媒体目录数据库的挂接方法

鉴于多媒体档案占据存储空间大，对档案数据库运行效率的影响也大，需要慎重选择多媒体档案与档案目录数据库的挂接方法。下面介绍一种常用的挂接方法。

基于文件方法又称"链接法"，是将独立存储于计算机载体中的多媒体档案的名字与位置（路径）存入（链接于）档案多媒体目录数据库相应的记录中，而不是真正将多媒体档案存储在多媒体目录数据库中。当数据库管理系统访问多媒体档案时，可根据多媒体目录数据库中记录的多媒体档案的名称和路径访问多媒体档案。这种方法的优点是，虽然多媒体档案占用存储空间大，但是不会给多媒体目录数据库增加负担而影响其运行效率。其缺点是，多媒体档案与多媒体目录数据库的关系不够紧密，容易因系统或数据迁移而断链，造成通过目录找不到对应多媒体档案的故障。

## 第四节 数字档案的存储

### 一、数字档案存储的含义与要求

电子文件经过鉴定归档进入档案管理部门保存，成为数字档案。电子文件或数字档案的长久保存，是决定数字档案价值发挥的前提条件。从电子文件产生开始，到鉴定归档，再到最终销毁或永久保存，都要考虑文件保存问题。

数字档案存储工作是在计算机网络、多媒体、数据库等技术不断改进，档案的收集、存储、传输和利用日益趋向电子化、数字化的基础上建立起来的。现代信息技术的发展极大地提高了档案信息管理的工作效率，为数字档案的快速、广泛传播奠定了基础。对于各级、各类档案馆

（室）而言，数字档案带来的不仅仅是方便，也有挑战。1975年美国国家航空航天局发射的"海盗"火星探测器所获得的数据中有20%已经丢失，另有4000卷统计数据因存储格式模糊也面临失读的危险，可见数字档案保存的重要性和紧迫性。

## （一）数字档案存储的含义

在中文研究文献中，与数字档案存储相关的说法有"数字档案的存储""数字档案的保存""电子文件的保存""电子文件的存储"等。在关于"存储技术""存储介质"的说法中，也有用"存贮"一词的。从词义上来看，"存储"一词含有"保存备用"之义；而"存贮"意为"贮藏"，侧重于"存放的外部环境"。本章以"数字档案的存储"为题，不仅是考虑到数字档案的保管与存放，而且关注其长期保存与利用。

在英文用法中，与电子文件或数字档案的保存、存储相关的常用词有Storage、Preservation、Protection等。其中，Preservation通常是指"保存、保护、维护"，Protection意为"保护、防护"，Storage则指"贮藏、保管"。在英文研究文献中，关于电子文件与数字档案保存的常用说法有"Preservation of Electronic Records""Electronic Records Storage""Digital Archival Storage""Digital Archival Preservation"等。电子文件与数字档案的保存或存储包括"保护""管理"和"贮藏"三层含义。"保护"要求保证数字档案的安全性，保持其在保管期限内的真实、完整与可靠；"管理"是指使用科学的方法对数字档案进行一定的技术处理，使其易于查找利用；"贮藏"是指储藏，以尽可能地延长其使用寿命，发挥档案最大的价值。

数字档案的产生改变了档案原有的存储模式。它不仅是传统载体档案数字化的静态结果，而且通过网络设备进行管理和利用，是传统档案的延伸。数字档案存储的含义有以下几点。

1. 海量数据存储

档案部门拥有各单位的历史数据，存储对象类型丰富，有的单位甚至可达 TB（太字节）级，因此数字档案存储的第一层含义就是海量数据的存储。

2. 数据存储格式的多样化

数字档案不但包含大量的文本信息，而且包含大量的图片、音频、视频信息，文件格式繁杂。仅就文本文件而言，就包括 ASCII、TEXT、HTML、RTF、PDF 等多种格式。

3. 数据的长期保存

作为保存社会原始记录的职能部门，档案馆（室）必须保证数字档案的长期保存。良好的存贮环境和通用的逻辑格式是数字档案得以长期保存的基本条件。

## （二）数字档案存储的要求

任何数据的存储，首先应根据系统存储量的需求、数据特点、保存目的、安全管理的基本要求以及应用访问的速度等因素选择存储介质，其次是选择适合各类数字档案信息的存储系统和访问方式。由于档案自身的特性，数字档案存储有许多特殊的要求。总的来说，要实现数字档案的长期、有效保存，主要应解决好以下两个基本矛盾。

一是数字档案长期保存的需求与载体脆弱性之间的矛盾。数字档案信息有光学载体和磁性载体两种存贮载体。光学载体（光盘）体积小，存储量大，非接触性读写带来数据损耗的概率较小。磁性载体（磁带、磁盘等）稳定性较强。另外，不少研究皆肯定磁性载体比光学载体更可靠，再加上磁性载体的市场远比光学载体的市场稳定，产品更新和生命

周期比较长，所以很多档案馆（室）都选择将数字档案存储在磁性载体上；但是，磁性载体也不是一种绝对稳定、可靠的存储载体。最新的研究成果显示，在理想的保管条件下（温度10℃，相对湿度25%，以全新的磁带或磁盘存储，非经常调用，库房绝对清洁且无阳光直射），磁性载体中的档案信息只可保存10~20年，这对需要长期保存的数字档案来说是远远不够的。

二是数字档案保存的长期性与过快的技术发展之间的矛盾。人们之所以对数字档案的长期保存忧心忡忡，很大程度上是源于技术更新的周期太短。在追逐经济利益的强大动因的驱使下，计算机硬件、操作系统、应用软件及存储载体等很快被新的产品代替，IT业界真可谓"各领风骚一两年"，IT产品是真正的"短寿"。虽然绝大多数新产品承诺向下兼容，但其兼容的"代"数及跨越的时间远远不能满足数字档案长期保存的需求。若干年后，人们精心保存的数字档案就会因找不到合适的软硬件而无法读取和识别了。

具体来说，档案馆（室）在选择数字档案存储系统时应考虑以下几个方面的问题。

### 1. 存储容量和性能要合适

由于档案提供利用的对象以及档案馆（室）规模的差异，在选择数字档案存储系统时，应当考虑存储系统的容量和性能能否满足目前和未来可能的应用要求，而不是仅仅停留于简单的系统集成及存储产品的拼凑。不同的应用信息系统对数据传输率的要求有所不同，在规划时应该了解自身应用信息系统在存储系统容量、数据传输率、数据增长率等方面的要求，进行合理规划。数字档案存储系统作为数字档案管理系统的一部分，所遵循的法规、政策及采取的流程，应该与整个数字档案管理系统相一致。

## 2. 数字档案存储系统的安全性、可扩展性、高性能和兼容性

数字资源即将成为档案馆（室）最大的财富，所以保证数字资源安全是数字档案存储系统优先考虑的问题。一旦系统发生问题，数字档案存储系统的备份环境、恢复环境必须产生最优效益，能够及时进行数据备份。应制定合理的数据备份策略和备份计划，应用二级存储介质（如磁带、光盘等），是进行数据容灾的最好方法。由于数字档案馆系统各子系统之间的功能差异以及在实施过程中设备选型不同，系统必须具有一定的兼容性，能够实现不同网络协议和异构操作平台间的文件共享控制。数字档案存储系统还应具有可扩展性，为将来数据增长到一定的规模做好准备。最后，数字档案存储系统应能最大限度地利用现有数据信息及存储资源，易于升级且运行稳定。

## 3. 支持数据的长期存取

作为保存社会记忆的职能部门，档案馆（室）必须确保档案信息的长期存取。良好的存储环境以及通用的、标准的存储格式是确保档案信息长期存取的必要条件。合理利用计算机软硬件设备管理海量数据，不仅使数据在其生命周期内得到最大限度的利用，而且支持数据长期存取，是在构筑数字档案存储系统时必须考虑的问题。

## 4. 技术支持和服务

由于存储技术具有较高的技术含量，在寻求数字档案存储解决方案的过程中，不仅仅需要存储产品本身，更需要集成商能够提供可靠的技术服务。例如，新购的数字档案存储系统应该能够与现有应用系统很好地兼容，最大限度地利用现有数据信息及存储资源，保护已有投资，实现数据的共享和统一管理；在灾难发生时，能及时、有效地解决问题，将损失降到最小。

5.便于用户的资源利用

在目前的网络环境下，数字档案需要面向公众提供利用，部分开放的数字档案应能够满足用户在任何时间、任何地点的访问需求，这就对数字档案存储系统提出了更高的要求。

# 二、数字档案的存储介质

国内外研究发现，在数字档案长期保存过程中，其真实性的最大风险来自空间变换（如文件在人与人之间、不同系统之间、不同应用项目之间传送）和时间推移（数字档案的脱机保存或软硬件环境被修改或更换）。事实上，数字档案在其整个生命周期中被篡改的危害要远远小于由于时间、空间转换以及策略不当带来的各种系统性风险。这类风险引发的后果不是个别文件被改动，而是整体记忆的丧失。人类在尽情享受数字化带来的便利的同时，也将为此付出高昂的代价。所以，为数字档案选择适合其自身特点和发展要求的存储介质就成为关乎档案价值实现的关键问题。

数字档案是一种海量信息资源，其存储介质必须满足容量大、寿命长、稳定可靠等要求。目前，常用的数字档案存储载体包括硬盘、光盘、磁盘阵列、磁带等。

## （一）硬盘

硬盘是数字档案的主要载体之一，由若干盘片重叠放入一个密封的盒中组成。硬盘的盘片是固定的，盘片结构类似软盘，每个盘片都配有一个独立的电磁读写磁头，磁头通过电磁作用将数据存储在盘片上。传统硬盘的盘片是由铝合金制成的，但是为了提高存储密度，减小硬盘的尺寸，现在许多硬盘采用玻璃或更先进的玻璃陶瓷复合材料做盘片。玻璃陶瓷复合材料的抗冲击能力比纯玻璃要强。硬盘盘片的磁介质常用的有氧化介质和薄膜介质两类。薄膜介质与氧化介质相比,更薄,更结实,工艺更好。

造成硬盘损坏的主要原因是计算机使用不当,电源不稳定,空气污染,环境温度波动过大,等等。在使用过程中应注意采取以下措施延长硬盘的使用寿命。

(1)避免随意关机和频繁启动,每天关停机的次数越少越好。

从电子学的角度来看,在启动时,300多瓦的电源一下施加到系统上所产生的瞬间电流将导致磁头发射机电信号。如果磁头没有归位,处于磁头下方的数据将会被抹掉,系统的强大脉冲也可能损坏计算机内部的芯片。此外,随意关机和频繁启动对驱动器马达的损伤也比较大。

(2)保持电源稳定。

没有电源,计算机会立即关机,而性能不稳定的电源会使计算机"生病",造成永久性的硬件损坏、数据丢失或暂时性的数据读取错误。当出现电压不足、电压过低、断电、尖峰脉冲时都可能会出现此类问题。解决该问题最好的办法就是使用不间断电源(UPS),它能将电网中的交流电转换成直流电,并存储于电池中,如果发生负压或断电现象,电池就开始供电。电池中的直流电没有尖峰,可以起到尖峰保护作用。

(3)硬盘的防冻。

温度骤变对硬盘的保存是不利的。在严冷的冬天,把长时间处于寒冷、干燥环境中的硬盘突然移至温暖、潮湿的室内环境,由于温度骤变,可能导致插件脱离插座,使一些元件不能正常工作;还会导致硬盘盘片结露,致使驱动器不能很好地响应命令。因此,在硬盘保存与使用过程中,应尽量避免温度的骤然变化。

(4)硬盘的防震、防磁。

磁头是在盘片上的一层气垫上运动的。由于磁头与盘片的间隙极小，来回振动可使磁头在盘片上刻出一道凹沟，并将磁头磨短。如果经常这样，凹沟中的数据就会丢失，甚至造成磁头报废。因此，应尽可能地避免主机与外界振动源靠近，特别是不要将点阵式打印机或菊花轮打印机同主机放在同一张桌子上，因为打印机所发出的任何振动，对计算机来说都是有损害的。另外，应尽可能地使硬盘驱动器远离磁场，如音箱、电台、电机等，避免记录数据遭到破坏。

（5）注意环境温湿度和清洁条件。

主轴电机是高速运转的部件，加上硬盘是密封的，若周围温度太高，热量散不出去，会导致硬盘变形，产生硬件故障；如果温度太低，又会使硬盘热胀冷缩，影响读写效果。因此，在硬盘保存与使用过程中要加强对温度的控制。

硬盘在一个密闭式结构的密封体中工作，以带有超精过滤纸的呼吸孔与外界连通，可以在普通无净化装置的室内环境中使用；但是若使用环境灰尘过多或太潮湿，会造成呼吸过滤器堵塞，影响空气过滤系统的正常工作，导致硬盘损坏。所以，要减少空气中的含尘量，适时清除印制电路板及主轴电机转子上的积尘。

（6）注意防静电。

硬盘驱动器的外壳一般都有接地插片，在加电之前就应使其接入计算机系统的地线，切不可在加电启动后随意插拔。另外，硬盘驱动器采用了许多微电子器件，对静电很敏感，应注意采取防静电措施。

## （二）光盘

光盘是指能以标记的形式接收信息，并将信息保存在其记录层上的盘片，其信息能用激光读出。光盘信号的稳定性比磁盘要好得多，而且存储容量巨大，可以脱机保存，因而是数字档案的理想载体。光盘的盘体由片基、存储介质和保护层三部分构成。根据结构特点不同，光盘可以分为单面光盘和双面光盘。理论上，光盘的使用寿命可以达到100年，但是表面划伤、变形等都可能使光盘的部分信息丢失。一张圆形光盘有数据面和标前面两个面。在使用光盘的过程中不宜用手直接触摸数据面，放置时数据面朝上平放，以免弄伤或划伤盘面。标前面不仅起着标记的作用，也起着在激光束读完数据后对其进行反射的作用，因此也要防止划伤盘面。一张透明的光盘会因为激光束无法反射而读不出任何数据。光盘使用完毕应及时放回保护套或盒中保存，且要立放。光盘在使用过程中应采取以下保护措施。

## 1. 减少使用次数

光盘寿命的长短与光盘累计使用时间的长短息息相关。激光光能对光盘制成材料的稳定性的影响，随着光盘累计使用时间的增加而加大。激光在以烧蚀方式记录信息的光盘上扫描，光盘会吸收激光的热能，使光盘的制作材料发生变形、变色、分解、蒸发、升华和降解等现象，从而影响光盘的使用寿命。光盘的记录方式不同，工作时激光扫描对盘片造成的影响也有所不同。比如，对以热磁方式记录信息的磁光盘进行多次读写时，光磁材料被反复加热到居里温度以上，会降低光盘的信噪比，使读出信号功率下降，光盘寿命缩短，所以应尽量减少光盘的使用次数。

## 2. 防治空气污染物

在空气污染物的影响下，光盘片基和保护层材料会变色，表面皲裂、被腐蚀或发生水解，使它们的光学特性发生波动，引起入射光和反射光波长的分布变化，导致光盘的信噪比下降，使用寿命缩短。光盘的塑料片基和保护层多数易带静电，使光盘表面容易受到灰尘的污染。对光盘影响最大的空气污染物主要是卤化物、氖气、有机溶剂和灰尘等。预防空气污染物最经济有效的方法，是让光盘远离污染源，提高光盘存储环境的密封性，对空气进行净化处理，做好库房围护结构内表面的防尘处

理以及库房周围环境的绿化工作。在光盘使用完毕后应立即放回盘盒中，避免灰尘、异物的污染，同时保持环境清洁卫生。

在光盘使用过程中，光盘表面容易染上盐类、油类以及其他无机物和有机物。一方面，光盘表面附着的污染物对光盘的片基和保护层有腐蚀作用，会加速聚合物保护膜和片基材料的老化；另一方面，这些污染物在激光入射和反射过程中会形成吸热中心，致使读出信号能量产生较大衰减，故应采取必要措施防止光盘表面受到污染。在每次拿取光盘时，只能接触光盘的内外缘，不能触摸光盘的数据区，以免油渍、汗渍和指纹落在数据面的数据读取区。

### 3. 调控空气温湿度

对光盘使用寿命影响最普遍的因素是空气温湿度。空气温湿度对光盘使用寿命的影响有间接的，也有直接的。间接影响体现在高温会加速有害化学物质对光盘制成材料的破坏。直接影响体现在两个方面：一是使光盘发生形变，二是使某些光盘制成材料发生水解。适宜光盘长期保存的温湿度环境是低温干燥、恒温恒湿的环境。一般可采用通风、除湿机降湿、吸潮剂除湿等与密闭相结合的方法调控光盘保存环境的空气温湿度。

### 4. 正确使用和存放光盘

当光盘处于工作状态时，应禁止强行按弹出钮弹出光盘，因为此时光盘正处于高速旋转状态，使用中途强行停止转动不仅会擦伤光盘，而且在激光扫描光盘时会改变入射光和反射光的波长分布，引起误码，并且会加重电机和机械的磨损。将光盘从光驱中取出后，最好是保存在质地优良的光盘保护盒中。不能将光盘夹于书页之间存放，因为不光滑的纸面会造成光盘盘面轻微划伤。光盘在存放过程中也要注意防光，要避免曝晒，日光的过分照射会造成光盘变形及加速毁坏。

## 5.防止标记面的机械损伤

由于光盘上标记面的保护涂层非常薄,即使轻微的划伤也可能大面积地破坏信息记录坑点,导致原始记录信息发生难以修复的损坏。因此,在光盘的存放和使用过程中,要避免硬物损伤光盘,以免造成信息记录层不可挽回的损坏。

## 6.禁止在光盘上书写或贴标签

用标识笔在光盘表面书写后,墨水会渗入盘片的漆保护层,造成盘片损坏,并且笔尖会划伤光盘保护层。光盘上不能贴标签,因光盘工作时是高速旋转的,贴在光盘上的标签会使光盘在高速旋转时失去平衡,导致激光点偏离信息道而错误读取数据。

### (三)磁盘阵列

磁盘阵列(Redundant Array of Independent Disks,RAID),是当前比较流行且发展比较成熟的一种存储设备,在大中型档案系统中有相当广泛的应用。磁盘阵列具有容量大、数据传输率高、体积小、便于管理等特点,在数字图书馆项目中有着非常广泛的应用。

RAID与硬盘系统最大的不同在于,它通过一组硬盘,将多个读写请求分散到多个硬盘中来实现,这样既能提高硬盘读写的并发度,也可以设置不同的冗余度,将数据写入多个硬盘中,以保证数据安全。磁盘阵列存储系统的优势在于,通过磁盘的组合,该系统能够获得非常可观的存储能力,这种组合方式可以通过可插拔方式进行扩展,因此能够满足档案系统数据量不断增长的管理需求。用户可以根据自身的实际需要,采用不同的RAID技术获得诸如磁盘镜像、并发读取等功能,而且磁盘阵列在满足大量数据高速传输的需求的基础上,通过数据的冗余存储,能够预防单块硬盘故障带来的灾难性的数据风险。

## （四）磁带

磁带是磁盘的"后援"，可用于保存信息量很大的数字档案。磁带主要由带基、磁介质（磁粉）、黏结剂三种材料组成，其中磁介质（磁粉）最重要，磁带的静态特性（电磁转换特性）主要由磁介质（磁粉）决定。磁带保管应注意以下几个方面的问题。

### 1. 防磁场

与普通磁带类似，影响计算机磁带耐久性的主要因素是磁场。磁带保管应远离磁场源，放入用抗磁介质制成的装具内保存，同时选用矫顽力大的磁介质（磁粉）制成的磁带存储数字档案。

### 2. 控制环境温湿度

磁带具有一定的吸湿性，湿度过高，磁带的黏结剂会发生水解，磁带容易生霉；湿度过低，磁带易产生静电，吸附灰尘，使磁带发脆。温度过高，会增加磁带的复印效应，造成剩磁改变，加速带基老化；温度过低，则湿度难以控制。适宜的温湿度对延长磁带的使用寿命至关重要。保存磁带的温度最好在17℃～20℃，相对湿度保持在35%～45%为宜。

### 3. 防尘防光

过多的灰尘容易污染磁带，在读取数据时容易划伤带基，使磁带上的信号失灵。因此，磁带存放应注意避免灰尘的侵蚀。另外，要注意防光，防止空气污染物，防止带体损伤。

### 4. 定期绕动

对于长期存放不用的磁带要定期绕动，防止磁带粘连、生霉。每年应当定期以正常速度倒带，以减轻磁带的复印效应。存放时录制孔应当打开，以防误操作抹掉其中的信息。

## 三、数字档案的存储安全

数字档案的保存,归根结底是要实现数字档案的安全存储,保证数字档案的长期可读性。数字档案的存储安全是指确保保存在计算机系统中的信息、数据不因意外或恶意原因遭到破坏、更改、泄露,进而实现数字档案的保密性、完整性、可用性、真实性。使用数字档案的最终目的是实现其内容信息的有效利用,因此在保证数字档案的安全存储的同时,还要确保不影响电子文档的可控性。

### (一)数字档案安全存储面临的威胁

数字档案的安全存储不仅涉及保管环节,它涉及数字档案管理的各个环节,包括数字档案的合法创建、修改和删除行为的确认,文件流转过程中操作人员的权限控制和安全操作,从电子文件到数字档案的科学归档,等等。数字档案的安全存储首先要保证其内容安全,避免信息丢失,防止非法入侵者通过网络窃取和破坏数据。

数字档案的安全存储面临着人为因素与客观因素两方面的风险。

1. 人为因素造成的威胁

数字档案信息管理人员自身素质的高低对数字档案信息管理工作有很大影响。数字档案信息管理需要管理人员有极强的安全意识,然而现实工作中,一部分管理人员仅仅将信息安全寄希望于计算机等的安全防护,如高度依赖防火墙设施、防"翻墙"软件、杀毒设备等一系列基础防护设施,自身的安全防护意识淡薄,造成数字信息的安全风险。除此之外,管理人员的计算机技术水平也比较低,对于数字信息的管理都是在计算机等技术的基础上进行的,若管理人员不能及时掌握新型计算机操作程序,很容易造成信息丢失或损坏。

数字档案信息管理中，不可避免地会出现不法分子恶意破坏数字档案信息的情况。由于数字档案信息的维护和储存必须依靠计算机操作来实现，一些人企图借此机会贿赂数字档案管理人员，以窃取或删除数字档案信息，给数字档案信息管理安全造成严重的影响。人为因素造成的威胁主要包括冒充、否认、信息泄露、信息丢失、信息破坏、信息窃取等问题。

（1）非法访问，窃取秘密信息。

（2）利用搭线截收或电磁泄漏发射，窃取秘密信息。

（3）利用特洛伊木马和其他后门程序窃取秘密信息。

（4）篡改、插入、删除信息，破坏信息完整性。

（5）利用病毒等非法程序或其他手段攻击系统，使系统瘫痪或无法提供服务，破坏系统可用性。

（6）传播有损国家安全稳定的信息，传播不健康信息，利用系统进行有害信息渗透。

（7）冒充领导发布指示，调阅密件；冒充主机或控制程序欺骗合法主机和用户，套取或修改使用权限、口令字、密钥等信息，非法占用系统资源，破坏系统可控性。

（8）行为者否认自己发送过或接收到相关信息，产生抵赖行为。

## 2.存储载体面临的风险

数字档案安全存储的存储载体面临着以下风险。

（1）数字档案存储载体的使用寿命较短。

相对于纸质档案而言，数字档案因存储量巨大，其应用也越来越广泛；但是，新型存储载体的使用寿命不如纸张。类似宣纸的中性纸可以保存千年以上，而磁带的有效使用寿命只有10多年，光盘在理论上使用寿命能达到100年，但生产厂家对产品使用年限的承诺远没有达到这一水平。

（2）数字档案存储载体的损坏不易发现。

纸张的损坏很容易发现，可以及时采取补救措施，对发生破损的档案进行抢救；但是，数字档案存储载体的有些损坏不易发现。无论是光盘还是磁盘，单从表面上看都无法确定它是否可读，读取的准确程度也只能通过计算机设备来检验。

（3）数字档案所依赖的计算机软硬件技术更新迭代过快。

数字档案存储载体的使用寿命不长，然而读写它的计算机软硬件技术往往使用寿命更短。这给数字档案的长期可读带来极大的威胁。

## （二）数字档案安全存储的目标

数字档案的安全存储应达到以下7个目标。

### 1. 真实性

真实性是指数字档案的内容、结构和背景信息经过传输迁移等处理后依然保持不变，与形成时的原始状态一致。真实性是保证数字档案拥有与纸质档案同等行政效益和法律凭证性的基础，是其作为历史凭证、反映社会实践活动，构成以备查考价值、得以作为社会记忆长久保存的前提。

### 2. 完整性

完整性包括两个方面的含义：一是作为记录社会活动真实面貌的具有有机联系的数字档案以及其他形式的相关档案文件数量齐全；二是每一份数字档案的内容、结构和背景信息没有缺损。

### 3. 可靠性

可靠性是指数字档案的内容在将来任何时候都不能被修改，不能发生任何变化或者受到其他方式的破坏，以保证数字档案信息内容的原始真实性，防止数字档案信息内容的泄密。

4. 可扩展性

可扩展性是指数字档案应该可以随着系统环境的升级换代而转存为不同的格式，保证其在不同环境下都可以进行成功的迁移。

5. 可读性

可读性是指数字档案经过存储、传输、压缩、加密、媒体转换、迁移等处理后，能够以人类可识读和理解的方式输出并保持其内容的真实性。

6. 可识别性

可识别性是指随着技术进步、设备更新和系统升级，数字档案依然能够提供可以被载体识别的电子信息。

7. 可恢复性

可恢复性是指各个独立的信息对象能够被恢复或显示。

## （三）数字档案安全存储技术

数字档案安全存储技术主要解决数字档案管理过程中面临的以下问题：一是存储载体的使用寿命短；二是数字档案所依赖的计算机软硬件技术过时，系统不兼容。目前，理论上来说有三种解决方法：一是将数字档案的阅读设备和软件保存到某种技术博物馆，该方法要求定期对所保存的阅读设备与软件进行鉴定，且需要惊人的费用支出，但是存储效果最好；二是在纸质或微缩片上进行档案备份，这种方法只适用于结构简单的文档，不适用于地理信息系统或其他复杂信息系统，虽可保证信息的永久保存，但也失去了数字化的优势；三是将数字档案尽可能地转化成中性格式的文档。这种方法运用得最多，但是否适用于复杂文档的长期存储还有争议。

在引进先进的电子文件保管思想、制定有效合理的数字档案法律法规的同时,还需要依靠先进的信息存储技术,实现数字档案的长久保存。下面介绍一些常用的数字档案存储技术。

1. 数据拷贝更新

数据拷贝更新是指在原来的技术环境下实时重写信息数据,将数据流从旧存储介质转移到新存储介质上,防止由于存储介质物理性能的变化引起信息丢失的技术。这种技术很早就大量应用于磁带、磁盘、光盘的保存。该技术存在以下不足。

(1) 有些数字信息可能要用专用软件才能读取,仅仅更新存储介质是不够的。

(2) 有些数字信息虽然可以直接转移存储,但可能会丢失相关的结构、链接或环境信息,或者没有同时转移相关联的编码、压缩、加密信息,没有对信息的结构特性、元数据、检索与展示能力进行维护,因此不能满足用户对信息检索的要求。

(3) 目前计算机软硬件技术的发展速度要远超过物理介质老化的速度。原始存储介质还完好无损,有关软硬件可能早已过时甚至消失。因此,单纯依靠信息更新来保存数字档案文件具有很大的风险。

2. 数据迁移

数据迁移是一种数据保存技术或方式,是指数据在不同的存储类型、存储格式及计算机系统间转移的过程。数据迁移通常是在程序驱动下自动进行,免除了繁杂的人工作业。当存储设备过时、更新升级数字档案信息管理系统、更换档案数据库厂商、进行新旧系统整合时,都需要进行档案数据迁移。数据迁移集中于数据对象本身,是数据的转移,或将旧的存储介质中的数据格式重写至新的介质。数据迁移技术一直被认为是数字档案长期保存的可行方法。比如,传统的缩微复制技术也被认为是一种数据迁移方法。数据迁移的目的就是使档案数据在介质过时、技术更新的环境中仍然能够被读取。

为进行有效的数据迁移，需要将旧系统中的数据与新系统中的数据进行映射比较。程序化的数据迁移包括多个步骤，其核心步骤是旧系统的数据抽离以及新系统的数据载入。当数据载入新系统后，要进行数据确认，检查数据是否被准确地翻译，是否完整，是否支持新系统的处理过程。在确认时，可能需要同时运行新旧两个系统来识别数据不一致的地方，并预测数据丢失错误。

数据迁移包括存储迁移、数据库迁移、应用迁移、商务过程迁移等。存储迁移是将数据的物理块从一个存储介质转移到另一个，并保持数据格式和内容不变。数据库迁移是指在更换数据库厂商时进行的数据转移，或在进行大规模数据库软件升级时对底层数据格式的改变。

目前常见的数据迁移有以下三种类型。

（1）不同介质间的数据迁移。

不同介质间的数据迁移，即将电子信息从稳定性低的存储介质迁移到稳定性高的存储介质。这种数据迁移主要针对存储介质过期或更换问题。当数字档案保存一定年限后，其原有的存储介质会老化，容易造成数据不可读或者数据损失，因此需要将数据转移到新的稳定性更好的存储介质上。有时考虑到存储条件的限制，需要将数据转移到不同的存储介质，进行长期保存，比如将磁盘数据转移到光盘或缩微胶片中保存。

（2）不同格式间的数据迁移。

不同格式间的数据迁移，即将档案数据由对软件依赖性强的格式转换为对软件依赖性弱的格式。文字型电子文件以 XML、RTF、TXT 为通用格式，扫描型图像电子文件以 JPEG、TIFF 为通用格式，视频和多媒体电子文件以 MPEG、AVI 为通用格式，音频电子文件以 WAV、MP3 为通用格式。

（3）不同系统间的数据迁移。

不同系统间的数据迁移，即将档案数据从旧的计算机软硬件环境

(如旧版本、旧格式)迁移到新的计算机软硬件环境(新版本、新格式)中。数字档案在迁移过程中可能会有部分内容丢失,应该建立迁移操作规范和质量控制标准,尽量减少迁移过程中的信息丢失。

不同系统间的数据迁移可以采取不同的方法进行,归纳起来主要有三种方法,即在系统切换前利用工具迁移,在系统切换前采用手工录入方式迁移,在系统切换后通过新系统生成。

①在系统切换前利用工具迁移。

在系统切换前,利用ETL(一种数据处理技术)工具把旧系统中的历史数据抽取、转换并装载到新系统中。其中ETL工具可以购买成熟的产品,也可以是自主开发的程序;但是后者技术含量较高,只有资深程序员才能做到。这种方法是数据迁移最主要,也是最快捷的方法。其实施的前提是,历史数据可用,并且能够映射到新系统中。这种方法尤其适用于数据库的迁移。

程序驱动的数据迁移的步骤包括:分析原始信息系统,分解原始信息系统的结构,设计目标接口,设计目标应用程序,设计目标数据库,安装并测试目标环境,建立并安装必要的入口,迁移原始数据库,迁移原始应用程序,迁移原始接口。

②在系统切换前采用手工录入方式迁移。

在系统切换前,组织相关人员把需要保存的数据手工录入新系统中。这种方法需要消耗大量的人力、物力,出错率也比较高。这种方法主要是在迁移一些无法转换到新系统中或者新系统启用时必需的而旧系统无法提供的数据时采用,可作为第一种数据迁移方法的有益补充。

③在系统切换后通过新系统生成。

在系统切换后,通过新系统的相关功能或为此专门开发的配套程序,生成所需要的数据。通常根据已经迁移到新系统中的数据来生成所需的信息。其实施的前提是,这些数据能够通过其他数据产生。这种方

法的设计初衷不是为了数据的长期可读，而是注重系统的管理功能，因此不太符合数字档案的存储需要。

结合不同的数据迁移方法，主要有一次迁移、分次迁移、先录后迁、先迁后补等几种迁移策略。数据迁移工作应注意两个问题：一是迁移到不同操作系统时，在不能保持数据的原格式外观的情况下，应优先确保内容真实并维护使用功能；二是对待模拟技术的迁移问题，应首先将模拟信息转换成数字格式（声频与视频都可以转换成数字格式）。因为模拟信息的每次转录，都会造成信息质量下降。为保证模拟记录转换成数字记录的准确性，应在模拟记录损坏前进行转换。

数据迁移的不足之处有三点。第一，只注意到存储介质可能过时，但没有注意到数据操作技术本身也会过时，从而使数据迁移失去价值。第二，数据迁移是一个持续进行的过程，费时费力，每当存储介质过时时就要对全部数据进行迁移。第三，成本高，需要购买额外的数据存储设备进行数据迁移。

鉴于数据迁移有上述不足，又出现了新的代替技术，比如仿真技术。

## 3. 仿真

仿真是用一个计算机系统模拟另一个计算机系统，使前者的功能与后者完全相同，即前者接收与后者相同的数据，执行与后者相同的程序。它可以使一个计算机系统执行为另一个计算机系统编写的程序，而不必重新编写程序。所以，应用这种仿真的计算机系统可以运行过时软硬件。从维护电子信息的可读性的角度来讲，仿真就是制作一个仿真器，是延迟技术淘汰的一种方法。模仿电子信息生成时的软硬件环境，使电子信息能够以原始状态呈现。仿真器是一款软件，也可以说是一款升级软件，它可以使应用程序在非原技术平台上运行。某些软件制造商会在其产品中建立对过时技术的兼容功能，如 Microsoft 的 Office 可以实现对低端版本的兼容。

仿真技术方法主要包括模仿应用软件、模仿操作系统、模仿硬件平台。数字档案的仿真过程一般包括以下几个部分。

（1）建立一种具有普遍适用性的技术，用于描述在将来未知平台上进行的、能够捕捉再现当前信息数据以及为了数字档案操作行为所需的各种属性的仿真器。

（2）设计一种技术能以人们可读的方式保存、查找、访问和重现数字档案所需的元数据，仿真技术可用于存储。

（3）设计一种技术，将文档、元数据、软件和仿真说明一同封装，从而保证其间的联系，防止丢失。

利用仿真方法挽救过时软硬件技术，从技术上来看可行，但在实践中其兼容性有限，仿真器自身的耐用性也需要维护。因此，尽管这种方法具有一定的可行性，但也不可能一直有效。

4.再生

再生性保存技术，是指将存储在磁性载体或光盘上的数字档案适时地转移到纸质或缩微胶片上。一般认为，转移到缩微胶片上会更可靠一些，因为缩微胶片的理论寿命达500年之久，且不再依靠计算机软硬件技术读取档案信息。再生性保存技术存在以下问题：①部分有声信息、多媒体信息无法转移到胶片或纸张中保存；②由于这两种载体表现形式的局限性，会使数字档案失去原有的优势。再生性保存技术也取得了一些新的突破，比如，已经可以在彩色胶片上制作和保存信息，这些信息经过计算机还原处理，能够恢复原有的特色；在缩微技术和输入设备显著发展的今天，纸张或缩微胶片上记录的模拟信息，能够很快地输入计算机信息系统，复现数字档案原有的风格和魅力。

5.建立计算机软硬件技术档案馆

可以建立计算机软硬件技术档案馆，专门接收技术过时的计算机软硬件以提供利用，帮助读取那些已经过时的信息。例如，收集过时的磁

带驱动器以及过时的计算机操作系统。该方法要求广泛收集、保管应用过时技术的全套软硬件，且必须保持操作这些过时技术的某些技能。由于设备老化、软件落后，原生产厂家和软件开发研究部门不再生产过时设备的备件，加上存储载体损坏等原因，这种方法代价高昂，仅凭档案管理部门根本难以实施。即使采取这种方法，也只能作为暂时性措施，很难永久维持下去。

# 4

第四章

# 档案资源整合

## 第一节 档案资源整合概述

依据诺兰模型（Nolans Stage Model，又称"成长阶段模型"），任何组织由手工信息系统向以计算机为基础的信息系统发展时，都会经历初始阶段、普及阶段、控制阶段、集成阶段、数据管理阶段和成熟阶段六个阶段。我国档案信息化建设始于 20 世纪末，发展至今也面临着如何由点到线，再由线到面的问题，即如何将分散独立的档案资源单元融合、类聚、重组为一个有机整体，以满足新时期公众对档案资源的复合化、一体化的利用需求。

### 一、档案资源整合的缘由

从数字档案建设的历史与现实考察，我国在档案信息化和档案数字化建设、电子文件管理等方面，都取得了很大的成绩，积累了大量的档案资源，但这些档案散落在不同的档案全宗、不同的管理机构中，并没有被有效地整合起来，反而形成了"信息孤岛"现象，影响了公众的档案利用，影响了"方便人民群众的档案利用体系"的建设。

"信息孤岛"是一个个相对独立的不同类型、不同学科的数字资源系统，各系统间相互封闭，无法进行正常的信息交流，犹如一个个分散、独立的岛屿。可以这样理解档案"信息孤岛"：一方面，从内容上来看，与档案信息共享相对应，主要是指不同地区、级别、行业、部门的档案

资源之间，因格式不一、数据异构、系统差别等而相互隔离，成为一个个孤立单元的现象；另一方面，从范畴上来看，一个档案机构的"信息孤岛"是相对于同级其他档案机构而言的，一个行业的档案"信息孤岛"是相对于其他各行业的档案资源而言的，一个地区的档案"信息孤岛"是相对于全国档案资源而言的，整个档案领域的"信息孤岛"则是相对于全社会的信息资源而言的。从档案实体资源建设而言，存在"信息孤岛"现象；从数字档案资源建设而言，"信息孤岛"现象更为突出。

随着信息技术的不断发展和应用，我国档案资源建设取得了长足发展，档案信息化程度越来越高；但是，在档案资源建设过程中，各级各类档案机构之间缺乏统筹规划，条块分割，各自为政，重复投入，自行开发档案信息管理系统，缺乏标准化、规范化和兼容性，档案资源分散，严重损害了档案信息流的完整性，以及跨部门档案信息的实时交互，造成部分档案信息服务滞后或无法实现，由此逐渐形成了档案"信息孤岛"现象，成为制约和阻碍我国档案资源整合、共享的主要障碍及"瓶颈"之一。

档案"信息孤岛"的形成既有历史原因，又有现实原因；既有客观因素，又有主观因素；既是技术问题，又是管理问题；既与传统观念有关，也是现代技术应用的结果。为此，需要从多个角度剖析档案"信息孤岛"形成的深层原因。

## （一）档案资源整合意识淡薄

意识虽是主观因素，它在档案资源建设中发挥的能动作用却不容忽视。如果说由于格式不一致、系统不兼容等而无法实现档案资源整合是技术原因，那么档案机构没有通过现代通信技术、信息技术的应用实现彼此之间的交流与协作则是意识问题。我国长期以来存在社会对档案与档案事业的重视程度不够且档案领域内的自我认识不够、自信心不足等问题，很多档案机构仅以内部需求为目标开展档案资源建设工作，对档案资源整合与共享等更全面、长远的目标认识不足，造成"大档案观"难以在档案资源建设实践中得到充分体现和落实。

### （二）档案资源具有较强的分散性

我国长期以来实行"统一领导、分级管理"的档案工作原则，这有助于在归属关系上实现档案资源的相对集中，但其重点在"合"而不在"整"，档案资源集中保管于各级各类机关档案室或档案馆中，反而在一定程度上造成档案资源在地域、行业和机构之间的分散性——档案资源广泛分布于国家综合性档案馆、国家专门档案馆、部门档案馆、企业档案馆、文化事业单位档案馆、科技事业单位档案馆等各级各类档案管理机构，且各级各类档案管理机构之间缺乏有效的协商与交流，各个机构分别制定各自的档案资源建设方案、措施及技术标准，难以形成统一的标准和行动原则，造成档案"信息孤岛"的现象。

### （三）档案管理体制条块分割

在我国，科技档案和专业档案等长期实行条块分割的管理体制，即不同行业之间独立开展档案资源收集、保管和利用等工作，各级专业主管机关独立负责本行业或部门的档案管理工作，仅在业务上接受各级档案行政管理部门的监督和指导。这种条块分割的管理体制有助于提高管理效率，但也会在一定程度上增加档案资源整合工作的难度。

### （四）档案资源建设缺乏统筹规划

要想将分散的档案资源单元集合为一个有机整体，需要对整个档案资源建设工作进行统筹规划，实现各级各类、各行各业档案管理机构之间的合作共建，并在档案资源整合问题上达成共识。在档案资源建设初

期，由于宏观的、整体的规划不足，各级各类档案机构各行其是，自行制定数据采集方式、数据存储格式、信息编码规则，自行设置运行环境，自行进行数据库系统设计、业务流程设置，自行建立档案资源体系，自行开发档案管理应用系统，相互之间缺乏深入的沟通与协作，不断进行低水平重复投入，浪费了大量人力、物力、财力，人为地将有着紧密联系的档案资源隔离成一个个"孤岛"，大大限制了档案资源的整体开发和共享，进而影响了档案信息化进程。

### （五）档案资源建设缺乏硬性标准

档案资源建设的硬性标准是与统筹规划相辅相成的措施，是开展档案资源建设和实现档案资源整合的重要保障。在档案资源建设缺乏总体规划的情况下，尽管我国已经出台了一系列档案资源建设政策和文件，但是在实际开展工作时仍然缺乏可参照的硬性规定，地区之间、级别之间、行业之间、部门之间在档案资源的采集、存储、保管、利用以及档案管理应用系统的开发设计等方面标准不一，质量参差不齐，形成了大量的异构数据、异构系统、异构应用、异构平台等。数据不兼容、应用不交互的档案资源数据库、档案管理应用系统等，给档案资源在更广、更深层面上的融合与集成埋下了隐患，设置了障碍。

### （六）档案资源建设缺乏权责利相结合的共建共享模式

在档案资源建设中构建权责利相结合的共建共享模式，是实现档案资源整合的主要条件；然而，长期以来档案资源管理体制条块分割、统筹规划不足、硬性标准缺失等，使我国档案资源建设逐渐形成"一盘散沙"的模式和格局，各级各类档案保管机构之间缺乏明确的权、责、利划分，各自为政，自成体系，形成了一个个独立封闭的档案资源体，无法实现档案信息的顺畅流通和整合，成为阻碍档案资源整合的恶性循环模式。

解决"信息孤岛"问题是实现档案资源整合的基本前提和重要目的，只有充分认识到我国档案"信息孤岛"问题的严重性和危害性，才能更好地修正我国档案资源建设初始阶段的各种不足，实现分散档案资源单元之间的无缝联结与整合。

## 二、档案资源整合的概念与内涵

目前，我国对"档案资源整合"的概念和内涵尚缺乏系统的探讨，与之相关的研究主要集中在对"档案信息资源整合"的界定上，且取得了一定的研究成果。

首先，从不同层面界定"档案信息资源整合"的观点主要有以下几个。一是国家层面的档案信息资源整合，称为"国家档案信息资源整合"，即对过去和现在的国家机构、社会组织和个人在社会活动中形成的，对国家和社会有保存价值的全部档案的管理由分散到集中、由无序到有序的过程，主要是指在我国档案工作"统一领导、分级管理"的体制下，通过整理与组合，使之结构合理、配置优化，以适应经济全球化时代增强区域综合竞争力需要的社会系统工程。二是地区或行业范围内的档案信息资源整合，是对现有档案信息资源进行重组，在一定范围内形成档案信息跨区域、跨行业的有机联系，形成具有针对性服务的档案信息流。三是地方或部门层面的档案信息资源整合，是将本行政区域内属国家所有、对国家和社会具有长久保存价值的包括政治、经济、科技、文化等领域的档案资源进行科学整合，实行集中统一管理，最大限度地优化配置国家档案资源。

其次，从不同角度界定"档案信息资源整合"的观点主要有以下几个。一是基于用户需求的角度，认为档案信息资源整合是，依据一定的

需要，对各个相对独立的信息系统中的档案信息资源、功能结构及其互动关系进行融合、类聚和重组，重新结合为一个新的有机整体，形成一个效能更好、效率更高的新的资源系统。二是基于专题服务的角度，认为档案信息资源整合是围绕特定的主题，对分散形成的档案进行信息资源集中，以集中反映某一实践领域或对象的基本情况，最终达到档案资源结构合理、配置优化的社会系统工程；是从海量的档案信息中，就某一专题或某一方面提取出相关信息，提供信息服务，以有效地实现信息资源的增值效益的工作。三是从企业图书、情报、档案一体化的视角，认为企业图书、情报、档案信息资源整合是指现代企业依据企业自身信息需求，根据系统论的原则，通过对图书、情报、档案相对独立系统中的数据对象、功能结构及其互动关系的融合、类聚和重组，最终形成一个效能更好的、效率更高的新的信息资源体系。

最后，从不同背景探讨"档案信息资源整合"概念的观点主要有以下几个。一是基于网络化背景，认为档案信息资源整合是指在兼顾档案信息资源现有配置与管理状况的条件下，通过网络建立统一的信息交换与共享平台，对分散异构的档案信息资源系统进行优化组合与无缝联结，在此基础上强化档案信息资源的动态性、可控性、可获知性、可获取性以及与社会其他信息资源的融合集成性，从而实现档案信息资源的合理组织、优化配置和最大增值。二是基于信息化背景，认为档案信息资源整合是以"统一领导、分级管理"的档案事业管理体制为前提，以网络技术、通信技术、信息技术、多媒体技术等现代化技术为手段，以信息相关法律法规及信息安全技术为保障，以系统思想为指导，以档案实体整合、信息整合、技术标准整合、系统整合、人才结构整合等为内容，以资源结构优化、系统功能完善、人才保障到位、信息资源共享为目标而进行的一项社会文化事业系统工程。三是基于云计算环境，认为档案信息资源整合是指以档案用户服务为向导，对分散异构的档案信息资源进行优化配置和无缝联结,通过设计动态、可控的管理与服务机制,利用先进的信息技术手段,建立集成档案信息交换与共享平台,实现档案信息资源的合理配置、高效利用和保值增值。

综上所述,学者对档案信息资源整合的概念展开分析,尽管视角不同,表述也存在差别,但其核心理念都是为了实现档案信息资源的整体性、系统性和有序性,以充分挖掘和发挥档案信息资源的潜在价值与作用,最终实现档案信息资源的共建共享。这些成果为本书界定"档案资源整合"的概念奠定了基础。这个界定包含以下内容。

(1)满足公众需求是档案资源整合的首要目标。

信息时代,公众的档案资源需求已经从简单的查阅、凭证需求转变为数据分析、信息组织、知识管理、民生参考等更高级、更复杂的需求,这是档案事业发展的主要动力,因此最大限度地满足新时期公众对档案信息的需求是档案资源整合的首要目标,而不是仅仅满足档案机构内部的业务需要,而这也决定了档案资源整合的主要内容。

(2)档案资源整合包含实体档案和数字档案两个层面的整合。

实践中,市县级档案机构提及的档案资源整合,主要是实体档案资源的整合;对于档案数字化成果较多的单位,档案资源整合更多是强调数字档案的整合。

(3)档案资源整合需要技术方法和管理手段相结合。

档案资源整合涉及基础设施、数据内容、应用系统、规范标准、人才队伍、保障体系等各项要素,包括形成归档、价值判断、收集积累、结构体系、资源整合等多个环节,是一项复杂艰巨的系统工程。档案资源整合的开展不仅需要借助信息整合相关技术,更需要采取覆盖全方位、全过程的管理手段,包括政策调节、法规建设等。

(4)"整体大于部分之和"是档案资源整合的核心理念和成果体现。

档案资源整合的目的是实现基础设施、数据内容、应用系统、规范标准、人才队伍、保障体系等各项要素和各个模块之间的有机结合，而非机械堆积。因此，形成有序化、系统化、结构化的有机整体是档案资源整合的原则，能否形成这样一个有机整体更是衡量档案资源整合成效的基本依据。

（5）广泛共享及充分利用是促进档案资源整合和良性循环的重要保障。

从系统角度来看，档案资源整合是一个包含输入和输出的有机整体，输入是输出的基础，输出又反过来决定输入。因此，在花费大量人力、物力、财力将独立的档案资源单元整合为一个有机整体之后，必须通过广泛共享及充分利用挖掘档案资源整合的潜在价值，为后续的档案资源整合提供源源不断的动力。

## 三、档案资源整合的主要内容

档案资源整合是一项系统化的复杂工程，关于档案资源整合应该从宏观到微观、从纵向到横向多层面、多角度地进行分析。从宏观上来看，档案资源整合包括国家、地区、行业、部门等不同层面的整合；从微观上来看，档案资源整合不是简单的档案资源集成，也不是单纯的技术操作问题，是从内容到技术再到管理的全面整合。从横向上来看，档案资源整合可以包括不同载体、不同类别、不同领域的档案资源之间的整合；从纵向上来看，档案资源整合可以包括不同时期、不同事件的档案资源之间的整合。本书从微观层面对档案资源整合的主要内容进行简要分析。

## （一）档案实体的整合

档案实体主要是指存储档案信息的各类载体，是档案客观而具体的存在形式；然而，档案实体分散分布在不同部门和各个系统，各部门和各系统可能有自己的档案管理方式和方法，导致档案的整理、分类、归档等方面存在差异，增加了档案管理的难度和工作量。因此，档案实体整合是档案资源整合的重点内容。

## （二）档案信息的整合

作为信息资源的重要组成部分，档案资源所蕴含的政治、经济、科学、技术、文化、宗教等丰富的信息内容是其价值的直接来源；然而，档案产生于不同行业领域的不同社会活动之中，又存储于不同领域或不同部门，使原本在信息内容上有着密切联系的档案资源总体上处于一种无序、凌乱、分散的状态，并且存在内容交叉、信息冗余、关联度降低等问题，数字档案信息内容整合无疑是档案资源整合的首要内容。

## （三）档案技术方法的整合

档案资源从制作生成到存储保管的过程中需要采用各种技术方法，这是确保档案资源价值的重要支撑条件。在档案资源建设过程中，档案的记录技术、描述方式、存储载体、保管环境等缺乏硬性规定和标准，各部门之间重复投入、缺乏共享，造成档案资源以不同的数据形式存储于异构的数据库之中，难以自由交换和集中处理，因此技术方法整合也是档案资源整合的重要内容之一。

## （四）档案管理系统的整合

为确保档案资源的有序化、系统化存储与利用，需要建立包含档案信息管理软件和硬件设施的档案管理系统，这也是档案信息化建设的重

要内容；然而，在档案资源建设过程中，存在"重技术、轻管理"的现象，不同单位和部门在构建档案管理系统时各自为政、独立开发、重复投入，软件选择和设备配置标准不一，致使档案管理系统类型各异、互不兼容，将档案资源隔离成孤立的"岛"，因此管理系统整合也是档案资源整合的应有之义。

### （五）档案业务流程的整合

档案资源整合仅仅依靠技术是不够的，还需要通过各档案保管单位之间相互合作与协调，实现管理手段与管理流程的整合；然而，大多数单位和部门在档案资源建设过程中都忽视了与其他单位之间的业务整合问题，并未留设档案资源整合环节或接口，而是形成了一个个封闭的档案管理业务流程，无形中为后期档案资源整合制造了障碍。因此，不同单位或部门之间的业务流程整合也应纳入档案资源整合的内容。

### （六）档案服务体系的整合

使分散的档案资源转变成便于开发、易于共享的社会资源，是档案资源整合的直接目的。由于我国实行"统一领导、分级管理"的档案工作体制，各机关、团体、企事业单位等档案机构之间不存在明确的权利义务关系，彼此之间难以在档案服务方面相互结合、相互依赖，而已建成的数千个档案馆也被条块分割的管理体制划分成综合性档案馆、专业档案馆、企业档案馆等，无法形成一体化、全方位、深层次的档案资源服务体系，阻碍了档案资源的整体开发和广泛共享，因此服务体系整合也应该作为档案资源整合的重要内容之一。

档案资源整合的内容主要包括以上六个方面。档案资源整合的各个方面并不是彼此孤立、相互脱节、独立进行的，而是紧密结合、相辅相成、环环相扣地组成一个有机整体，任何部分存在缺陷都会影响档案资源整合的整体效果。

## 第二节 档案资源整合方式

方式是指说话做事所采取的方式和形式。档案资源整合的方式，简言之，就是实现分散档案资源之间的有机整合的方法和形式。

### 一、档案资源整合方式的选择与运用

现阶段，档案资源整合方式选择应该以"大档案观"为依据，以面向公众需求为总体导向，充分考虑"条块分割"档案管理体制的制约以及各地档案事业发展水平不均衡的现实情况，因地制宜地综合选择、灵活应用实体整合与信息整合、物理整合与逻辑整合等多种方式，实现档案资源整合方式由低层次、单一化向多层次、多元化转变。这是档案资源整合方式选择和运用所必须遵循的基本思想，也是扩大档案资源整合范围以及深化档案资源内容整合的重要保障。

事实上，实体整合与内容整合、物理整合与逻辑整合两组整合方式存在相似之处。其中，实体整合、内容整合侧重于传统档案资源，物理整合、逻辑整合侧重于数字档案资源。综合运用各种档案资源整合方式，才能更好地实现面向公众需求的档案资源整合。

## 二、实体整合与内容整合相结合

从整合的依据和对象上来看,档案资源整合主要分为实体整合和内容整合两种方式。对这两种方式的比较和分析一直是学界关注的重要课题。事实上,这两种方式都是档案资源整合必须采取的有效方法,在实际运用时也应该探寻其扬长避短、相辅相成的综合运用与实施对策,只有这样才能满足现阶段我国档案资源整合的需要。

### (一)档案资源的实体整合

#### 1. 实体整合的含义

应当说,实体整合早已有之,我国档案工作中实行的"集中统一管理"原则本身即是对实体整合法的践行。根据《档案法》的规定,建立各级各类档案保管机构,分别集中管理国家档案;档案集中统一管理是分阶段、分层次进行的,各级机关单位形成的档案,由本机关建立档案室(或称"登记室")集中统一管理,不得由承办单位和个人分散保存,其中需要永久保存的档案,在档案室保存一定年限后须向档案馆移交。可见,我国档案管理工作原本实行的就是档案室、档案馆等层面的实体整合,只不过是限于特定范围内的特定档案类型,而非信息时代所要求的广泛意义上的实体整合。

为此,实体整合对国家综合性档案馆而言是必要且有效的,凡是属于进馆范围的、达到归档时限的,或一个全宗档案分散在不同地方保存的,或立档单位无法保证档案安全的,或协商愿意移交的档案,都必须坚持档案实体整合的模式。

#### 2. 实体整合的利弊

实体整合在一定范围内具有无可比拟的优势,有助于建立统一、科学的档案工作制度，有助于推进档案工作的标准化、现代化管理，有利于维护档案的完整、安全，方便社会各方面利用档案，等等。由于长期实行分级分类档案管理体制，全面意义上的实体整合在实际应用时将面临制度阻碍、权责划分、利益冲突以及工作量巨大、水平参差不齐、人员不足等重重阻碍，并且这些问题彼此交织牵连、相互影响，难以在短时间内尽数解决。可见，档案资源实体整合必然面临新旧管理理念、模式和体制之间的矛盾与冲突。

## （二）档案资源的内容整合

### 1. 内容整合的含义

内容整合主要针对数字档案资源。档案内容是指档案所包含和表达的信息元素，是档案主观、抽象的存在形式。基于信息内容整合数字档案资源是指依据"一揽子"的档案服务需求，将信息内容上具有密切联系却被划归不同部门、不同类别、不同全宗的数字档案资源，重新加工、组合和链接成为一个独立完整的档案信息数据库的数字档案资源整合方法。与数字档案资源实体整合不同，其目标不仅是打破空间限制，更多是为了跨越时空界限，无须改变原有的档案管理体制和档案实体位置，而是在原有档案分级分类体系的基础上，依据档案信息内容之间的内在历史联系，寻找和建立被分割开来的数字档案资源之间的新连接点，依此构建凌驾于"条块分割"体制之上的新的数字档案资源体系。因此，数字档案资源内容整合的实质是通过改变原有档案管理观念，实现对数字档案资源体系的再组织、再加工和再创造，是一种更易实行的数字档案资源整合方式。

应当看到，数字档案资源内容整合并不是信息技术发展的产物，档案分类法体系本身也是对信息内容整合法的践行。根据《中国档案分类法》的编制说明，我国档案分类体系的设置是"以不同历史时期的国家

机构、社会组织从事社会实践活动的职能分工为基础，紧密结合档案内容记述和反映的事物属性关系，采取从总到分、从一般到具体的逻辑体系"进行分类排列的。可见，我国档案分类体系的确是依据同一历史时期档案之间的联系及相互关系设置的。为此，设置档案分类法的目的"不是为了对档案实体划分类目和逐份（逐卷）归类，而是档案信息分类"；但是，在当前信息化不断发展的背景下，数字档案资源内容整合的内涵被扩展至更广的范围，其整合不再局限于档案分类法中设置的既定联系，而是涉及更多层面、更多角度的复杂联系，尤其是通过技术方法的运用，传统的档案内容更多地通过数字化技术转化成数字档案，并借助计算机技术、信息技术、网络技术等，将数字档案所蕴含的信息内容整合成一个完整的数字档案资源体系，并与接收的电子文件相结合，通过建立档案目录中心、数字档案馆、现行文件中心、电子文件中心等实现。

2. 内容整合的利弊

数字档案资源内容整合的作用和意义是毋庸置疑的，有助于确保国家档案资源的完整与安全，有助于数字档案资源的全面开放和利用，有助于推进档案信息化建设；但是，随着电子文件和数字档案的普及，以及社会档案需求的多元化、复杂化，从单一层面分析数字档案资源信息内容之间的联系已经无法满足新时期数字档案资源整合工作的需求。

### （三）实体整合与内容整合综合运用策略

实体整合与内容整合在基础条件、技术难易、工作量大小、工作效率、实际效果等方面各有利弊、各具机会，很难对使用哪种方法做具体规定，也难以硬性规定在哪种情况下使用哪种方法。因此，更为合理的策略是依据不同地区、不同级别、不同部门档案资源整合的实际情况，因地制宜地综合选择和使用实体整合与内容整合两种方式。依据两种方式的轻重主次和先后次序，可以分为实体整合为主或优先、内容整合为辅或次之,实体整合与内容整合并重或同步进行,内容整合为主或优先、实体整合为辅或次之三种档案资源整合方式。

事实上,实体整合和内容整合的综合运用策略并非仅限于此,还可以从多个角度灵活组合和应用。对于未到移交进馆期限但某些信息可公开的永久保存的档案资源,以及已经接收进馆但是没有到开放期限的档案资源,可以实行内容整合为主或优先、实体整合为辅或次之的方式;对于法律凭证作用较大而参考价值较小的档案,适宜采用实体整合与内容整合并重或同步进行的方式;对于机密性较强以及涉及个人隐私和知识产权的档案,适合采用实体整合为主或优先、内容整合为辅或次之的方式。

总之,通过对实体整合和内容整合的综合选择与灵活运用,可以解决当前我国档案资源整合存在的层次多、方向复杂、水平不一等问题,以最大限度地提高我国档案资源整合的成效,满足档案信息化建设的需要。

## 三、物理整合与逻辑整合相结合

从整合的方法以及需要采用的技术来看,档案资源整合可以分为物理整合和逻辑整合两种方式,这是一对援引自计算机学科的概念。

随着电子文件及数字档案的出现和发展,对于这两种方式的比较和分析成为学界关注的焦点。与实体整合和内容整合一样,这两种方式也是档案资源整合所必须采取的,在实际运用时也应该探寻其扬长避短、相辅相成的综合实施对策,只有这样才能满足现阶段我国档案资源整合的需要。

## (一) 档案资源的物理整合

物理整合又称为"数据仓库集成",是通过对异构数据源中的数据进行抽取、分析、综合、转换和装载,消除其间的差异性,由此将分散的、不一致的数据转换成集成的、统一的数据,从而实现本地查询和使用。对档案资源而言,物理整合是通过对生成环境、存储方式、保管位置等不同的档案资源的再加工、再组织,将分属于不同机构或地区的档案信息统一集中到一个档案机构或档案管理系统进行整合存储和管理的方法。从本质上看,物理整合是对档案资源的数据对象及其功能结构的深入整合,其结果是打破档案资源原有的分布式状态,通过统一的软硬件平台实现统一检索和利用。

物理整合适用于一些垂直系统内部的档案资源整合,如银行、税务、政府部门,对于无隶属关系的部门之间的这种形式的信息整合,无论是在技术上还是在管理上都面临较大的障碍。因此,一定范围内具有隶属关系的档案机构之间更宜采用物理整合的方式进行档案资源整合。

## (二) 档案资源的逻辑整合

逻辑整合主要针对数字档案资源。逻辑整合又称为"虚拟数据库整合""系统平台整合""数据聚合""数据互操作",是指将多个异构的数字资源系统集成为一个统一的数据视图。对于档案实体资源而言,逻辑整合是通过相关技术和标准,把不同时期、不同记录载体、不同数据库、不同机构或部门及不同地区的数字档案资源组合在一起,打破其间的特性差异和时空限制,为用户提供"一站式"的档案检索和利用服务的一种整合方法。从实现机制上来看,逻辑整合是通过共同遵循统一的标准和建立一套索引系统,实现对数字档案资源逻辑上的描述、管理和控制,并未改变数字档案实体资源原来的分布式状态,因此其本质上是一种"集中式管理、分布式存储"的数字档案资源整合方式。

逻辑整合在图书馆领域已经有较为成熟的应用，通常有导航整合和平台整合两种模式，这些方法在数字档案资源整合中同样适用。其中，导航整合一般按数字资源名称的字顺或其所属主题提供检索入口，适合对于资源状况缺乏了解的新用户使用；平台整合是检索界面的整合，即在统一的检索入口与检索方法下，为用户提供异构数字资源信息服务，而数字资源还是以原来的分布式状态存储。可见，逻辑整合比较适用于无隶属关系的档案机构之间的信息资源整合。

尽管逻辑整合具有不改变数字档案资源原有分布式存储状态的优势，但由于它并未对数字档案资源本身进行整合，而是通过建立目录和索引对经加工得到的二次档案信息进行整合，所以，逻辑整合是一种消极、被动的整合方式。在实际应用时存在以下问题：①通过目录和索引不能保证100%找到所需数字档案资源；②只在有查询需要时才进行相应的数据集成；③使用时数字档案资源会恢复原始状态；④不保留和维护集成结果；⑤受网络环境状况的影响较大，容易出现不能访问或访问超时等现象。

### （三）物理整合与逻辑整合综合运用策略

档案资源物理整合与逻辑整合在内涵、特点、组织方式、适用范围方面存在差异，各具优缺点，对使用哪种方法不可一概而论，也难以硬性规定哪种情况下该使用哪种方法；加之档案资源整合是一项复杂的系统工程，涉及技术、管理等多方面问题，且受到地域面积、经济实力和馆藏水平等多种因素制约，因此单纯依赖物理整合或逻辑整合都无法有效实现其根本目的，应该依据不同地区、不同级别、不同部门档案资源整合的实际情况，灵活选择和使用物理整合与逻辑整合两种方式。具体来讲，可以根据两种档案资源整合方式的轻重主次，分为以物理整合为

主或优先、逻辑整合为辅或次之,物理整合与逻辑整合并重或同步进行,以逻辑整合为主或优先、物理整合为辅或次之三种组合方式。

物理整合与逻辑整合的综合运用策略并非仅限于此,可以根据实际需要灵活组合和设计,以解决当前我国档案资源整合层次多、方向复杂、水平不一等问题,以最大限度地提高我国档案资源整合的成效,满足档案信息化建设的需要。

# 5

第五章

# 档案信息化规划与实施

# 第一节 档案信息化的发展战略

随着社会信息化程度的不断加深,人们对档案信息化建设的认识越来越深刻,利用现有档案服务社会的意识也越来越强,因此,加快档案信息化建设,规范档案管理,构建技术先进、完善的信息化支撑平台,培养一批高素质、专业化的档案管理队伍,促进档案与社会资源的整合、利用与共享,不但是社会发展的需要,也是档案事业在新时期的发展战略。

## 一、档案工作实施信息化战略

### (一)档案信息化建设已成为国家信息化建设的重要组成部分

档案资源作为基础性资源,是国家信息资源的重要组成部分,也必将成为国家信息化建设的重要内容之一,因此,档案信息化建设必将纳入国家信息化的战略规划,成为国家信息化建设总体战略的重要组成部分。

随着人们对社会信息化认识的不断提高,整个社会都在大力推动电子商务、电子政务的发展,利用信息技术提高政府的监管能力,转变政府职能,改变教育管理手段,提高科研和人才管理水平,在社会多个领域不断培育以应用为主导、与社会需要紧密结合的示范项目。

社会信息化建设呈现良好的发展势头,其突出特点有以下两个:一

是人们对信息化的认识不断深入，信息化应用技术日益普及，信息化对社会发展的推动作用日渐突出，社会对信息化的认知日益增强；二是电子信息产品制造业的规模不断扩大，在一些重要领域取得了突破性的进展，电子产品生产和出口的增长速度大大高于传统产业。我们在看到成绩的同时还应看到不足，在信息化管理体制改革、信息化理论创新、信息基础设施建设、信息资源开发利用、信息技术普及应用、信息人力资源开发、信息产业结构调整等方面，还存在诸多问题。在当前形势下，档案工作者应学会客观地认识信息化过程中出现的问题，既不能看到成绩就忽略了不足，也不能因为问题的存在就对信息化建设失去信心，应在发展的前提下，抓住发展的大好机遇，创新工作，勇敢地面对时代的挑战。只有脚踏实地，勇于挑战，把档案信息化建设纳入国家信息化建设的战略规划，才能保证我国档案事业持续、稳定、健康地发展。

## （二）档案管理现代化成为奋斗目标

传统的档案管理运行模式比较落后，主要表现在档案资源积累处于被动工作状态，且时间严重滞后，档案资源利用的发展停滞不前，处于"备查的状态"，对档案资源的主动开发和利用更是有限。这种状况不但严重影响了档案资源作用的发挥以及对现实工作的支撑，而且严重影响了档案工作的作用和地位，不利于档案事业的可持续发展。

现代化管理离不开先进技术设备的支持，它是档案管理的物质基础和技术手段。没有先进的设备，任何技术方法和目标都难以实现。先进的技术和设备必须有先进的管理理念来支配。在信息社会快速发展的今天，现代化的先进设备被运用于社会生活的各个领域，档案工作也是如此，计算机已被广泛用于档案管理的各个方面，大大加快了档案工作信息化的进程。

档案管理的现代化是档案管理内涵和手段的深刻变革，其内涵和手

第五章　档案信息化规划与实施

段都发生了深刻的变化。档案信息化的大力发展，必将改变传统的档案管理理念和运行模式，改变档案资源的积累过程、存储介质、保存形态、检索手段、利用方式等，改变档案管理的业务流程以及档案工作的人力资源。档案的信息化建设将推动档案工作的现代化进程，使档案管理理念得到全面提升，使档案资源得到充分利用，不断创新和发展档案管理理念，更好地发挥档案的价值及档案工作的作用，使档案工作队伍承担起更大的社会责任，更好地实现服务于社会的最终目标。档案管理现代化主要包括以下几个方面的内容。

1. 归档实现自动化

在自动化网络办公的背景下，档案管理的现代化以电子文件的创建和流转为特征，档案以电子文件的形式出现，实现电子文件归档管理的自动化，并以逻辑归档的形式通过网络运行实现"文档一体化"。

2. 管理标准的规范化

档案现代化管理的一个显著特征就是标准的规范化，按照国家档案信息化的要求，制定电子文件和数字档案的管理标准，确定搭建系统平台的功能要求和技术规范，制定网络和信息安全管理标准及规章制度，制定相应的网络规范和管理制度，把国家的法律制度作为档案信息化建设的制度保障。

3. 搭建网络化的服务平台

档案管理信息系统在对数字档案资源进行安全管理的基础上，通过局域网、办公网和互联网等网络信息系统，实现用户对数字档案的检索、查询、下载、打印及开发利用，最大限度地提高档案资源的利用率。

4. 馆藏数字一体化

馆藏数字化是现代化管理的基本要求。为了满足信息社会对档案资源的需求，利用现代化的管理手段，对馆藏档案进行数字化处理，形成

- 233 -

数字档案，使档案的检索、查询更加方便快捷，同时有利于档案资源的开发和保护。

5.实行网络化的智能控制

保证网络安全是实现智能化管理的重要工作。利用信息网络系统、管理信息系统和基础资源设施，建立智能化的控制系统，实现对档案资源的规范化管理、工作场地的安全监控、工作人员的智能识别、工作内容的状态跟踪以及安全机房的智能控制。

## （三）档案信息化建设走上了规范化发展的轨道

在档案信息化建设进程中，各级档案主管部门对档案信息化建设进行大胆的探索与实践，并取得一定的成效，目前已初步实现电子档案管理的规范化，研究出适合档案管理模式的互联网建设、软硬件的集成化管理模式，丰富了公共信息资源管理、网络安全管理、数据保护、知识产权保护等法律规范，能够有效地预防计算机犯罪和网络犯罪，保证档案信息化建设向规范化、模式化的方向发展。由于在信息化建设的过程中，各单位的情况千差万别，不同单位会采用不同的数据库及不同的信息系统，就会形成不同的电子文档，这就对档案管理部门的统一管理提出了新的要求。要求档案主管部门从本单位的实际情况出发，结合国家相关的政策法规，制定出电子文件归档、档案信息采集整合和安全管理的具体标准，加快建立健全档案信息化标准的实施体系。首先，各单位应建立适合本单位实际需要的档案鉴定、归档、保存、保管、利用的规范化标准；其次，应建立完善的档案管理制度，建立有效的安全管理体系，制定安全操作规范，确保档案信息系统的安全。

标准化、规范化制度的建立，为逐步建立完善的网络信息平台奠定了基础，有利于推动档案信息资源整合，最大限度地实现馆内、馆外资源的共享，通过法律法规制度的建立，有效地保证了档案信息化建设沿着规范化、模式化的轨道健康发展。

## （四）档案人才队伍由单一型向复合型方向发展

档案信息化建设是一项新兴的、复杂的系统发展工程，整个系统的建设不仅涉及信息技术的软、硬件和网络系统建设，还包括信息资源的搜集、开发和利用，这两项建设内容归根结底都离不开人才，因此，人才队伍建设是信息化建设的核心，是信息化建设的关键所在。在信息化建设的过程中，应把人才队伍建设放在首位，把更新人的传统观念、知识结构以及提高人的综合素质贯穿信息化建设的始终，通过对先进技术的学习和实践，不断提高自身的业务能力和综合素质，提高自身的现代化管理水平。

人才队伍建设是档案队伍建设的重要内容，档案人才队伍建设的关键是要建设复合型、高素质的管理人才队伍。所谓复合型人才，是指打破过去档案队伍的结构模式，在队伍构成上加强学科专业的交叉互补，不能仅局限于历史档案的学科人才，要培养管理型、技术型的复合型人才；在技术和技能更新方面，要加强计算机知识、数字化知识、网络技术知识及现代管理知识的学习和培训。复合型人才还要具备能适应信息化的挑战、能够应用信息技术和驾驭信息资源的整体素质。把更新观念、把握时代全局、明确历史责任作为档案工作队伍的基本理念，把更新手段、积累信息资源、广泛开发利用作为档案工作队伍的基本工作，立足现实，勇于开拓创新，努力培养抓住时代机遇、迎接挑战的新型人才队伍。

## （五）档案信息资源建设走向整合、集成与共享

我国的档案信息化建设取得了一定的成效，但也存在许多问题。政府各部门在公共资源的整合利用方面受到体制等因素的限制，难以发挥

办公自动化系统的最佳效用，制约了公共服务水平的提高。全国大部分地区政府部门的电子政务建设，基本上处于信息发布系统平台建设阶段，有不少地区仍然缺乏完备的软、硬件基础设施。孤立、封闭的系统框架结构导致信息资源不能共享，数据格式不统一，数据在不同的系统中重复存在，也使本该协同完成的业务过程被人为地分割和打碎，而造成这一问题的关键，是缺乏统一的政务平台以及有效的系统整合。

随着电子政务系统的不断实施，系统设计更注重体现以人为本的设计理念，适应政务管理向服务型的转变，这就需要最大限度地整合信息资源，实现跨地区、跨部门、可变流程的协同政务。协同政务通过应用、部门流程以及信息的协同互动与共享，最大限度地发挥电子政务的优势，以解决信息化过程中出现的"信息孤岛"问题，提高电子政务的应用水平；同时要通过实践，建立综合的档案资源数据库，实现网上联合办公以及系统资源的全面共享。

协同政务是一种提供服务的全新方式。协同政务强调以政府工作人员的协作为核心，强化政府资源的共享、政府工作流程的优化以及政府信息化系统应用集成，是当前电子政务应用的最高阶段。在实现信息资源共享方面，档案信息化和信息资源建设将起到关键性的作用。

在档案信息化建设与发展的过程中，必须把档案信息资源建设作为核心内容来抓，对于信息资源建设，无论是在实现手段还是在信息资源的有效积累和广泛应用上，都必须以整合、集成、共享为出发点和落脚点，确保档案信息化建设的持续、健康和有效发展。

### （六）数字档案馆的发展

电子商务和电子政务的快速发展，催生出数字档案馆。通过档案馆的数字化及档案信息建设，档案馆成为档案资源的数字信息中心，成为档案管理的职能控制中心，成为国家信息化和数字化的重要组成部分。

1. 档案信息化的应用平台建设

建设数字档案馆首先要建立一个满足档案信息化功能需求、适应发展需要的综合管理系统平台和网络架构，中心系统能够支持多个子系统，能够保证网络控制、信息备份和迁移、授权访问以及资源共享的安全有效进行，广泛应用信息技术，为档案馆的信息化建设提供现代化手段。

2. 馆藏数字信息的共享与开发

信息共享就是要建立数字档案的目录检索、全文检索、自动分类、授权访问系统，通过局域网、办公网和互联网提供档案利用服务，建立状态网络，对信息访问进行实时监控；同时，对原始档案信息进行分类开发及知识化管理，可以建立基于档案基础数据的辅助决策支持系统，只有把档案信息知识化，才能够实现档案信息利用的社会化，从而更广泛地发挥档案的潜在价值，在更大的层面上创造社会经济效益。

3. 数字档案资源的建设

数字档案资源的建设包括以下内容：在网络办公条件下，电子文档的全过程管理以及归档、保存、备份、迁移等，同时收集档案部门业务运行的所有系统数据，积累电子档案信息；利用电子扫描技术，对馆藏的纸质档案、实物档案等进行数字化处理，形成系列数据库；整合需要的行业上下游资源信息以及区域间横向和纵向的资源信息；对所使用的数字档案信息进行管理和链接，以此来建立数字档案信息库。

## 二、档案信息化的实施战略与原则

档案信息化建设是档案部门的一项基础性业务，是档案工作向现代化迈进的必由之路，是档案工作实现历史与未来有机连接的战略之举。

毋庸置疑，未来几年，档案信息化建设的步伐将逐步加快，而要使信息化应用更深入、更普及、更有效，还需要从全国档案事业的高度制定切合档案事业发展实际的实施战略。

### （一）高度重视档案信息化的战略作用

档案信息化建设的组织管理者，特别是决策者，必须对档案信息化的战略作用有充分的认识。这里所说的决策者不仅指档案部门自身的决策者，还包括政府高层的决策者。只有政府高层的决策者以及档案部门自身的决策者对档案信息化建设的战略作用有充分的认识，才会真正重视这项工作，才能保证档案信息化建设的各项工作顺利开展。

目前有一些政府领导者由于过去形成的一贯思想，还不太重视档案工作，认为档案工作不是政府工作的重点，档案馆信息化与经济发展的关系不大，档案信息化的必要性不是很强，因而将信息化建设束之高阁。其实档案信息化与社会发展密切相关，它不是可有可无，而是势在必行的。因此，档案行政管理部门必须认清档案信息化的战略意义，对信息化的重要性引起足够的重视，把它作为一项大事来抓。档案信息化不仅对档案管理自身有举足轻重的意义，而且对整个社会的发展具有长远的战略意义。

档案信息化是社会信息化、政府信息化的一个重要组成部分，它具有记录和保存单位、行业、社会、民族、国家的历史，并为将来的工作查考和研究提供依据的重要作用。档案事业是否随着社会发展同步信息化，对于国家、民族乃至整个社会都具有深远的战略影响。在信息时代，社会广泛推进信息化的背景下，档案作为重要的社会资源更不能忽视。正如档案学家埃思所指出的："档案是一个国家的共同记忆，是集体经验的体现，是同一文化传统下不同文化环境的不同表现；一个没有档案的国家必然是一个没有记忆的国家，一个没有智慧、没有身份的国家，一个患有记忆缺失的国家。"2003年在瑞士召开的信息社会世界峰会上，国际档案理事会呼吁："我们现在在各种媒体上创造的信息构成了将来的档案，面向未来，信息社会需要记忆。"在人类数万年的发展和进步过程中，人类记录信息的方式和载体不断地变化，而人类文明记忆的历史断层，不少是由于不注意档案信息保护造成的。如果现在不重视档案信息化建设，许多信息很有可能会在纸质档案与电子档案的交替过程中丢失，若干年后再要寻找已经失去的档案记忆就不太可能了。因此，我们应该充分认识档案信息化的重要意义，把它当成决定国家和民族记忆能否在信息时代得以延续的大事来抓。

另外，档案工作者也应该认识到档案管理信息化对于其自身发展具有不可忽视的重要作用。档案信息化建设正处于良好的战略发展阶段，档案部门应抓住时机，实施档案信息化建设。如果失去现在的良好发展机遇，若干年后，当社会整体进入信息时代时，想要跟上时代发展的脚步为时已晚。因此，档案管理者应充分认识到，信息化建设是一个不可逆转的时代潮流，是档案管理由封闭走向开放、由传统走向现代的大好机遇，要及时把握时机，迎接挑战，在社会整体的信息化建设中占有一席之地。档案管理应该适应信息化建设的需要，融入社会信息发展的潮流，加快信息化的建设步伐，为社会进步和发展做出积极的贡献。

## （二）档案信息化的实施战略

### 1.资金和人才发展战略

档案信息化是一项涉及计算机技术、网络技术等高新技术的系统工程，需要一支适应信息化建设需要的技术人才队伍做保障，特别是需要培养和引进信息化管理、软件开发、系统维护等方面的人才。目前的实际情况是档案部门比较缺乏信息技术人才，很多单位有资金、有设备，但就是缺少技术方面的专业人才，既懂技术又懂管理的复合型人才更是

稀缺，已经成为影响档案信息化建设发展的"瓶颈"，因此要注重加强人才队伍建设。可以实行档案管理人员培训制度，把与档案信息化建设相关的计算机应用基础知识、数字化技术知识、网络技术知识、现代管理技术知识等列入培训内容；加强对档案业务人员应用新技术、新设备、新方法的培训，普及信息基础知识，以达到使档案技术人员掌握并熟练运用现代技术的目的。

此外，还要考虑到，在档案信息化建设中，档案人员对信息化建设技术是外行，信息技术人员又不懂得档案业务，为此，在培训过程中，一定要把档案管理人员和信息技术人员结合起来，不仅要求技术人员为档案管理人员服务，还要求档案管理人员适应现代化的管理方式，只有这样才能培养出既有技术又会管理的复合型人才。

只有技术就想搞好信息化建设是远远不够的，因为信息化建设是需要高投入的技术工程，特别是资金的投入。目前在信息化建设过程中，经费主要投入在三个方面，即网络建设、计算机设备的配置、档案信息数据库建设。例如，在某高校档案馆的信息化建设中，依托政府公务网的建设，实现高校局域网和公务网的连接，这笔数额巨大的经费由政府承担。在局域网和计算机的配备上已投入几十万元，但计算机设备的正常维修、设备的更新换代也是一笔不小的开支。另外，在档案信息数据库建设中，一些大容量的先进服务器及数据库管理系统等的配置也是一笔不小的投入。在档案信息化建设的过程中，我们必须保障经费投入，特别是档案主管部门应加强宣传，使人们真正理解信息化建设的内涵。

### 2. 滚动发展战略

信息化建设是一个循序渐进的发展过程，不可能一步到位，因此，我们必须根据信息化的实际发展状况确定滚动的发展战略。

（1）信息技术的不断发展，必然使档案应用系统的功能进一步发展和完善，不能一味地追求设备更新，而是要不断地接受新的管理理念以及观念更新的应用技术。

（2）数字档案的积累是一个没有终点的发展过程，也是档案信息化建设的核心内容。信息积累得越多，所拥有的档案资源就越丰富，社会服务面就越宽，对公众的吸引力就越大，档案事业才具有更大的发展潜力，档案工作的地位和作用才会得到更充分的体现。因此，无论是"文档一体化"、馆藏数字化，还是信息资源的整合，都是动态的发展过程。

（3）对数字档案资源的共享和开发利用来说，从目录检索、全文检索到社会化开发、知识化管理、辅助决策支持，从单份的档案资源信息到基于对象管理的信息链接加工，从局域网共享到与整个社会共享，都是逐步递增的渐进发展过程。

（4）在自动化办公、信息化管理的基础上，还将实现数字档案馆和智能化控制的目标。

3. 产业化发展战略

档案是社会发展的真实记录，是原始的历史凭证，因此它是社会经济和社会发展的宝贵资源，其中不仅记载着文化遗产，也在形成新的社会文化，已经成为社会生产力的重要组成部分，是综合国力最直观、最具体、最真实的反映。面对文化产业的发展浪潮，我们不能再把文化仅看成在思想观念、风俗习惯、增强民族凝聚力等方面起作用的力量，而要把它当作一种像科学技术一样能够产生巨大经济效益和社会效益的宝贵资源。

当今社会，信息快速发展，信息资源对经济增长的作用日益突出。档案作为社会的原生信息源，如何进行社会开放、开发利用，是时代赋予档案事业发展的历史性机遇以及档案工作探讨新思路的责任。走档案信息产业化道路是符合时代需要的发展战略，它不仅为档案事业的发展注入新的活力，增强造血机能，创造新的运行机制，也给信息化社会经济的增长提供了强大的动力。

随着我国综合国力的不断增强，人民生活水平不断提高，市场对文化产业和信息服务的需求必将呈现出加速上升的趋势。档案信息产业化持续促进档案信息化建设。档案信息产业化不仅可以解决档案工作投入不足的问题，还可以从侧面提升档案的价值，有利于档案信息知识化、社会化的实现。

不断创新档案信息化产业途径，比如，可以开展灵活多样的档案展览；可以对社会、公众实行档案开放，开创新型的档案信息服务；可以把现有档案制成光盘对外出售，在创造社会效益的同时也获得了经济效益。

总之，档案信息产业化的方式有很多，我们要在档案信息化的过程中不断地探索和研究，坚信只要我们勇于实践、敢于创新，就一定能够探索出一条档案信息化产业的新路子，推动我国档案事业蓬勃发展。

### 4.需求驱动战略

需求驱动是档案信息化建设应遵循的重要原则，也是实施国家信息化发展战略的重要内容之一。档案信息化建设的范畴十分宽泛，它是档案管理理论的发展，是档案管理手段的变革，是信息社会的需要，并不是一项阶段性的工作。因此，开展档案信息化建设，必须从电子档案的形成和管理、亟须共享利用的档案信息出发，确定建设内容，需求驱动才能成为现实，才能获得相应的发展条件。例如，在自动化网络办公环境下，"文档一体化"需求变得紧迫；有了先进的应用网络，人们的信息网络服务需求会变得紧迫；在使用计算机和网络检索档案目录的情况下，人们会提出全文检索的需求；为了保护珍贵的历史档案及信息，也会想到将其数字化；随着政府职能的转变以及管理工作科学化、规范化和高效率要求的提出，档案信息辅助决策功能的发挥将被提上议事日程。档案行政管理部门只能根据现实需要，确定阶段性的建设目标，逐步展开档案信息化建设，逐步完善系统功能。

5. 专业化的服务战略

档案信息化是国家信息化发展战略的重要组成部分，信息化建设水平的高低直接影响着国家信息化发展战略的落实程度，也关系着我国信息化建设的发展进程，为此我们必须做好档案信息化建设的基础工作。档案信息化建设是一项系统的复杂工程，它的发展需要社会多方的共同努力和支持，单靠档案部门自身的力量很难实现其战略目标，必须联合专业的IT（信息技术）服务公司，从咨询、规划、设计、研发、实施培训等系统建设的外包模式到服务器、数据的专业化管理和技术维护，计算机网络设备和应用软件的售后服务及更新升级等，都必须依托社会化的信息技术服务，才能获得更大的发展空间，才能及时解决信息化建设和信息开发过程中遇到的各种问题，才能有效探索和推动档案信息产业化的市场途径建设，才能推动档案信息化建设的全面发展。

6. 应用推广战略

在信息化建设过程中，专项投入资金、专门购置的设备是不可缺少的建设资源。没有信息化的基础设施建设，就不可能开展信息化工作。全国绝大多数档案管理机构都不同程度地购置了信息化建设所需的基础设施，甚至开展了一定规模的管理信息系统和信息资源建设；然而，只建设不使用，或使用得不充分，是当前档案信息化建设的一大难题，当前首要的工作是档案信息化的应用推广，普及和推广要在深层次上下功夫，在项目的规划和计划中着重强调应用普及问题，将它们纳入计划建设和培训工作中。必须在更新管理观念、改变管理手段、加强培训引导、建立健全制度方面下功夫，重点发挥领导和重要业务职能部门的关键作用。应用普及工作关系到档案信息化建设的发展和生命力，关系到国家信息化战略基础性信息资源建设的成败。

## (三) 档案信息化的战略原则

在档案信息化建设中，容易产生"重技术、轻管理"的倾向。实际上，在档案信息化建设中，管理的规范化、科学化是基础，管理到位是档案信息化持续建设与发展的重要保证。在档案信息化建设中，要遵循总体规划、分步实施、需求驱动、重点突出的原则，在资金投入和人才队伍建设上为档案信息化建设提供必要的保障。

### 1. 总体规划的原则

档案信息化建设是一项系统工程，具有涉及面广、历时较长的特点，它涉及社会的每一个单位，因此社会的每一个组织单位都必须根据国家信息化发展战略与目标，来制定自身的信息化发展战略与规划。国家的总体规划必须纳入每一个组织单位的信息规划之中。

档案信息化的关键在于加强规划管理。对于这一系统工程，必须有全局性的、长远的总体规划；这个问题还没有引起档案界足够的重视，无论是在全局性、区域性还是微观管理上，尚缺乏科学、到位的规划。

对档案信息化建设来说，长远规划是一个纲领性的文件，应该以科学的发展观为指导，确定档案信息化的需求、定位、战略目标、组织方式、管理方式等。所制定的档案信息化规划应该与国家、地区、行业的信息化整体规划相衔接。对于那些资金和技术条件并不丰厚的单位，只有总体上纳入信息化规划才能取得好的效果。

制定信息化的长远规划应该首先明确需要，认真论证，特别是信息化建设的主管领导要非常清楚信息化的需求，这样才有利于信息化建设的总体规划与设计。在软件开发前，应在研究档案业务的基础上提出总体设想。要从档案工作者的使命和战略目标出发，明确档案业务及管理变革的策略，详细分析档案业务的关键性指标，从中抽取档案信息化的需求，建立总体框架。对于单个软件的开发，决定成败的关键在于系统设计之前对需求论证的清晰程度,对于长期的宏大工程来说更需要明确需求。

其次,制定档案信息化的规划应该因地制宜,准确定位。为本单位的档案信息化建设制定长远的规划,要从本单位的工作实际出发,综合考虑馆藏的数量、资金、技术等条件是否成熟,以及当地档案信息化的整体发展状况等各种条件。不是所有的档案馆都能建成虚拟档案馆或数字档案馆,应根据自身的情况因地制宜地进行建设。

最后,制定规划要明确目标,科学分解目标。信息化建设的总体规划不仅应该提出总体目标,还应该确定实施战略,科学地分解目标,确定在时间和空间上分步实施的大体阶段及阶段性目标,并在以后的软件设计中加以体现。以深圳市数字档案馆为例,它的建设分三期实施:一期以制定各类标准、基础设施建设、应用系统开发为主,发布部分档案信息;二期以扩充档案信息源,对馆藏档案进行数字化处理为主,修正并改进一期成果;三期主要是在总结与改进前期成果的基础上,制定数字档案馆管理流程,增加档案信息量,进一步扩充档案信息源,接收立档单位形成的数字档案,建立电子文件中心管理系统,实现对现行电子文件的管理。

**2. 分步实施的原则**

档案信息化建设是一项长期而复杂的系统工程,一方面,它需要依存于国家和单位信息化战略的实施,并作为其重要的组成部分;另一方面,档案信息化总体规划是立足现实,着眼未来,而不是一蹴而就的事业。档案信息化建设必须遵循分步实施的原则。

(1)在国家信息化政策的指导下,根据档案信息化总体规划制定具体的分期实施方案。

在制定分期实施方案时,必须有全局的发展眼光,实施方案既要充分考虑国家信息化发展战略的实施进程、档案管理的实际情况及发展的

实际需要，又要充分考虑经费的实际投入、技术支持能力、人力资源状况及工作环境等因素。在综合考虑这些因素的基础上，制订切合实际需要的具体的工作计划、项目组织和控制措施。

（2）制定新的管理制度以及规范化的业务标准。

传统的档案管理制度已经不能适应档案信息化的需要，档案信息化对业务标准也提出了更高的要求。电子文件的归档制度、逻辑归档的操作规范、安全管理体系等制度需要全面制定。业务标准是档案信息化建设、信息技术应用的重要基础和准则，它包括技术体系、工作体系、组织体系和工作规范等方面，一般根据国家、行业和地方的标准规范，并结合本单位的发展需要，制定目录查询和全文检索、多媒体信息支持、安全管理以及数据备份等制度。

（3）加强档案数据资源建设。

将现有电子文件通过逻辑归档的方式进行收集和整理；将现成的纸质文件通过扫描中心电子化；将传统馆藏档案进行全文数字化处理。按照档案分类的原则建立数据库或数据仓库，为档案信息的共享和开发积累资源；同时对各管理部门和业务部门所有现行档案系统数据进行最大限度的集成，对软件和各专业管理系统进行整合，建立起有效的数据集成系统。

（4）构建信息系统的运行平台。

信息系统平台包括信息处理平台和信息交换平台两部分。档案管理系统应充分考虑到档案信息的特殊性和绝对安全性的需要，要做到与内部自动化办公网络相连接并采取授权管理模式，同时要与公共网络实施最有效的网络安全隔离设计方案。一般来说，档案信息扫描和处理、档案信息交换、档案数据存储和备份，只能在内部办公网和档案局域网中运行，相应的档案信息处理和存储设备必须是专用的。只有可以向社会公开的档案信息才能提取，并通过与公众网络的连接实现社会共享。系统软件的选择必须充分满足档案信息管理和档案系统的需要，如电子文件的逻辑归档、数据库的建立、档案信息目录查询和全文检索、多媒体信息支持、安全管理以及数据备份等。

（5）加强人才队伍建设和管理培训。

档案信息化对档案管理人员来说是新事物，为了确保技术应用以及档案信息的知识化、社会化开发，必须打破传统的档案管理队伍模式，注重复合型人才素质的要求，加强队伍的多学科知识结构和梯队结构的合理性建设。档案信息化是档案管理现代化的必然要求，不能削弱档案管理的专业化，因此面对档案信息化的挑战，必须加强专业队伍信息化知识和技能的培训，更新知识结构，增强信息技术应用能力。

（6）开放档案共享信息和辅助决策支持系统。

档案信息化的根本目的一是广泛、深入地开发利用档案资源，实现档案资源共享，最大限度地提高档案的利用价值，为社会提供更多的信息资源，把开放的档案资源知识化、社会化；二是有效提升档案管理的基础性作用和地位，充分发挥档案信息在管理活动中的辅助决策作用，积极为现实工作服务。因此，档案信息化的核心工作是档案信息共享系统的建立和开放，辅助决策管理系统的开发和应用，档案信息知识化的编研和开发。档案信息的共享必须高度重视保密鉴定及授权管理，辅助决策管理系统必须注重科学体系的建立、数学模型的构架，并要确保信息的及时维护。此外，分步实施必须实行分阶段的综合建设策略，同步建设硬件、软件、人力资源等，做好电子文档收集、馆藏数字化的基础数据准备工作，逐步实现系统资源共享、档案信息开发利用及知识化管理目标。

### 3. 重点建设的原则

档案信息化建设内容的广泛性以及时间的长期性决定了它必须遵循重点建设的原则。作为一项长期的、系统的发展工程，无论是信息系

统平台的搭建、信息化设备的购置，还是档案资源的数据积累，都不可能一次完成，只能根据现实需要确定重点，进行分阶段的重点建设，特别是在如何广泛、深入地开发和利用档案信息资源方面，更应该突出重点建设的原则。

4. 需求驱动的原则

各单位档案信息化战略的制定和实施必须遵循需求驱动的原则，必须充分考虑现实需要，依据现实条件和需求来制定规划，拟定实施方案；同时要处理好现实需要与未来发展、建设能力与拓展空间、人力资源与现实信息技术水平之间的关系，遵循科学发展观，实现可持续发展。

## 第二节 档案信息化的规划

### 一、档案信息化规划的宗旨和业务需求

#### （一）档案信息化规划的宗旨

我们应该遵循适应国家信息化建设和档案事业发展的要求，把档案信息化纳入国家信息化建设的总体格局，以档案网络建设为基础，以档案信息资源建设为核心，以扩大档案信息资源的利用为目标，加快推进档案资源数字化、信息管理标准化、信息服务网络化的进程，促进档案事业持续健康发展，为改革开放和现代化建设服务。

## 1. 转变管理理念，勇于开拓创新

信息时代，档案作为原始的历史资料，它的作用和价值越来越受到人们的重视，其应用范围也在不断地扩大。档案管理作为社会的基础性工作，应该在管理方式上进行划时代的变革。档案工作者作为掌握和管理这一重要而特殊的社会资源的主体，必须确定正确的指导思想，更新管理理念，解放思想，紧抓时代机遇，勇于开拓进取，积极采取多种措施开展创造性的服务。

（1）必须把档案信息化建设工作纳入国家信息化建设的战略中来，加大档案信息化建设的宣传力度，争取领导的支持，追加投入资金，使人们从根本上认识到档案信息化建设的重要性，从而积极地推动我国的信息化建设。

（2）要根据我国的实际情况，走有中国特色的档案信息化建设之路。我国的信息化建设起步较晚，但发展较快，由于我国幅员辽阔，各地经济的发展不平衡，这就决定了我国的信息化不能在同一层次上建设与发展。

（3）加强对档案管理人员的技术培训，进一步研究在档案管理及档案资源的开发利用方面如何应用计算机网络技术，用现代化的管理理念驾驭现代化管理技术，用信息技术提升现代管理水平，努力开展档案信息化建设工作，以此来落实我国的信息化发展战略。

（4）要解放思想，勇于开拓创新。因不同的行业对信息的需求千差万别，信息技术的发展没有适合的现成模式和方案，只有把信息技术的基本原理和实际需要有机地结合起来，才能找到适合自己发展的新路子。

## 2. 以法律为准绳，加强管理制度建设

档案信息化必须以法律为准绳，根据《档案法》和相关的法律法规，制定严格的档案管理制度，实行依法治档，促进档案治理现代化。

加强档案信息化管理制度建设是我国信息化建设的又一重要内容。针对档案的数字化制定档案标准，不仅是档案信息化建设本身的需要，也为数字档案本身的凭证作用和合法化打下了坚实的基础。信息化标准规范有不同的标准体系，包括国际标准规范、国家标准规范、地方标准规范和行业标准规范等。每个单位必须根据自己的实际情况，制定适合自己的标准体系，做到网络平台的搭建、信息处理和数据库建设、信息共享和安全管理均符合标准规范。另外，标准体系的编制必须与档案信息化的启动同时进行，并将其纳入总体工作规划中，只有这样，才能真正发挥法律制度的保驾护航作用。

### 3. 实行纵向跟踪、横向整合的战略原则

所谓纵向跟踪，就是将档案信息化建设纳入国家信息化战略的全局之中。社会组织要把信息化纳入自身的信息化建设中来，统一规划，统一管理，学校单位要把档案信息化纳入学校的电子校务中，各级国家机关要把档案信息化纳入电子政务中，各类企业要把信息化建设纳入电子政务之中，并且在各个法人组织的内部，必须将档案信息化建设工作发展到每个部门，真正把档案管理人员从传统的手工工作状态中解放出来，变传统的手工工作网络为现代化的工作网络，有效地整合法人组织自身的档案信息资源，建立现代化的信息管理机构。

横向整合就是对与本单位有关的所有已开放的档案信息资源进行整合。首先，在同行业之间、各区域之间、同类机构之间进行档案资源整合与共享，初步形成区域性资源共享系统，然后对所有档案信息资源进行分类整合，为信息社会建立强大的资源保障平台，为档案资源的深入开发与利用以及档案信息的知识化、社会化提供条件，使档案信息化在国家信息化建设中发挥基础性资源的应有作用。

## （二）档案信息化规划的业务需求

信息化是当代社会发展过程中出现的新生事物，现代档案工作面临的困难有很多，概括起来主要有以下四个方面：一是文件的整理、接收和保管，并确定电子文件的真实性、完整性和有效性；二是馆藏档案资源的开发与利用，并提供网络化的利用服务；三是传统介质档案与电子档案将在较长的一段时期内共存，如何实现统一管理，提高工作效率；四是有些历史档案介质已经无法利用传统保护技术实现永久保存，对这些档案及其所反映的信息必须利用现代化手段加以保存。

### 1. 电子文件归档的业务需求

随着计算机应用的普及推广，人们利用计算机创建并处理文件成为必然趋势，大量电子文件的归档成为现实需求，《电子公文归档管理暂行办法》（国家档案局令第 6 号）明确要求对电子文件进行归档；《中华人民共和国电子签名法》（以下简称《电子签名法》）规定了电子签名的法律效力；国家将制定相应的法律，明确电子文件的凭证作用和法律作用，电子文件将成为新的"历史的真实记忆"，电子文件归档成为档案管理和档案工作者新的工作内容与工作任务。

### 2. 档案信息资源开发与利用的需求

档案信息是信息社会的核心资源，档案信息广泛、深入的开发与利用，将对信息社会的发展起到不可替代的作用，信息资源将改变产业结构和经济增长方式。应用计算机网络技术管理档案信息，能够实现开发、共享档案信息以及对档案信息进行知识化管理、社会化开放的目的，更充分地实现档案的价值。

### 3. 馆藏档案数字化的业务需要

由于不同时代形成的档案载体质量大不相同，保管条件也大不相

同，加上保存技术的局限性，特别是随着时间的推移以及利用次数的增加，势必对馆藏档案造成损失，也必将对馆藏档案的利用产生限制。馆藏档案的数字化处理，可以很好地解决有效保护实物档案与更充分地利用档案信息的问题。对于那些在档案机构馆藏且无法应用传统保护技术实现永久保存的实物档案、介质档案以及散存在民间损坏严重的历史档案，也只能利用信息技术进行处理，以实现对信息内容的完整保存。

### 4. 现代化管理的需求

实现档案工作的现代化，可以提高档案的利用率，可以更充分地利用档案，推动档案事业的健康发展。实现档案工作的现代化管理原因如下。

（1）档案工作的现代化管理是社会发展的迫切需要。

在信息化快速发展的今天，知识和信息逐渐成为比实物资产和传统能源更重要的资源，其对生产力的发展、社会的进步所发挥的作用越来越大。为此，社会要求专门的信息部门能以较高的存储、处理和控制信息的能力，为社会提供高质量的信息服务。档案部门作为掌握信息资源的重要机构，必须采用多种先进技术实现档案工作的现代化。

（2）档案工作的现代化管理是档案工作发展的需要。

随着科学技术的不断发展以及档案工作的不断深化，档案工作发生了日新月异的变化：一是档案数量急剧增加，二是采用新型信息介质和记录方式的档案不断出现。随着时间的推移，档案的数量迅速增加，由于人为和自然因素的影响以及保管条件不适宜等原因，档案损坏程度日益加剧，因此档案工作现代化成为历史发展的必然要求。

（3）档案工作的现代化管理是社会经济发展的需要。

档案资源作为社会的重要资源，是社会进一步发展的重要基础性资源。当今社会，人们对获取信息资源的基本要求是迅速、准确，计算机网络等现代化技术在档案工作中的应用，将会大大提高档案部门的信息处理能力，使其能够高速、及时、全面、准确地向社会提供信息服务。

（4）档案工作的现代化管理是档案事业发展的需要。

随着社会的发展，档案工作的科学文化性质日益突出，社会服务工作的效果对于档案工作的存在和发展产生了深刻的影响。如果档案事业长期处于落后状态，不能卓有成效地为社会发展服务，档案在未来事业的竞争中将处于不利地位，信息资源的开发也会因此受到不良影响。只有以现代化的管理方式和管理手段来提高档案馆信息服务的效率和质量，档案事业在发展中才能获得应有的地位，发挥应有的作用。

## 二、档案信息化建设管理规划的任务

档案信息化建设的主要任务，是档案部门努力适应信息化的发展趋势，在国家和档案行政主管部门的统一规划和领导下，通过应用现代化的计算机技术，深入开发和广泛利用档案信息资源，加快我国的档案信息化建设。档案信息化建设管理规划的任务总体上包括目标任务的规划、组织管理及建设内容的规划、资源的规划、安全的规划。

### （一）目标任务的规划

档案信息化建设的范围应包括与档案有关的所有管理机构和领域。任何档案行政管理机构在搜集、整理、积累等管理过程中，都应围绕档案信息化建设的总体目标，根据本单位档案的搜集、保管及使用情况，制定信息化建设的总体目标和阶段性目标。

档案信息化的目标是以现代化的信息技术为手段，实现档案管理和提供的现代化。不能把手段当目标，只重视网络建设和设备更新，现代化信息技术的应用也不是把过去的手工操作变成计算机管理那么简单。档案搜集、整理的目的在于档案信息开发和利用，如果存档不是为了利

用也就失去了档案的价值。因此，档案信息化总体目标的制定，必须围绕信息资源搜集、整理、开发和利用的整体思路进行。

在目标任务规划过程中，对近期规划和长远规划必须制定不同的规划措施。对于近期规划，首先，必须对现有的档案资源进行标准化、规范化处理，比如档案的来源、主题词、目录等；其次，必须对电子文件的创建和构成进行规范，制定出规范的归档标准，为计算机的可识别管理打下基础；最后，必须确定数字档案禁止写操作处理的存储格式，在此基础上通过馆藏数字化和"文档一体化"积累档案信息资源，实现内网与外网之间的有效共享。

考虑到档案信息化管理系统不能仅局限于满足本单位对档案的应用需求，还要能满足开放档案信息利用的社会需求，通过网络化等途径充分利用档案资源。要实现档案信息利用的网络化，必须对上网档案制定严格的开放鉴定管理制度，对使用者进行授权管理。此外，还要建立安全的网络控制管理系统，建立状态网络利用和跟踪记录的管理系统，并使用专门的服务器对此系统进行管理。

不仅如此，还要对如何提高档案的使用效率及现代化管理水平进行规划，因此必须做好以下三个方面的工作。一是结合档案管理的基本规律以及现代技术的特征和功能，用现代化的管理模式取代传统管理模式，比如，随时完善档案，随时监控档案的利用状态，等等。二是对档案行政管理部门实行科学化的管理，比如，对工作场所以及出入档案室的人员实施监控，确保档案信息安全。三是按照档案信息化建设的需要，加强对技术人员的业务培训，在人力资源上为档案信息化建设提供技术保障。

对长远的目标规划，首先，要加强对不同业务部门网络运行系统和资源的全面整合，在同行业间加强横向和纵向的全面信息资源整合，建立全方位的、能够满足本单位信息资源需求的档案资源数据库，以此作为本单位信息资源的集散地。其次，充分发挥现代信息技术优势，对档案信息进行技术处理，从而有效避免"信息孤岛"的问题。最后，在档案信息资源利用方面，要加强档案信息资源深层次、知识化的开发。比如：建立辅助决策管理系统，充分发挥档案管理的基础性特点，为科学决策提供可持续发展的参考信息；大力开展档案信息理论研究工作，探索档案更好地为社会提供服务的有效途径，从而更好地利用档案信息这一特殊的宝贵资源，更好地造福社会，这才是档案工作的最终目标。

## （二）组织管理及建设内容的规划

档案信息化建设是一项涉及内容广、建设周期长的现代化管理和技术应用工程。在信息化的进程中，信息化的建设目标始终处于变化过程中。因此，档案信息化建设必须抓住重点，集中解决当前档案信息化的核心问题。目前档案信息化建设的主要问题在于电子文件管理、档案数字化建设、档案网站建设。为了适应信息技术的不断发展，必须建立有效的管理体系，制定近期和长远的建设规划，以便在科学规划的基础上确定档案信息化建设方案，并采取有力的措施组织实施。这个有效的组织体系就整个国家来说是要建立一个强有力的组织领导中心，充分利用现有的档案行政管理体系及其管理力量，领导档案信息化建设工作。就具体的实施单位来说，一是要把档案存储机构纳入整个档案信息化的组织机构中，不能把档案信息化建设仅当成档案行政管理部门和信息技术部门的事，否则信息化建设只能停留在自动化办公及管理运行的层面上，那么档案信息化建设的重点就不能放在档案信息资源的建设上；二是要建立以档案存储机构为主体、由档案行政管理机构和信息技术部门协同支持的档案信息化建设指挥中心，正确定位档案信息化在社会信息化建设中的作用，处理好档案信息化与社会信息化的关系，有组织地开展档案信息化建设，深刻认识到有组织地开展档案信息化建设的重要

性，把组织体系当作档案信息化的前提条件来抓。

档案信息化建设是一项内涵丰富、外延宽泛的系统建设工程，它丰富的内涵包括软硬件建设，包括不同的建设阶段。每个建设阶段都有不同的工作目标和任务，但各阶段和各环节之间都存在内在逻辑关系，因此按照周密的计划有步骤地实施各阶段的任务，是保证整个信息化建设工程顺利完成的关键。规划的具体内容主要包括以下几个方面。

1. 制定总体规划

根据国家信息化建设实施战略对档案信息化建设的具体要求，结合行业特点以及各单位的实际需要，制定切合本单位实际的总体规划、建设目标以及各阶段的具体任务，在此基础上确定网络建设方案，制订软硬件配置计划，制定实施策略、评价指标体系，并提出预算资金投入、人员配置及办公场所等具体要求。

2. 搭建网络化的信息平台

在国家网络化建设总体规划的指导下，进行档案管理局域网设计，配置服务器、计算机以及数字化处理和数据备份设备，选择购买或委托开发档案管理软件，搭建档案管理系统以及信息共享的网络平台。

3. 积累并整合档案信息资源

档案信息资源是档案信息化建设的核心内容，没有档案信息资源的积累，档案信息化建设就成了一句空话，因此每个单位都必须有计划、有步骤地开展档案资源积累工作。一般是通过"文档一体化"、馆藏数字化以及业务管理系统信息整合来积累数字档案，对数字档案进行分类整合，并据此建立数据检索目录。

4. 建立规章制度

规章制度是档案信息化建设顺利进行的保障，每个单位都必须在国家政策法规的指导下，制定出切合本单位实际情况的规章制度。在国家相关的电子文件管理办法的指导下,制定符合行业和单位实际的电子文件标准和管理办法、网络信息安全制度、网络维护制度等。

5. 挖掘档案潜质,提高经济效益

档案资源的特殊作用就在于它的可开发性、可利用性,我们应该充分发挥档案信息资源的知识化、社会化的特点,积极探索、勇于实践档案信息产业化的道路,为社会提供更多的再生资源,把档案自身的价值转化为经济效益。

### (三) 资源的规划

实施档案信息化战略,是我国适应社会信息化建设需要的一项重要举措,也是弘扬民族文化、提高民族素质的历史性课题。利用现代化的手段真实记录当今社会改革、发展、建设过程,发挥档案信息化建设对于社会经济发展的积极的推动作用。档案资源的规划要积极围绕档案资源建设开展工作,主要包括以下几个方面的内容。

1. 档案资源收集工作

档案资源是档案工作的重要内容,档案资源的多少直接关系到档案工作开展的广度和深度,因此应加强档案资源收集工作,不漏掉任何有价值的档案资料,在质量和数量上保证档案资源的完整性。

2. 加强档案目录数据库建设

档案目录数据库建设是档案信息资源建设的重要组成部分,它关系到档案信息的检索内容、检索速度等,是档案信息化建设的重要内容。

3. 加强档案全文数据库和多媒体数据库的建设

档案数据库建设应以现实需要为前提,分阶段、分步骤地实施,逐步实现档案全文数据库查询,不断提高服务效率和服务质量,以满足利用者对档案的不同需求。

### 4.加强电子文件的建设

各地档案馆应与地方政府共同建立电子政务的网络平台，充分发挥档案资源管理优势，建立电子文件管理中心，方便、快捷、准确地接收电子文件和电子档案，并利用资源优势，积极开放可以上网的电子档案，为社会经济建设服务。

## （四）安全的规划

安全的规划是信息化建设的一项重要内容。档案信息安全除了要考虑一般信息化要素以外，还必须考虑档案信息管理安全问题，因此按照安全原则指导档案信息化建设，不仅是由信息化本身的特点决定的，也是由档案工作的固有特点决定的。为此，必须做到以下几点。

首先，是维护系统安全。档案信息化建立在计算机系统平台环境中，计算机技术发展到今天，产生了各种极具杀伤力的计算机病毒，对计算机系统构成威胁，一些"黑客"的攻击也给网络运行造成极大的破坏。因此，维护系统安全是信息化实施时必须遵守的原则。在实际操作中，必须配备完善的防"黑客"、防病毒等措施，建立并落实系统安全性检测和防护制度，以保证整个系统能够正常而稳定地运转。

其次，是维护信息安全。系统安全保证了整个系统的正常运行，但不能保证系统信息的安全。因此，确保信息权限设置功能完善是维护信息安全的重要措施。从利用功能上来说，需要对不同的信息设置不同的密级，以满足不同层次用户的需要，为此要设置不同的密级权限，这是防止信息失密的有效安全措施。一般来说，一个规范的、高质量的信息系统，其所存储的信息越多，信息处置权限的规定就越明显，系统信息也就越安全。

最后，是要建立安全的信息制度。信息安全制度的内容很广泛，有针对个人的安全责任制，有针对信息安全的数据异地备份制，有针对系统安全的定期安全检查制,有针对信息使用安全的操作制,以及工作人员的安全意识、安全责任的承担及安全失职的处罚,等等。

总之,安全的信息制度的建立和推行,同维护系统安全以及安全措施的建立和执行一起,完整地构成了档案信息化系统安全运行的保障机制,充分体现了档案信息化过程中对安全原则的全面贯彻。

安全规划信息资源管理是实施档案信息化建设不可或缺的重要层面,而网络安全是关键,安全管理必须纳入档案信息化建设的总体规划并作为重要内容来建设。总体来说,安全规划的体制和措施主要有以下几点。

首先,建立档案信息安全保障体系框架,逐步完善档案信息安全管理体制。加强档案信息资源管理,确保档案数据库安全;加强对电子文件归档工作的监督和指导,保证档案电子文件的内容真实、完整和有效;档案部门的内部局域网必须与公众网实行物理隔离,加强局域网内的管理,通过网络行为控制系统,确保档案信息网络传输安全。

其次,各级档案部门在开发档案信息资源及网络建设工作中,要提高信息安全意识,加强对上网信息的审查与管理,防止失密、泄密事件的发生。档案部门要严格遵守相关的安全保密制度,非公开的档案信息一律不准上网共享,上网的档案目录及全文信息要经过严格的控制和鉴定;在公众网上提供开放利用的档案目录或全文共享,要严格采取安全措施,以保证共享信息的安全性。

最后,制定严格的工作人员安全管理制度,加强安全教育,明确安全责任,建立安全监督机制;同时建立工作过程的状态网络,跟踪工作人员的操作过程,通过制度管理和系统控制,杜绝人为安全事件的发生。

## 三、档案信息化规划的思路

档案信息系统的使用最终将落实到专门的档案管理机构,而对于档案馆来说,只有不断地完善信息基础设施,推广、普及、深化信息系统的使用,实施业务信息化,推进管理和业务的综合集成,才能走出一条科学高效、扎实稳妥的信息化建设之路。

### （一）加强基础设施的建设工作

不断完善档案信息基础设施建设,为信息化建设铺路搭桥,是档案信息化建设的基础。档案信息基础设施主要包括交换机、路由器、高性能服务器、大容量存储和备份设备以及操作系统、信息安全系统、数据库管理系统等。经过多年建设,许多单位都建立了局域网;但也有一些单位仍然停留在上网看新闻、计算机当作打字机使用的水平,许多工作仍然是由人工来做,未能实现工作流程的综合集成,因此,档案信息化工作依然任重而道远。

完善信息基础设施建设,重点在于建立能够满足应用需求的网络,主要从以下几个方面来考虑。

首先,是部门局域网与办公自动化的同步建设。要把档案信息化纳入国家信息化的总格局中,保持协调、同步发展。各单位在建设办公自动化系统时必须考虑"文档一体化"的管理要求。

其次,是档案网站的建设。目前许多档案部门建设了自己的档案网站,为档案网络利用提供了便利,但也存在许多问题,比如,网站更新速度慢、内容单一、访问量极低、网站形同虚设、效率低下,等等。

最后,是要用长远的、发展的眼光来看待档案信息化建设,只有用动态的、发展的眼光来看待今天的信息化建设,并把数字档案馆建设作为今后工作的发展目标,才能从根本上加快信息化发展进程。

## （二）实现信息共享，为决策提供支持

信息化建设的实践证明，单一的信息不能共享、数据无法公用，没有考虑纵向、横向业务集成的软件系统，已经不能满足当代信息化建设的实际需求，只会形成"信息孤岛"，给业务融合和数据整合制造障碍。实施管理与业务综合集成，为档案信息化营造可持续发展的空间，才是档案信息化建设的最高阶段。通常所说的综合集成是将已有的软硬件资源整合，集成为一体化的档案管理信息系统，形成相互配套、互联互通的有机整体，而作为信息化的综合集成，仅停留在这个层次上是不够的。管理与业务的综合集成不仅要实现办公事务、业务处理的集成，更要着眼于管理和决策的需求，在顶层应用的需求牵引下，在业务流程的总体框架内，综合集成软硬件、网络资源，为管理提供手段，为决策提供支持，更为整个行业和机构的科学、高效运转，创造最大的价值和效能，提供信息化的平台。

## （三）加强落实信息系统应用工作

应用信息化管理系统，除了应具备相应的软硬件基础设施、规范化的管理和使用以外，还需要有先进、实用、可靠的档案管理软件系统，包括办公自动化系统、管理信息系统。满足档案管理综合业务和局部业务需求的各种类型的档案管理系统，是管理档案信息的软件载体。办公自动化系统是处理办公事务、满足共性需求的工具软件，能够满足行业或单位内部所有人员的应用需求，是实现管理和业务信息交流、连接管理决策行为与实际业务数据的纽带，能够将所有人员和工作连接为一个有机整体；它与档案管理信息系统既相对独立又紧密联系，既分工协作又互为补充，是档案形成阶段的系统载体。归档过程就是将办公自动化系统中管理的数据迁移到档案管理系统中的过程，因此在信息系统建设

和使用过程中应将这两大系统区分开来。

　　管理和决策是各项工作的重心,所有的业务人员总是围绕各级领导的管理和决策来开展工作,各类计划、方案、通知、命令是开展业务工作的依据,这就决定了管理和决策需要大量实际业务数据的支持。因此,办公自动化系统的应用不能仅停留在利用网络收发电子文件的传统层次上,档案管理信息系统的应用也不能停留在仅仅是记载和查询档案目录信息。这两大系统不仅要包括公文管理、档案管理、信息发布、电子邮件管理、值班值勤、会议管理,以及人员、车辆、物品管理等基本功能,更要突出即时通信、流程化管理、知识管理、内容管理、信息共享、协同工作、预警预测等高级应用,要充分利用现代信息技术的发展成果,将档案管理信息系统的应用上升到与信息时代、信息技术水平相适应的层次。

　　总之,只有围绕以上三部分内容来规划信息化的建设思路,档案信息化建设工作才能真正落到实处,才能取得实质性的进展,才能体现档案信息化的总体效益,才能使国家信息化建设步入成熟的应用发展时期,才能真正实现档案信息资源的共享,也才能使档案信息同步满足社会发展的需要,并在经济社会发展中发挥核心资源的重要作用,从而有效地实现核心资源的社会共享。

## 第三节　档案信息化的实施原则与方法

　　档案信息化是一项系统工程,信息技术的应用和网络平台的搭建是手段，数字档案资源的积累和管理是核心，档案信息的开发和利用是目的。建立一个标准的、功能强大的、安全稳定的、可拓展的档案管理信息系统，并在档案工作中广泛应用，是档案信息化建设的重要内容。

档案管理信息系统的实施与应用有三个基本要素，即科学的方法、先进的手段、得当的实施。只有当领导者和档案工作者都能充分、全面地理解和认识档案信息化以及应用档案管理信息系统的必要性、重要性和有效性，并且期待通过档案信息化来获得更大的效益时，才能真正实现档案管理信息系统的实施与应用。

## 一、档案信息化的实施原则

在档案信息化系统实施的过程中，应在遵循档案信息化建设总体原则的基础上，采取有效的技术性原则以推动系统的成功实施。

### （一）务实导向、注重实效原则

档案信息化的实施以安全、稳定、实用、方便、易操作为主要目标，过分追求大而全且先进的软件产品是一种不务实的做法。这主要是因为需求不一样，行业有差别，同时信息技术、软件产品的更新换代非常快，市场上会不断有新产品出现。

### （二）软硬件资源共同建设原则

档案信息化的实施过程中不仅需要重视硬件平台的建设、设备的购买，更要注重在人力资源和软件系统方面的投资，IT人才、档案工作者是信息化建设的核心力量。软件系统的技术含量，在现代化的管理理念中更是应该得到重视。软件系统是硬件系统发挥作用的"心脏"，只有硬件设施平台是无法开展档案信息化管理工作的，因此应重视软件系统的开发与升级。

### （三）从实际出发、重视需求原则

档案信息化的实施需要从当前的业务需要出发，提前做好需求分析，并在一定阶段的系统实施过程中，锁定相对需求来开展系统实施工作。边研发、边实施、边改变需求的做法只能达到事倍功半的效果，而对于变化较大、新增加的需求，需要放在下一阶段进行。

### （四）重视系统维护及升级换代原则

随着档案信息化系统的不断应用，档案管理信息系统获得了较快的发展，系统维护与升级难度也在逐渐增加。软件系统安全、客户化定制等工作量比较大，且比较复杂，非专业人员很难做到专业维护。另外，随着系统应用的不断深入，需要加强软件系统的拓展。因此，在购买软件系统的同时，需要购买相应的实施、维护服务，以开展有效工作，支持系统拓展及业务发展。

## 二、档案信息化的实施方法

档案信息化系统建设有两种不同的策略和实施方法，即以组织战略为导向的战略推动型实施方法以及以实际业务需要为导向的需求驱动型实施方法。

### （一）战略推动型实施方法

战略推动型实施方法采取的是从整体到局部的实施路线，强调首先在观念、目标和方向的认识上达成共识，并在此基础上逐步实施，分阶段完成工作。采用战略驱动型实施方法的前提是，整体目标和规划不仅要从全局出发，而且要符合档案管理机构的实际需求，既注重发展的前瞻性，又注重当前的实用性。对实施战略的管理人员的要求较高，必须是既有行业发展规划能力，又有档案信息化体系架构能力，还懂管理、懂业务、懂技术的专业档案管理的复合型人才。

### （二）需求驱动型实施方法

需求驱动型实施方法采取的是从局部到整体的实施路线。这种实施方法强调以当前的业务需求为主，在观念、目标、方向和认识上达成共识的基础上，分阶段开展工作，分步骤实施。

需求推动型实施方法并非在实施过程中一味坚持"永恒不变"的策略，而是要根据实际需要及业务变动需求进行机制调整和完善。档案信息化战略与规划一旦制定，往往需要很长一段时间才能落实，而信息技术不断发展，档案业务持续改进，管理模式也随之发展，因此在实施过程中必须根据需求的变化而不断修正。

目前我国档案信息化建设逐步标准化和规范化，"战略推动""需求驱动""总体规划""分步实施"成为主流实施策略。各档案管理机构应紧密结合全国档案信息化的发展战略，将档案信息化纳入本单位档案信息化的全局，制定适合本单位业务发展要求的信息化规划以及信息系统实施方案，在实施和应用过程中，将以务实为导向的自我调整策略贯穿于信息化建设的始终。

## 第四节　档案信息化策略的实施

### 一、需要型措施

档案信息化是社会信息化的重要组成部分，因此它与其他信息化建设部门有许多相同之处。为了在信息化的过程中少走弯路、减少失误，档案信息化建设部门必须汲取成功者的经验和教训，对自己所选用的档案管理系统有深刻的认识，并对本单位的实际需要进行个性化处理，这是一种行之有效的实施方法，但绝不是直接照抄照搬。所选取的档案信息化策略实施方案应当是在充分了解本单位情况的基础上，借鉴其他信息化单位的成功经验和教训，选择适合本单位的档案管理信息系统，来开展本单位的档案信息化建设，坚决反对生搬硬套或采用不符合标准的个性化方式，这两种做法都是脱离了实际需要的错误做法，都是不现实、不可取的。

### 二、有效化措施

档案信息化的实施方法要结合本单位的实际情况选择，比如，人才队伍的状况，目前档案工作开展的实际情况，且不可偏重于任何一种实施方法。实施策略应根据本单位的技术力量做出选择，如果本单位的技术力量比较薄弱，就选择现成的软件系统或者对外承包的实施办法，充分利用外部的专业化资源，这样不仅能够在短时间内快速实施与应用档案信息化，还可以降低实施成本；如果本单位的技术力量比较强，建议采取自主与外包相结合的档案信息化实施方法。

对于专业性强、功能复杂、开发周期长的系统，可以采取外包的形式，降低实施成本，提高实施效率，在系统开发过程中，本单位可以安排工作人员参与软件开发及项目追踪，了解设计细节，为交付使用后的系统更新和维护打下良好的基础；对于专业性不强、设计流程较为简单、开发周期短的系统，可以采取自主开发的方式，不仅能够节约软件购置经费，而且可以在开发系统的同时培养自己的技术人才，增强本单位的技术队伍力量。

## 三、过程化措施

### （一）加强宣传过程

加强宣传，使大家充分认识到档案信息化策略的实施是国家信息化发展战略的重要组成部分，充分了解档案信息化的目的和意义，认识到管理规范化能够给社会带来良好的经济效益，认识到落实档案信息化策略不仅是当前形势发展的需要，也是档案信息化建设的需要。

### （二）加强培训的过程

加强对档案工作人员的业务培训，比如计算机技术培训、档案管理软件的使用培训以及安全技术防范措施的培训。

### （三）规划制定的过程

根据档案业务需求进行咨询和总体规划，其中包括信息安全、资源需求、系统功能等，可以了解同行业档案信息化的实施情况，或通过咨

询公司的规划，有针对性地开展工作。

### （四）购买软件的过程

在充分调研的基础上，结合本单位的实际情况，选择那些售后服务信誉比较好的大公司、比较有发展前途的可扩展性好的硬件和软件系统。

### （五）选择示范，以点带面

根据实际工作需要，选择重要的部门来实施档案信息化建设，先树立一个示范典型，然后以点带面，全面突破。在成功示范应用的基础上，根据馆内业务的发展需要，逐步把档案信息化建设扩展到整个单位的每一个部门。

## 四、安全保障措施

档案信息化是建立在网络软件和档案管理信息系统基础上的，而这也正是引发系统安全问题的隐患所在。造成"黑客"攻击、病毒蔓延、信息窃取的问题在于系统安全架构不科学、制度不健全、管理不规范、措施不到位，其中，既有客观因素的影响，也有主观因素的影响。最主要的原因是档案信息化建设之初，相关工作人员安全意识薄弱，技术方案不成熟，系统的安全保护性能较差。要想在今后信息化的道路上走得更远，相关工作人员必须增强安全防范意识，强调在实施档案信息化的过程中全面设计和考虑系统安全问题，在今后的档案管理过程中制定并落实安全方案，加强档案信息化过程的安全管理，对一些机密档案落实责任到人，并加强安全措施的技术监控，只有提高相关工作人员的安全意识，加强安全管理的技术保障，才能保证计算机网络和信息系统的安全。

## 五、应用型措施

档案信息化建设是为了更好地利用信息资源。在实施过程中容易出现档案信息化建设与档案业务管理脱节的现象，把档案信息化与业务管理分隔开来，主要有两种情况。一是档案信息化的宣传归宣传，业务部门根本没有执行，仍然按照原来的工作方法和思路开展工作，只是把档案信息目录录入系统，档案管理者根本不关心档案管理信息系统的运行情况，最多只是利用查询模块查询一下档案信息。二是对于所购置的档案管理信息软件只使用其中很少的一部分功能，比如，基础信息和查询模块等，对于档案信息流程化管理过程根本不了解；还有一些单位档案信息化的投入很高，舍得花钱购买价格昂贵的应用软件，而实际应用十分有限，在操作时仅限于目录数据录入，并将此部分数据导入系统，以此来满足数据上网数量检查的要求，而档案管理信息系统中有大量功能如流程化管理、全文管理和全文检索等并没有得到有效应用，运行几年后还要面临系统更新迭代，造成投资上的浪费以及档案信息资源的严重流失。造成这种情况的原因是没有从本质上理解信息化的含义，也没有将业务管理与档案管理信息系统真正地融会贯通，而是将两者隔离开来，甚至是对立起来。其结果是造成人力、物力的极大浪费，档案管理人员不但没有感受到信息化带来的便捷，反而变成了档案的"奴隶"，这无形之中加重了档案管理人员的负担，在一定程度上挫伤了档案管理人员信息化建设的积极性，给档案信息化建设造成了负面影响。因此，应用好档案管理信息系统才是信息化建设的关键。

## 六、兼顾型措施

科学技术的发展使人们越来越重视人的因素,即"以人为本"的理念越来越受到开发商的重视。随着公众需求的多样化,个性化的产品、个性化的界面、个性化的业务流程和功能模块充斥着整个市场,这就与档案信息化管理标准的规范化相矛盾。因此,如何认识和处理个性化与标准化之间的关系,是档案管理信息系统实施过程中的一大难题。要解决这一矛盾,必须在实施的过程中找到一个既能满足公众的个性化要求,又能满足档案管理规范化要求的平衡点,才能促进档案业务与信息技术的融会贯通;而选择平衡点的前提是,档案部门应制定适应时代变化的标准和规范,档案工作者也应该严格按照行业规范来开展业务管理工作。个性化是在标准规范的基础上根据管理需要进行扩充,个人习惯如果与标准规范背离,则应彻底改变个人习惯。因此,在档案信息化建设过程中,要正确处理标准化与规范化的关系、安全与应用的关系,当个性化与标准规范发生冲突时应首先考虑标准化的原则,即个性化适应总体化的原则,只有这样才能处理好个性化与标准化的关系,保证档案信息化建设的顺利进行。

# 6

第六章

# 档案信息规范化管理

# 第一节 档案信息的收集与归档管理

## 一、档案收集工作的内容

档案收集，就是按照党和国家的有关规定，通过例行的档案接收制度及专门的征集办法，把分散在各机关、单位、个人手中及散失在其他地方的档案，分别集中到各有关机关档案室及各级各类档案馆保存。

档案收集工作从工作方式和手段上来看，可分为接收和征集两种方式；从档案管理机构的角度来看，可分为档案室的收集和档案馆的收集两大类。

档案的接收，是档案收集工作的主要方式，是指按照国家规定，将工作中形成的档案定期地接收进档案室或档案馆。对于档案室来说，档案的接收是各机关业务部门或职能部门将工作中形成的文件材料整理后向档案室归档，档案室将其需要归档的档案接收过来；对于档案馆来说，档案的接收是各现行机关和撤销机关将具有永久或长期保存价值的档案移交给档案馆，档案馆将其接收进来。因此，档案的接收实际上包括移交和接收两部分内容。档案的移交与接收由国家有关法律法规明确规定，任何单位和个人不得违犯。

档案的征集，是指对那些未能通过正式接收渠道进入档案室或档案馆的档案随时进行收集。这种方式在档案收集工作中主要起辅助性的"拾遗补阙"的作用。从档案征集工作的范围来看，档案馆的征集主要

面向社会各界；而档案室的征集主要在本单位内进行，有时也涉及与本单位有关的其他单位或个人。规模较大的档案馆往往设有征集工作机构，专门进行这一工作。

## 二、档案收集工作的要求

档案收集在档案工作中具有极其重要的地位，必须按照一定的原则和要求进行。

### （一）档案收集工作以丰富馆（室）藏为原则

要使档案室成为机关工作的必要条件，把档案馆建成永久保存档案的基地以及研究利用档案的中心，必须有丰富的档案材料。一个档案馆（室）的收藏是否丰富，档案是否完整，是衡量其工作质量好坏的重要标准，也是开展档案利用工作的前提条件。因此，档案馆（室）的档案收集工作必须以丰富馆（室）藏为原则。

丰富的馆（室）藏档案是数量和质量的统一。只顾数量的堆砌，而不求质量，收集的档案再多，也谈不上真正的馆藏丰富。因此，在增加数量的同时，必须强调优选，将真正具有重要价值的档案收入馆（室）内，实现馆（室）藏档案的优质化。

在进行档案优选的同时，也要确保档案成分充实、结构合理。为了满足社会各界从各个方面对档案的利用需要，档案馆（室）收藏的档案应具有门类齐全、形式多样、范围广泛、内容丰富的特点；但是，国家全部档案不可能绝对集中于某一档案馆（室）。在我国，国家档案管理系统是以各级各类档案馆（室）为依托形成的，也就是说，向整个社会全面、系统地提供一切门类的档案信息，最大限度地满足社会各方面的档案利用需求的任务，是由各级各类档案馆（室）集体承担的，只要各级各类档案馆（室）档案收藏成分充实、结构合理，就可以分别从不同角度和不同层次向社会提供全面的、各具特点的档案信息服务。因此，合理确定每一个档案馆（室）收藏的成分，是档案收集工作首先要解决的问题。

内容丰富、结构合理的档案信息，是档案馆（室）成为知识经济发展的合格基础设施的重要前提。针对我国档案馆（室）收藏的现状以及知识经济的要求，必须进一步拓宽档案信息收集的范围，深入研究社会需求，加大对与科技、经济、文化及地方特色密切相关的档案的收集力度，以提高档案馆（室）的知识含量、文化含量和地方特色，确定各门类档案的合理比重，为积累历史文化财富、服务知识经济提供雄厚的基础。

### （二）掌握档案的形成规律，增强档案收集工作的目标性

档案馆（室）要做好档案的收集工作，必须重视调查研究，及时掌握各类档案的形成规律和特点，掌握档案分散、流动、管理和使用等有关方面的信息。从档案室来说，主要调查本单位各内部机构形成的档案种类、数量、分布等情况，以保证档案收集得齐全完整；对档案馆来说，主要了解有关立档单位的历史、建档情况、保存档案的数量以及整理、保管等情况，以便统筹安排档案移交的范围、时间和数量等，以防过早地接收形成单位尚需经常使用的档案，影响形成单位的档案利用，同时可以避免应当接收的档案被遗漏的情况。

各级各类档案馆（室）要协同档案行政管理部门制定档案收集工作相关的规定和办法，建立健全归档制度和档案进馆制度。机关档案室要加强对各单位文书部门和业务部门归档工作的指导，提高归档质量；档案馆要做好对机关档案室档案工作的指导，保证机关档案工作的质量，为提高进馆档案质量奠定基础。

### （三）推行入馆（室）档案的标准化

档案工作标准化，是将档案工作中的一些管理原则和技术方法，按照规范化的要求统一起来。档案工作标准化是档案工作现代化的基础，同时有助于提高档案的手工管理水平。

档案工作标准化首先应从推行入馆（室）档案的标准化做起。根据当前情况和现有经验，主要有两个方面的具体要求：一是档案整理的规范化，包括文件的排列、编目的内容和格式、档号的编制、档案装具及案卷的规格尺码等方面的规范化；二是文件的规格、制成材料、书写材料的标准化。对于这一方面，国家有关部门正在逐步规范，还有待制定形成系统成套的统一标准。

### （四）保持全宗的不可分散性

全宗是一个机关档案的整体。一个机关的各项活动不是孤立的，而是有联系地进行的，这就决定了一个机关形成的全部档案存在固有的内在联系，是一个有机的整体。保持全宗的不可分散性，是档案管理的重要原则，也是贯穿于整个档案工作的核心问题。由于档案收集工作是整个档案工作的基础，在档案收集工作中要做到以下几点：①一个机关单位的全部档案是一个全宗，必须集中在本机关、本单位档案室保存，不得私自保存；②一个机关单位的档案在本机关档案室保存一定时间以后，统一向同一个档案馆移交，不得随意分散。

## 三、机关内文件的归档

机关在工作活动中形成的文件是分散的，为了便于日后工作的查考利用，必须通过机关内文件归档将有保存价值的文件集中起来，进行条理化、有序化的管理。机关内文件归档是机关档案室收集档案的主要途径。

## （一）归档制度

归档制度不仅可以使机关档案室的档案资源得到有效的补充，而且有助于为国家积累完整、齐全的档案史料。归档制度由机关档案室和文书部门参照国家有关规定，结合本机关实际制定，经机关领导批准后施行。具体内容包括归档范围、归档时间、归档要求和归档手续。

### 1.归档范围

归档范围是指机关工作中形成的、办理完毕的文件材料应当归档和不应当归档的范围。文件材料是否应当归档，取决于文件材料本身是否具有保存价值。在本机关职能活动中形成的，对本机关及国家和社会有保存价值的各种文字、图表和声像等不同形式的文件材料，均属于归档范围，必须定期向本单位档案机构或档案人员移交归档，进行集中统一管理。一般来说，下列文件材料均应归档。

（1）本机关的文件材料。

本机关的文件材料主要包括本机关制定的法规政策性文件，处理重要问题形成的文件材料，召开重要会议的主要文件材料，重要的请示、报告、总结以及综合报表，机构演变、机关领导人任免等文件材料，房屋买卖、征用土地、资产登记、重要合同协议等法律凭证性文件材料，本机关处理一般工作问题的文件材料，一般会议的主要文件材料，人事管理工作形成的一般文件材料，本机关一般的事务性文件材料，等等。

（2）上级机关的文件材料。

上级机关的文件材料主要包括直属上级机关颁发的属于本机关主管业务范畴并要求贯彻执行的文件材料，以及非直属上级机关针对本机关主管业务并要求贯彻执行的重要文件材料；上级机关和同级机关颁发

的非本机关主管业务范畴但要求贯彻执行的文件材料；等等。

（3）下级机关的文件材料。

下级机关的文件材料主要包括下级机关报送的总结、报告和统计报表等文件材料。

值得注意的是，如机关应归档的文件材料由于种种原因没有及时收集保存，机关档案室应根据不同的情况，采取不同的方式收集，以保证本机关文件材料的齐全、完整。

关于机关文件中哪些材料不需要归档，应参照国家有关规定执行。一般来说，机关不归档文件的范围主要包括：重份文件；无查考、保存价值的事务性文件；未成文的草稿及一般文件的历次修改稿；未经会议讨论，未经领导审阅、签发的未生效文件；同本机关主管业务无关的文件及非隶属机关送来参考的文件；本机关领导兼任其他机关职务形成的文件；一般的人民来信；等等。此外，国家规定的不得归档的文件材料，都应禁止归档。

2. 归档时间

《机关档案工作条例》规定，机关文书部门或业务部门办理完毕的文件材料，在进行整理立卷以后，一般应在第二年上半年内向机关档案室移交；但其具体归档时间应视机关或档案的实际情况而定。

某些专业性的文件、特殊载体的文件、机密性强的文件、驻地分散的机关形成的文件等，其归档时间可以适当延长。某些内部机构简单或不设内部机构的小机关，文书工作和档案工作由一个人兼管，可不规定专门的归档时间，兼管人员可随时归档办理完毕的文件材料。

一般机关的归档时限不应要求过急过短。一方面，文书部门形成和办理的文件材料，要在当年年底或第二年年初才能办完和清退，有些刚刚办理完毕的文件在一定时间内还经常使用，因此，办理完毕的文件材料应继续在文书部门保存一定时间，这样既有利于机关工作的展开，又有利于归档工作的顺利进行；另一方面，对办理完毕的文件材料进行整理归档也需要一定的时间才能完成，因此，一般机关文件材料需要半年的时间进行整理和归档。

3.归档要求

归档文件必须符合以下质量要求。

第一，归档的文件材料应齐全、完整，遵循文件的形成规律，保持文件之间的有机联系，区分不同价值，便于保管和利用以案卷为单位整理的档案，文件与电报应按其内容联系统一立卷；绝密文件和绝密电报要单独立卷（少量普通文件和电报，如与绝密文件和电报有密切联系，也应随同绝密文件和电报一起立卷）；录音带、录像带、影片、照片等特殊载体的文件，应同纸质文件进行统一整理和编目，但要分别存放，并在案卷目录上注明互见号，以保持文件之间的历史联系，便于查找利用。此外，对于具有不同保存价值的文件，应当分开组卷，以便日后向档案馆移交，避免拆卷重组。

第二，立卷的档案要求案卷封面的各个项目都要填写清楚，尤其是案卷标题，一定要简明、确切地反映卷内文件责任者、内容和形式；卷内文件应按一定次序排列，并逐页编号，填写"卷内文件目录"和"备考表"，归档的案卷应按一定次序系统排列，编写案卷顺序号，并编制案卷目录。

第三，归档文件的载体材料、书写材料、装订材料等应符合档案保护的要求，破损的文件应予修复，字迹模糊或易退变的文件应复制保存。

4.归档手续

归档文件移交给机关档案室时，交接双方应填写移交目录，并履行签字手续。经签字确认的移交目录应一式两份，一份退存移交部门，另一份留存机关档案室。

## （二）归档的组织工作

机关档案归档的组织工作，是机关档案室档案收集工作的重要组成部分。

### 1. 指导和督促文书部门或业务部门做好归档组织工作

应从以下几个方面指导和督促文书部门或业务部门做好归档组织工作。

（1）指导和协助文书部门或业务部门坚持执行文件材料归档制度。

归档工作是机关文书工作和档案工作的"交会处"，是两项工作活动交接的一个环节。由于文书部门或业务部门对归档的具体要求不太熟悉，需要档案部门对其进行指导，协助其完成文件材料的归档工作。实践证明，机关档案室指导和协助文书部门或业务部门的归档工作，可以保证归档质量，为本机关的档案工作打下良好的基础。

（2）协助和督促有关部门做好归档前的准备工作。

首先，协助文书部门正确选择归档地点，即确定归档工作在机关内哪一级机构进行，由谁负责归档，这是组织好机关文件归档工作的关键问题之一。其次，划定机关内各部门之间分工归档的范围，避免归档文件重复或遗漏。最后，协助有关部门编制归档类目，督促做好日常归档工作。

### 2. 加强对归档质量的监督和检查

机关档案室应在文书部门或业务部门归档工作结束或告一段落时，对归档质量进行必要的检查，并且对尚未归档的文件提出整理要求。这样才能从总体上有效地保证和控制机关档案归档工作的质量。在对归档质量进行全面检查后，应针对存在的问题，提出加工、调整和修正的意见，切实保证归档质量达到国家有关标准的要求。

**3.临时性的文件收集工作**

由于种种原因,机关经常有一些文件不能按规定及时归档,散失在机关业务部门或个人手中。机关档案室应及时发现问题,并把散失的文件及时收集起来,做好临时性的文件补充收集工作。

**4.加强归档制度的宣传及档案的科学管理**

机关档案室应根据本机关和单位的具体情况,积极推行归档制度,加强对文件归档的必要性及归档制度内容的宣传,以消除机关领导及文件工作者的思想顾虑,保证归档制度的顺利施行;同时,机关档案室应明确认识到,加强档案的科学管理,使其更好地为各项工作和事业服务,是最佳的归档工作宣传形式。档案室只有认真、科学地做好归档文件的整理、保管、编研等工作,并为利用者提供热情的服务,才能更有效地促进机关档案收集工作的开展。

## 第二节 档案信息的保管与防护管理

### 一、档案保管的含义

档案保管是指针对不同制成材料的档案的科学存放与安全防护所采取的一系列监管和保护措施。档案保管是档案工作的有机组成部分,它与档案工作的各个环节都有着密切的联系。如果没有档案的收集及提供利用,就不会有档案保管工作;而做好档案保管工作,为档案各业务环节工作的顺利开展提供了条件。档案保管工作,不是为了保管而保管,

而是为了方便社会利用。档案的保管与利用更是紧密相连的,科学有序的保管是高效利用档案材料的前提和保证。长久地维护档案的完整与安全,就能够更好地解决档案的易损性与学校、社会要求长久地保管并利用档案之间的矛盾。

## 二、档案保管工作的内容

档案保管工作具体包括四个方面的内容。

（1）建立并维护符合国家标准的档案保护环境。

根据国家对档案保护环境的要求对档案库房以及库房内的环境和设施进行管理。库房要按照国家档案馆建筑标准建造,并配置空调机、除湿机、加湿机、吸尘器、防火系统、防盗系统等基本档案保护设备。

（2）库房内档案的日常科学管理。

控制好库房的温湿度,定期打扫库房,保持库房清洁、整齐。下班前检查门、窗,切断电源、水源,保证档案安全。

（3）档案流动过程的安全防护。

档案流动过程中在各管理环节做好一般的安全防护。严格履行档案查阅制度,利用档案时,应履行严格的登记与交接手续,如档案的出库、入库登记,使用者复印、借出登记。借出的档案归还后,应及时放入档案柜。对利用行为进行现场监督与检查,可配备闭路电视监控系统,如发现污损、涂改、遗失以及其他异常情况,应立即采取措施,将可能损坏档案的现象消灭在萌芽状态。在进行档案展览时,为保护原件,一般用复制品代替原件。

（4）破损档案的修补和复制工作。

采用一定的技术手段和措施对破损的档案进行修补和复制,以延长档案的使用寿命。为了提高纸质档案的耐久性,要做好去酸、去污、修裱破损纸张档案、恢复与显示档案文件的字迹等工作。

## 三、档案保管设备与设施

### （一）档案保管设备

档案保管设备种类很多，有档案柜、档案箱、档案架、活动式密集档案架，每一类设备又分为若干种。由于档案架不能实现档案的密闭保存，不利于档案的保护，现在很少采用；档案箱密闭性能好，比较适用于战备时期档案的转移搬迁，但因存取档案不方便，一般也很少采用。

1. 档案柜

档案柜有木制和金属材料制成的两种，木制档案柜防潮隔热性能好，造价较低；金属档案柜防火性能好，不易损坏变形。档案柜有单面双门柜、单面四门柜、双面双门柜、双面四门柜等多种形式。档案柜的优点是坚固、防火、防潮、防光，但移动不方便，造价较高。

2. 档案箱

档案箱是铁制或木制，一般8个或10个为一套，叠放使用。与柜架相比，档案箱便于挪动，任何时期都可用，又能防尘、防火、防盗；但造价高，结构复杂，容量小，占地面积大，大量占用库房的使用面积。因此，档案箱平时很少使用，适合战备时期使用。

3. 档案架

档案架是存放档案图书和情报资料的通用架，以一架为一单元，可以多架连接组合成密集架使用。按照档案架左右支撑立柱多寡，档案架又分为单柱式档案架和复柱式档案架。单柱式档案架隔板左右只有单柱支撑；复柱式档案架隔板左右由多柱支撑，稳定性更好，承载能力更强。

### 4. 活动式密集档案架

活动式密集档案架是在复柱双面固定架的底座下安装轴轮，使之变成架车，能沿地面铺设的小导轨直线移动，可以把若干档案架连在一起，中间只留少量通道空位。活动式密集档案架移动起来可疏可密，可开可闭，容量大，查找方便；有利于防止或减少光、火、灰尘、有害气体以及虫、鼠等对档案的损坏，可以将库房的容量提升1~2倍。若新建库房，最好购置活动式密集档案架。这样既可以一次性地大量节约经费，又可以长久地减少档案保管、维护所需的日常费用；但安装使用活动式密集档案架对楼层地面的承重能力有较高要求。

## （二）档案保管设施

### 1. 控制温湿度设备

档案保管设施包括控制温湿度设备与消防系统设备。

档案库房常用的控制温湿度设备有以下三种。

（1）空调设备。

档案库房的温湿度要控制在国家对档案库房规定的标准范围内。大、中型档案馆应当安装中央空调机，与馆库建筑同步设计，同步安装施工。一般情况下，档案馆库房晚上不宜开空调和去湿机，上班开机时间最多8个小时，经过一个晚上，库房内的温湿度又与室外相同了，因此，面积大、库房多的档案馆最好安装中央空调机。安装中央空调机的库房，必须有向库房送气的通风管道。为了控制库房的温湿度，必须控制新风的流量，不能让新风日夜不停地进入库房，其方法是控制新风机的风阀，在需要时将其打开，不需要时将其关闭，这样才能确保档案库房的温湿度常年控制在国家规定的标准范围内。

（2）除湿机和加湿机。

一般湿度对档案的影响比温度更大，所以控制档案库房的湿度比控制档案库房的温度更为重要。空调机虽然具有一定的去湿功能，但并不能取代除湿机的作用。我国各地气候差别很大，南方和沿海地区空气潮湿的季节长，应配备除湿机，西北地区空气干燥，应配备加湿机。应根据库房的容积来选择适当功率的除湿机和加湿机。

（3）计算机和测控仪。

控制和调节档案库房温湿度较为理想的方法，是用计算机和测控仪跟踪测量库房的温湿度，并依据测定值以及用户设定的温湿度值，适时自动开启或关闭空调机、除湿机或加湿机，将库房温湿度控制在国家规定的标准范围内，达到恒温、恒湿的效果。

2. 消防系统设备

档案库房需配备以下消防系统设备。

（1）火灾探测器。

火灾探测器种类较多，有离子感烟探测器、光电感烟探测器、双金属片式感温探测器、膜盒式感温型探测器、热敏电子元件型感温探测器和感光型探测器等。

档案馆适宜采用灵敏度高、误报率低、使用寿命长的探测器，一般使用感烟探测器并注重其灵敏度、可靠性、耐久性等有关技术参数。感烟探测器一般是由烟能够顺利进入的检测电离室及烟不容易进入的补偿电离室串联并配以电子线路构成。

有的档案馆也可使用感温型或感光型探测器。感温型探测器一般是由感热室、膜片、泄漏孔、接点等构成，常见的感光型探测器有红外线火灾探测器和紫外线火灾探测器两种。

（2）区域报警器。

区域报警器用于监视区域，能将探测器输入的电压信号转换成声光报警，显示出火警房间的号码，还能供应探测器稳压电压，输出火警信号给集中报警器以及操作有关的灭火和阻火设备。当某一个探测器发出

火警信号时探测器确认灯亮,报警器上该探测器对应的火警灯亮起,时钟记下首次发生火警的时间,发出火警声响警报的同时发送火警信号至集中报警器。

## 四、档案库房管理与防护技术

### (一)档案库房管理

档案库房管理主要有档案分库设置、档案排列次序和方法、档案柜架贴插标签、库房卫生、档案安全检查等内容。

#### 1. 档案分库设置

档案分库存放是库房管理的重要一环。档案分库设计既要考虑所有库房的总体容量及档案的递增速度,又要考虑各库房的面积、容量程度、库房条件优劣、档案利用率、档案的重要程度等。档案分库设置的一般原则如下:①利用率高的档案,存放在距离利用者阅览室较近的库房,不常用的档案可适当存放得远一些;②珍贵、重要的档案存放在保管条件较好的库房,一般的或待整理的档案存放在保管条件差些的库房;③同一全宗的档案应尽量归存同一分库,避免不同全宗的档案混杂存放;④不同载体的档案要尽量分库存放,音像、照片、影碟、电子档案和缩微胶片应用单独的库房存放。

#### 2. 档案排列次序和方法

档案在库房内的排放次序,涉及档案编排次序问题,同一全宗内各类档案的排放次序以及同一类项档案在柜架上的排放次序,装具在库房内的编排次序,应根据库房内开关装具的排放方式来确定。无论是固定式柜架还是活动式柜架,其编排顺序一般都是人站在库房内主通道上,面对各排柜架,左起第一排为首排,右起第一排为末排。在一个库房内如果同时存放多个全宗档案，全宗之间不得混淆排放。同一个全宗的档案，排放时要尽量保持各档案之间的联系。

### 3. 档案柜架贴插标签

档案柜架贴插标签，是库房管理中一项必要的工作。其作用在于使库房管理人员明确档案存放位置，便于提取和送还档案。具体做法是，在每排柜架靠近主通道的一端，在高度适当的位置统一贴插规范的标签，写明该排柜架所存放档案的全宗名称、类项名称、案卷起止号三项内容。每一柜架内的各个隔层，也要标明档案类项名称和案卷起止号，以便提取、送还和查找档案。

### 4. 库房卫生

库房卫生是档案库房管理中的一项日常性工作，也是档案保护技术中的一项重要内容，它关系到根除档案生虫、霉变、污染、磨损等问题。库房卫生应达到以下要求：①地板、门窗、墙壁、灯具及天花板应保持光洁明亮；②档案柜架各部位以及存放的档案和包装材料应清洁无尘；③档案排列放置整齐，其他器材、物品放置有序；④与库房管理无关的器材、杂物一律不得存放在库房内。

### 5. 档案安全检查

档案安全是档案工作的生命线。应定期或不定期开展档案安全检查，筑牢档案安全防线。

（1）检查内容。

从机密安全方面进行检查，主要检查档案实体有无被盗、丢失或借出档案长期未收回，甚至下落不明的情况；档案信息在保管和提供利用中，有无失密、泄密现象；档案安全设施，如报警器、灭火器、防盗门窗、电源电线等有无破损情况，检查中若发现问题，要及时采取有效措施，以确保档案安全。从保护技术方面进行检查，主要检查档案实体有

无发黄变脆、字迹褪色、虫霉感染、潮湿粘连等自然毁损现象，发现问题，要及时采取相应措施进行防治。

（2）检查的方法、方式。

不管是定期或不定期检查，一般都可以采用档案馆自查或由单位档案部门、安全保卫部门、保密部门共同组成检查组进行检查的方式。在检查档案有无被盗、丢失、毁损等情况时，要逐宗、逐类、逐卷与档案目录进行核对，逐页查阅，利用登记簿检查。安全设备与档案保管环境及保护技术有着极为密切的关系。档案保管条件好、贮藏环境符合标准的档案库房，可以延缓档案老化变质的过程，延长档案的使用寿命；如果档案保管条件差，周围环境受到严重污染，则会加快档案老化变质的进程。

## （二）档案库房防护技术

### 1. 光的种类

档案库房环境中有自然光和人工光两种光源。

（1）自然光。

自然光主要是指太阳光。太阳的辐射光谱中，波长为380～760纳米的射线，人眼可以看见，称为"可见光"，即通常所说的红、橙、黄、绿、青、蓝、紫七种颜色的光。此外，还有一种光是人眼看不见的，在红色光外边、波长长于760纳米的射线称为"红外线"；在紫色光外边、波长短于380纳米的射线称为"紫外线"，这两种光称为"不可见光"。

（2）人工光。

人工光是指照明灯光。档案库房、档案工作室、档案阅览室的照明灯光以及档案缩微复制时的光源、复印机的曝光灯等灯光都是人工光源。其中白炽灯含紫外线最少。档案库房宜选用白炽灯做人工照明光源，照度不超过100勒克斯。如采用荧光灯时，应对紫外线进行过滤；档案库房不宜采用自然光源，有外窗时应采取安装窗帘、窗板等遮阳措施；档案在任何情况下均应避免阳光直射。

2. 光对档案的危害

无论哪种光，对档案都有一定的破坏作用，其中太阳光中的紫外线对档案的危害最大。光对档案的危害主要表现在以下几个方面。

（1）光辐射热。

光向外辐射时会产生热效应，这种辐射热会影响档案制成材料的耐久性。档案纸张在空气中受到辐射时，就会褪色，温度高于30摄氏度时就会发黄。耐热性差的字迹也会因辐射热发生褪色、扩散等现象。

（2）光氧化反应。

档案纸张中的纤维素发生光氧化反应时，会发生氧化降解，变为易碎的氧化纤维素，对纸张的强度和耐久性产生影响。

（3）光能的破坏作用。

光是具有一定能量的，光的波长越短，能量越大。紫外线波长短，能量大，破坏性也大。档案纸张中的纤维素吸收光，会使纸张纤维素的长链断裂，影响档案纸张的耐久性；有机染料的墨水、复写纸、圆珠笔等，其色素的发色团能吸收光的能量，激发形成某种化合物或产生荧光，使字迹褪色。由于太阳光对档案纸张和字迹的破坏作用很大，档案受潮或被水浸湿后，不能放在太阳下暴晒，应放在通风处晾干，或用除湿机逐渐除去纸张水分。

3. 防光措施

档案库房应采取以下防光措施。

（1）合理确定库房照明度数标准。

档案库房的工作内容主要是保管、检索与提供档案利用。库房内照明度数标准应从能否识别档案字迹以及是否有利于档案保护的角度出发来确定，既要满足档案管理和调卷的需要，又要能够保护工作人员的

视力，还要最大限度地减少光对纸张制成材料的危害。库房内照明度数以 30～50 勒克斯为宜，阅览室的照明度数以 70～100 勒克斯为宜。

（2）限制光的照度值。

日光直接照射物体表面的照度值是相当大的，对日光照度的限制应主要从建筑方面来考虑，建无窗库房能从根本上解决档案保护中的防日光照射问题；同时在档案利用中，应适当限制人工光源对档案的照射。

（3）过滤紫外线。

在相同照度下，不同光源对档案的损伤是不一样的，这主要与光源中紫外线含量的多少有关。因此，应采取一定的紫外线过滤措施，重点防护窗户和荧光灯灯具。可以在窗户玻璃或荧光灯灯管壁上涂上紫外线吸收剂；采用红、绿等深色玻璃代替普通玻璃；库房内应选用白炽灯以减少紫外线，或者给普通灯泡、灯管加白色灯罩或防热过滤器以减少热量扩散。

（4）降低档案利用过程中光的辐射强度，减少光照时间。

保管档案是为了利用，在利用档案的过程中应尽量避免在强光下长时间阅读档案文件。在复印过程中曝光的照度相当大，多次复印对档案文件的损伤很大。因此，应尽量减少利用原件复印的次数，可用复印件代替原件进行复印；在举办展览时，对较贵重的档案用复印件代替原件，必须使用原件时，要采取限光和滤光措施。

（5）避光保存。

档案在保管期间除了提供利用及加工整理以外，应尽量做到避光保存。档案库房采用的档案柜、档案箱、档案盒、档案袋等多层密闭保护方法，在一定程度上能起到避光的作用。此外，库房内应采用暗色遮光窗帘，在库房内不需要光时将其拉上。

# 7

第七章

# 档案管理信息系统建设

# 第一节 数字档案室建设

各级、各类机关的档案室工作是国家档案事业的重要组成部分，是提高机构工作效率和质量的必要条件，也是档案馆工作的前端和基础。因此，数字档案室建设是档案信息化的重要内容，是连接机关办公自动化和数字档案馆，建设、集成机关档案信息资源，确保机关档案资源共享利用的关键环节。数字档案室建设对于维护机关电子档案的真实、完整、有效和安全，提升档案室工作效率和服务能力，促进数字档案馆建设乃至档案信息化的全面、持续、有效发展具有重要意义。

## 一、数字档案室概述

### （一）数字档案室的概念及内涵

《数字档案室建设指南》中定义，数字档案室是指机关在履行职能过程中，运用现代信息技术对电子档案和传统载体档案的数字副本等数字档案信息进行采集、整理、存储、管理，并通过不同类型的网络提供共享利用以及有限的公共档案信息服务的档案信息集成管理平台。该概念包括以下内容。

（1）数字档案室建设和应用的主体是政府、企事业单位和各类社会组织的档案室，是为了更好地履行档案管理职能。数字档案室建设的技术条件是全面应用现代信息技术，包括数字技术和网络技术。其中，

网络系统应包括各种类型的网络平台。管理对象主要是电子档案和数字化档案信息。

（2）数字档案室的管理功能包括档案管理的各项业务，主要是满足机构内部职能活动的需要，同时提供有限的公共档案信息服务。其"有限性"是由机构所有档案的价值特征及档案工作的职能决定的，有别于数字档案馆。

（3）数字档案室的建设要求是建立档案信息集成管理平台。为此需要强调统一规划、统一建设、统一实施、统一管理，做到数据集成、功能集成、流程集成，协调并处理好档案部门与文书部门、档案工作与业务工作、档案室与档案馆之间的关系，在文件生命周期中发挥好承上启下的信息枢纽作用。

## （二）数字档案室的建设原则

### 1. 资源强档原则

数字档案资源建设要做到"三管齐下"：一是将来源于机构信息系统的电子档案收起来，二是将室藏传统档案的数字化工作做起来，三是将档案数据库建起来。数字档案资源是数字档案室的立足之本和利用之源，也是国家档案资源建设的入口和源头。只有从源头上将数字档案资源做大做强，才能做到"上游有水下游满"。所谓"做大"，就是严格按照归档范围，做到档案资源应收尽收，门类齐全，内容完整；所谓"做强"，就是要确保数字档案资源的真实、完整、有效、安全，做到配置合理、格式规范、管理有序、特色鲜明。因此，实现机构重要数字信息的资源化管理，应当成为数字档案室建设的永恒目标和基本条件。

### 2. 标准先行原则

数字档案室建设应统筹协调文件管理与档案管理、业务工作与档案工作、档案室与档案馆之间的关系，确保数字档案室系统与前端办公自动化系统、后端数字档案馆系统的无缝衔接。为此，应当严格遵循既有的标准和规范，以便在系统设计、建设、运行中能够步调一致、统一规范，真正形成文档一体、馆室一体的档案管理体系。

3. 整体推进原则

数字档案室基础设施、信息资源、制度规范、人才队伍的建设，需要依靠管理体系和行政手段整体推进，特别是要将数字档案室建设与机关电子政务、企业电子商务和社会信息化建设密切结合，确保这项工作的全面、协调、可持续发展。

4. 确保安全原则

数字档案室建设应建立健全与机关整体信息安全管理相匹配的档案信息安全管理制度，按照信息安全等级保护和分级保护要求，采取安全保障技术方法，配备必要的软硬件设施，完善灾难恢复应急机制，确保数字档案室建设和运行的安全。

5. 系统集成原则

数字档案室分布点多、面广，分头建设必然造成资源浪费和"信息孤岛"问题。为此，应在国家的统一规划及科学管理指导下，研制实用的数字档案室集成系统，采用先进的架构体系（如云平台、B/S<浏览器/服务器>架构等）推广应用，使数字档案室系统具备统一规范的功能设置、数据结构、业务流程、性能指标，并做到与数字档案馆资源的无缝对接。

## 二、数字档案室的建设任务

数字档案室的建设任务包括基础设施建设、应用系统建设、数字档案资源建设、保障体系建设，需要机关、企事业单位的档案部门、信息

化部门、业务部门和保密部门共同参与实施。

## （一）基础设施建设

依托本单位的信息化基础设施，建设相对独立、稳定可靠、兼容性强，能够满足数字档案室运行需求的网络、硬件、软件、安全保障设备、终端及辅助设备等基础设施。

### 1. 网络基础设施

一般应将数字档案室网络管理中心设于机关、企事业单位的中心机房。机房应具备防雷、防静电、防磁、防火、防水、防盗、稳压、恒温、恒湿等基本管理条件。中心机房、网络综合布线，应为数字档案室配备足够数量的网络信息点，其网络性能应适应图像、音频、视频等各类数据的传输、利用要求。

数字档案室网络平台应当与单位办公网、业务网统一规划、统一建设，实现跨系统、跨平台的信息交换以及利用的分级、分层授权。

数字档案室网络平台是与本地区、本部门的政务网、业务网互联的，应采取相应措施，确保档案数据安全。

数字档案室网络平台处理涉密信息时，应依据国家和本市有关涉密信息系统分级管理规定确定等级，明确安全域，按照《涉及国家秘密的计算机信息系统分级保护技术要求》（BMB17—2006）的要求进行建设，并与单位非涉密办公网和业务网实现物理隔离，禁止接入互联网。

### 2. 系统硬件

数字档案室的系统硬件配置如下。

（1）服务器。

服务器的性能和数量配置，应能满足数字档案室应用系统以及数据库、中间件、全文检索、备份、防病毒等基础软件的部署及安全高效运行的需求，并适当冗余、可扩展。

## 第七章　档案管理信息系统建设

（2）存储设备。

应为数字档案室配备先进、高效、稳定的磁盘阵列，作为数字档案资源在线存储设备。根据本单位制定的数字档案资源保存策略，确定近线或离线备份系统的配置，近线备份应选择磁带库或虚拟带库及相应的备份软件，离线备份可选择光盘、移动硬盘等脱机存储介质以及相应的备份、检测设备。

3. 基础软件

为确保各类电子档案及其元数据的准确性及其及时采集、捕获、保存，提供便捷、有效的数字档案资源利用，应结合数字档案室应用系统开发或运行需要，为数字档案室配备必要的正版基础软件，包括主流的数据库管理系统（一般采用关系型数据库）、网络操作系统、中间件以及全文检索、文件格式转换与迁移、图像处理及多媒体编辑等软件。数字化软件包括扫描软件、图像处理软件、光学字符识别软件等。

4. 安全保障设备

应结合实际，参照信息系统安全等级保护有关要求，从多个层面为数字档案室应用系统建立安全保障体系。应用系统设计、实施完善的用户权限配置和管理功能，为数字档案资源的安全存储、管理提供保障。配备正版杀毒软件，如有必要，应有选择地配置防火墙、用户认证、数字签名、移动存储介质管理等软件，以及业务审计软件等安全管理工具。涉密数字档案室应用系统必须按照国家有关涉密信息系统分级管理规定执行。

数字档案室应配备专用的电子档案柜，规范存放电子档案；设置门禁管理系统、监控报警系统，配备磁带备份系统、光盘刻录系统、断电保护UPS（不间断电源）系统等外围辅助设备，健全环境安全和介质安全等功能，确保网络设备、设施、介质和信息的物理安全。数字档案室应健全系统备份、灾后恢复等功能，配备防火墙、入侵检测等相应技术

设备，建立操作日志，通过身份认证、访问控制、信息加密、信息完整性校验、入侵检测等技术手段和管理方法，确保档案数据得到有效保护。

5. 终端及辅助设备

应结合工作需要，为数字档案室应用系统配备专用计算机、扫描仪、数码照相机、打印机等终端设备，以及刻录机、移动存储介质等辅助设备。终端配置应充分考虑档案工作的特点以及档案室的实际需要，如配置宽幅、零边距、高速底片扫描仪，光盘标签打印机等。

## （二）应用系统建设

数字档案室应用系统建设应能集成管理各类数字档案资源，具备档案门类管理、接收采集、分类编目、检索利用、鉴定统计、系统管理、技术文档管理等基本功能，为确保电子档案的真实、完整、可用和安全提供必要保障，并达到灵活扩展、简单易用的基本要求。

1. 档案门类管理

档案门类管理的主要内容包括电子档案和实体档案的门类、分类方案、元数据方案的调整及扩展管理。

2. 接收采集

接收采集包括文书、音像、科技和专业类电子文件及元数据的接收采集。

3. 分类编目

分类编目包括分类组织、归档存储、编目著录等内容。

4. 检索利用

检索利用包括档案检索、利用、编研等内容。

5. 鉴定统计

鉴定统计包括鉴定处理、统计报告等内容。

### 6. 系统管理

系统管理包括审计跟踪、用户与权限管理、数据维护、参数设置等内容。

### 7. 技术文档管理

技术文档管理即收集并保存应用软件研制、测评、运行、维护过程中生成的文档。

## 第二节 数字档案馆建设

### 一、数字档案馆概述

为了实现人类数字记忆的持续积累、完整采集、长期保存、集中管理、安全控制及有效利用，数字档案馆建设成为档案信息化工作中的一项重要内容。

自从"数字档案馆"概念出现以后，我国档案界一直在探讨数字档案馆的概念内涵，出现了各种定义，其中《数字档案馆建设指南》给出的定义为："数字档案馆是指各级各类档案馆为适应信息社会日益增长的对档案信息资源管理、利用需求，运用现代信息技术对数字档案信息进行采集、加工、存储、管理，并通过各种网络平台提供公共档案信息服务和共享利用的档案信息集成管理系统。"

（1）数字档案馆是对传统档案馆功能的拓展和创新。

信息社会催生了海量的数字信息，人类社会的生存和发展越来越依

赖于数字信息的传播和传承。传统档案馆难以对档案信息实行全方位、持久性的保管和保护，提供跨时空、零距离、全天候、交互式的服务，数字档案馆能延伸和拓展传统档案馆的功能，承担保护和利用数字时代的社会记忆的历史使命。

（2）数字档案馆是国家基础数字信息的集散中心。

数字化基础信息是国家的优质战略资源，数字档案馆通过科学、规范地收集、整理、保管、保护、传递、开发、利用，对分散于不同载体、不同地域、不同媒体、不同领域的基础信息实行数字化处理、集成化管理、网络化互联、虚拟化共享，使这些基础信息增值，成为真正意义上的资源，从而更好地造福于社会。

（3）数字档案馆是"数字化＋网络化"的档案馆。

以数字化和网络化为支柱的信息技术的应用是数字档案馆生存发展的基础。数字档案馆建设必须将信息技术与档案馆事业的发展需求紧密结合，以信息技术发展为强大动力，全面、持续、创造性地应用数字化、网络化技术发展的最新成果，不断打造信息时代档案馆的"升级版"。在狭义上，数字档案馆是建立在数字化、网络化平台上的传统档案馆；在广义上，数字档案馆是基于网络环境的面向数字信息对象分布存储的狭义的数字档案馆群。也就是说，广义的数字档案馆可以被分解为狭义的数字档案馆实体。狭义的数字档案馆是广义的数字档案馆的建设基础，而广义的数字档案馆是狭义的数字档案馆发展的较高阶段或境界。

## 二、数字档案馆与相关概念的比较

从发展历史、资源特征或技术特征来看，数字档案馆与实体档案馆、电子文件中心及数字图书馆之间有着密切的联系。将数字档案馆同这些概念进行比较分析，有助于我们更深入地理解数字档案馆的意义和内涵。

## （一）数字档案馆与实体档案馆

尽管对于数字档案馆持乐观态度的人强调其"虚拟化"与"网络化"的特点，但是数字档案馆与实体档案馆之间的关系是相互融合、难以分离的。档案是人类历史的原始记录，从远古时代到现在保存的珍贵档案，已经成为人类重要的物质与精神文化财富，有些档案将会永久保存下去。因此，数字档案馆不可能完全取代实体档案馆而独立存在，二者只能同时存在，相互补充、相互支持。如今，世界各国逐渐发展起来的政府或商业性电子文件中心，似乎预示了"纯数字档案馆"的发展前景，但其数量不多，而且大部分仍是在实体档案馆的基础上发展起来的。

数字档案馆与实体档案馆之间的关系可以归纳如下。

（1）实体档案馆为数字档案馆提供信息资源支持。

数字档案馆最初是在实体档案馆计算机辅助档案管理系统的基础上发展起来的。大部分数字档案馆在建设初期，主要通过计算机系统或档案馆门户网站提供针对馆藏实体档案资源的目录检索服务。当数字档案馆发展到全文检索阶段时，实体档案馆可为之提供充分的信息资源支持。绝大部分数字档案资源来源于传统档案资料的数字化转换。

（2）数字档案馆扩展了实体档案馆的信息资源。

实体档案馆以传统纸质档案、声像档案、缩微胶片档案等为主要收藏对象。数字档案资源除了由传统档案数字化转换形成之外，还包括由新兴的办公自动化系统产生的电子文件。数字档案馆的出现大大扩展了实体档案馆可供利用的资源范围。目前，许多实体档案馆通过网站提供远程数字服务。

（3）数字档案馆技术改变了实体档案馆的信息管理与开发利用模式。

数字档案馆技术改变了传统实体档案馆的信息管理模式，拓展了档

案信息资源开发利用的途径。实体档案馆的服务方式主要包括阅览、外借、复制、制发档案证明、档案编研、档案咨询等，对于档案用户的身份、地域、时间都有一定的要求，在一定程度上限制了档案信息资源开发利用的广度和深度。数字档案馆突破了档案原件唯一性的局限，可以同时为多人提供快速的信息查询与远程传递服务，节省了档案管理成本，提高了档案管理效率，从而可以更加有效地发挥档案信息资源的价值。

（4）实体档案馆与数字档案馆互为安全保证。

由于信息系统与数字资源固有的脆弱性，在现有信息技术条件下，电子文件的长期可读性和有效性难以保证。在特定情况下，与之相对应的传统载体档案可以成为其真实性与可靠性的保证。我国自2005年4月1日起开始施行《中华人民共和国电子签名法》，但是因为无法确保电子签名的长期有效性以及电子文件的真实性，迄今仍实行纸质文件、电子文件的双轨制管理。另外，数字档案占用物理空间小，备份成本低，可异地存储，为危急情况下确保实体档案馆的安全提供了保证。

## （二）数字档案馆与电子文件中心

从目前国内外的相关情况来看，电子文件中心与数字档案馆之间有着极其密切的联系，很难将二者截然分开。电子文件中心一般是指专门接收、保管电子文件并提供利用的机构。数字档案馆是在传统档案馆基础上发展起来的档案管理模式，是数字信息技术在档案馆中全面应用的结果，既接收、保管具有档案保存价值的电子文件，也对传统纸质档案进行数字化并加以保管利用。二者之间最大的区别是，电子文件中心既保管数字化的档案文件，也保管现行与非现行电子文件，而数字档案馆以永久保存数字化的档案文件为主。从我国实际来看，电子文件中心既是电子政务系统的重要组成部分，也是数字档案馆的有机组成部分，是连接电子政务系统与数字档案馆的桥梁和纽带。数字档案馆与电子文件中心的区别在于，电子文件中心以实现电子文件鉴定、在线归档、在线移交、在线利用为主要特征，主要对现行、半现行电子文件进行管理和提供利用。数字档案馆则对具有长久保存价值的电子档案进行接收和永久保存，对馆藏档案进行数字化转换，并通过网络互联扩展资源范围，为用户提供跨越时空的档案信息服务。可以说，电子文件中心是数字档案馆的前端和入口。目前，我国学术界对于二者之间的关系有多种不同的观点，有的认为数字档案馆包含电子文件中心，有的认为电子文件中心包含数字档案馆，有的认为二者相互独立、前后衔接，一时难有定论。

根据世界各国的发展情况来看，电子文件中心与数字档案馆之间的关系大体呈现出以下两个特点。

（1）电子文件中心先于数字档案馆产生。

由于电子文件的产生早于数字信息技术在档案馆的全面应用，所以说电子文件中心先于数字档案馆产生。从世界各国的情况来看，早期的电子文件中心是档案馆的一个组成部分。最早的电子文件中心基本上都是应档案馆接收并管理电子文件的需要建立起来的。1988年，美国国家档案与文件管理署（NARA）建立了电子文件中心，以收藏具有永久保存价值的联邦电子文件，负责对已经移交到NARA的电子文件进行鉴定、著录、保存、保护并提供利用。同样地，随着电子文件的出现，澳大利亚国家档案馆受联邦政府委托推动电子文件保管的发展，并成为联邦政府电子文件管理规范的主要制定者以及规范实施的指导者。

（2）电子文件中心与数字档案馆有融合之势。

随着电子政务的迅猛发展，电子文件中心与数字档案馆逐步呈现出融合之势。2004年12月28日，我国早期的电子文件中心——江苏常州市电子文件中心在常州市档案局正式挂牌并开通运行。目前我国电子文件中心的主要任务是，制定统一的电子文件交换格式和存档格式，利

用电子政务网络平台，对相关单位政务活动中产生的、对国家与社会具有保存和利用价值的各类电子文件，实行集中管理、永久保存及在线利用。从目前我国的情况来看，省级电子文件中心与市区级电子文件中心有所不同。前者担负着对所接收的电子文件进行集中管理、永久保存的任务，其功能更接近于数字档案馆；后者主要是实现电子公文实时归档以及归档数据的移交等功能，其功能更接近于机关数字档案室。另外，随着信息技术在档案馆中的深入应用，数字档案数据库与电子文件数据库渐有融合之势。在某些数字档案项目中，二者被置于统一的检索平台之下，同时通过档案馆网站提供信息服务。

### （三）数字档案馆与数字图书馆

受政治体制与国家制度的影响，各国的档案管理制度有较大差异。在某些国家，相当数量的档案馆是图书馆的一个组成部分。比如，美国许多大学图书馆和公共图书馆内都设有档案馆。20 世纪 90 年代，数字图书馆发展迅速，美国的很多数字图书馆研究项目将数字档案馆作为其中的一个重要的组成部分。1995 年 5 月，美国国会图书馆联合美国国家档案馆、纽约公共图书馆以及 12 所大学图书馆，提出"全美数字图书馆联合倡议"，目标是到 2000 年提供 1000 万卷历史档案资料的数字化服务。受此影响，数字档案馆研究领域大量借鉴数字图书馆已有的概念和技术，比如元数据、互操作、信息系统分析与设计、数据库、网站技术、信息检索技术等。

在我国，档案馆和图书馆归属于不同的行政管理部门。各级公共图书馆由国家文化部门管理，而档案馆在国家档案局的领导下，与政府机构有着更为密切的关系。近年来，一些档案馆的工作人员转变为国家公务员编制，强化了这种联系。大学、企业或其他社会组织的档案馆接受国家档案管理部门的业务指导与监管，与图书馆的关系也远不如国外档案馆那么紧密。因此，我国数字档案馆的发展受数字图书馆的影响较小。我国数字图书馆体系十分发达，许多县级图书馆都可以提供一定程度的数字化服务，但是数字档案馆的发展还处于较低的层次。这一方面是由于档案馆引进信息技术的速度缓慢，另一方面是因档案资源的特殊性以及对信息安全的更高要求所致。目前，我国数字档案馆与数字图书馆之间的交流日益增加，一些数字档案软件提供商同时是资深的数字图书馆服务商。

## 三、数字档案管理系统的功能要求

根据《数字档案馆建设指南》的要求，数字档案管理系统应当具备收集、管理、保存、利用四项基本业务功能以及用户权限管理、系统日志管理、数据备份与恢复、系统及其数据安全维护等功能。数字档案管理系统还应当采取必要的措施，以保证馆藏数字档案信息，特别是由电子文件归档形成的电子档案信息的可靠性和可用性。数字档案管理系统的功能可以根据信息化发展以及档案管理的要求而有所侧重，并不断地拓展。

### （一）收集功能要求

数字档案管理系统应当具备接收立档单位产生的电子文件及其元数据、对传统载体档案进行数字化以及采集重要的数字信息资源等功能。数字档案管理系统的收集功能主要包括以下几点要求。

（1）根据相关要求接收立档单位产生的各类电子文件及其元数据，并在建立一整套接收机制的基础上，保证接收过程责权明确，杜绝安全隐患，从源头上保证数字档案的真实性、完整性、可用性。

（2）提供在线接收和离线接收两种文件接收方式。

（3）能够批量导入或导出数据，保证数据的可靠性和可用性。

（4）对在线或离线接收的档案数据进行真实性、完整性、可用性和安全性验证。

（5）具备目录数据和全文数据等多种信息资源的采集功能。

## （二）管理功能要求

数字档案管理系统能够对所接收的各类数字档案信息进行整理、比对、分类、著录、挂接、鉴定、检索、统计等操作，使无序的信息有序化，并对其实施有效控制。具体操作步骤如下。

（1）按照设定的分类方案，将数字档案信息存储到数字档案管理系统中，或者根据管理要求做出适当调整。

（2）过滤重复数据，并重新分类、编号。

（3）抽取档案内容，并添加元数据。目前档案管理是基于数据库管理方式来实现的，将来不排除使用新的技术方法对数字档案进行有效管理的可能。

（4）辅助人工完成档案的开放鉴定工作。

（5）建立档案内容数据及其元数据等相关信息之间的持久联系，形成长期保存的档案数据包和利用数据包。

（6）对档案类型、数量大小等按照设定要求进行统计、显示或打印输出所需档案信息。

（7）辅助完成馆藏实体档案编目（著录、标引）、整理、出入库房管理等工作。

（8）制定档案业务流程或进行流程再造。

## （三）长久保存要求

数字档案的长久保存既是要求，也是策略，包括存储格式的选择，检测、备份和迁移等技术方法的采用。其主要要求如下。

（1）应当选择符合国家标准要求的格式，暂时未制定标准的，选择开放格式或主流格式。

（2）定期对信息载体及其软硬件环境进行读取、测试，发现问题，及时解决。

（3）根据数据重要程度以及管理和利用的需要，选择在线、近线、离线、异地、异质及分级存储等技术和方式。

（4）计算机软硬件以及技术或标准规范发生重大变化或者发生重大事件时，为了确保数字档案信息可读，应采取数据迁移等手段对所存储的数据进行技术处理。

### （四）存储架构要求

根据档案数据量和管理目的不同，采用不同的存储技术及相关设备。安全性和稳定性是选择存储设备的首要考虑因素。在数字档案馆建设过程中，应根据数字档案馆的数据量和并发用户数的需求，保证数字档案馆具有合理安全的存储容量以及较快的网络传输速度，采用单一适用应用平台，配备由数据库服务器、文件存储器、备份服务器、备份软件等构成的存储服务平台，采用SAN（存储区域网络）、NAS（网络附属存储）、DAS（开放系统的直连式存储）、IP-SAN（IP以太网存储区域网络）或其他形式的存储技术方法。

### （五）利用功能要求

数字档案管理系统应当根据档案信息的利用需求和网络条件，分别通过互联网、政务网、局域网等建立利用窗口，实现档案查询、资源发布、信息共享、开发利用、工作交流、统计分析等功能。

（1）运用最新的检索技术方法，满足使用者在各种利用平台快速、

准确、全面地利用查询档案数据的要求。

（2）通过网络平台或特定载体发布档案信息、共享档案资源。

（3）辅助进行档案信息智能编研及深度挖掘。

（4）为档案管理者和利用者提供在线交流平台以及远程指导、远程教育。

（5）辅助开展数字档案的增值服务。

（6）进行档案利用访问量统计、分布分析、舆情分析等相关工作。

（7）对用户、数据项、功能组件进行利用权限的角色授权处理，并进行门类设置、结构设定等系统代码维护工作。

## 第三节　档案网站建设

档案网站是由档案部门建立，被链接在一起，并通过互联网或各级公共网络向社会提供查询服务的电子文档集合。

### 一、档案网站建设的意义与作用

档案网站建设具有以下两个方面的意义和作用。

（1）为档案馆提供宣传自己的新方式。

当今社会是信息化社会，计算机网络技术在人们生活和工作的多个领域中普及应用，实现了信息的交互式传递和共享，给人们的日常办公带来便利。

互联网能够克服传统档案宣传形式的局限性,成为档案馆自行加强和深化宣传工作的新窗口、新阵地。档案馆可以充分利用互联网覆盖面广、信息流量大的宣传优势,把需要让外界了解的信息,如馆藏概况、档案管理情况、先进经验、开放利用服务等,做成精美的网页放在互联网上,让人们通过浏览网页来了解情况。一个设计精美、功能齐全的档案网站可以提升档案馆的形象,提高其在社会上的知名度和影响力;同时,通过在线展览等方式展示珍贵档案,可以吸引更多的人关注和了解档案文化。

档案网站和其他网站一样,也是在更大范围内宣传自我、展示自我的窗口。如今,档案网站已经成为网络时代档案馆或档案工作者以及对外交流合作与互动密不可分的工具和平台,建立档案网站成为信息社会所必需的。

(2)为档案馆提供改善服务的新手段。

档案馆可充分利用网络分布的广泛性、开放性、动态性和非线性等特点,在网上公布馆藏指南和检索目录,定期或不定期进行特色档案信息发布,等等,在互联网上开辟一个为社会各界服务的新渠道。

随着档案馆内部局域网的建立,档案部门可以建立档案馆网页,开展网上利用服务。积极组织上网数据和信息,实现档案信息的网上检索,为用户提供更好的服务。

目前,国内许多档案馆利用互联网开展的网上服务,成为为社会和单位提供档案利用服务的一种重要形式。

## 二、建立档案网站应具备的条件

建立档案网站不仅是为了满足政务公开、方便群众的需要,更是为查阅档案信息提供一条便捷的途径。凡是涉及档案信息上网运行的,必

须解决好信息保密问题，还须具备技术成熟、设备先进配套、档案工作人员业务素质高等诸多软硬件方面的条件。

## （一）要解决好档案信息上网的安全性问题

档案工作自身的性质决定了其具有一定的保密性要求，而互联网的特点之一就是开放性，且目前互联网的安全技术还不完备，因此档案信息上网首先必须经过关于保密与开放的鉴定处理。应当开放的档案信息应尽量开放上网，不能开放的档案信息则绝不能上网，以免泄密。此外，要及时做好对社会急需且已到期的档案信息的解密工作。

对于上网信息中包含的针对特定群体公开的限制利用范围的档案信息，可以从网络的物理结构、防火墙设计、用户身份认证等方面进行安全控制，以保障档案信息的网上安全运行。

## （二）必须对档案信息进行数字化处理

档案信息必须经过数字化处理，建立包括档案目录数据库和档案全文数据库两大主体类别的系列高标准数据库，方能在互联网上发布、存储和传输。现代计算机技术，尤其是宽带多媒体综合数字信息网，可以为用户提供文字、图片、动画、声像等多种信息的综合服务。实现档案信息数字化的方法有很多，常用的有键盘录入、手写识别、声音识别、图像识别、扫描输入等。

## （三）档案信息处理必须实现标准化

标准化是计算机网络信息系统的"生命线"，是档案信息进入互联网的重要前提条件之一。互联网是一个相对独立的整体，它采用标准的TCP（传输控制协议）、IP（网络层协议）技术以及标准的计算机网络语言，实现所有计算机间的相互交流，从而形成一个巨大的全球信息网。标准化的系统有利于信息交流，也会提高信息的通用程度。这就要求我们既要在日常工作中严格执行档案收集、整理、鉴定、编目、著录、标引、编研等环节的工作标准，又要在软件开发中坚持信息系统设计与应用标准，力求以更加开放、明晰的表达方式获得较高的兼容性和可扩展性。

### （四）档案信息必须按不同的服务对象和目的选择、分类

服务对象和目的决定了服务内容，档案信息上网主要是为互联网上的全体用户服务，而非单纯地服务于档案管理者，因此在工作中应当严格区分"档案网络化管理"和"档案信息上网"的概念。档案信息全文上网正处于起步阶段，现有档案信息数据库远不能满足网络需求，我们对上网档案信息进行选择、分类和处理制作，更应注意在力争满足广大用户的需求的同时，明确自己的核心用户及主要服务宗旨。档案馆除应适时发布社会所关注的焦点信息外，还应优先开发利用馆藏的特色精华部分，并推介给广大网络用户，尽快获得用户的支持。

## 三、中国档案网站总体分析

档案网站充当了档案工作网络时代开路先锋的角色，是打开新时代大门的先行者；然而，它必然带有初期的缺陷与不足。总体来说，中国档案网站具有以下主要特点，并存在以下问题。

### （一）"无头"现象

从行业网站发展的基本规律来看，一般按照从上到下、上下结合的方式发展较为合理。在我国，其他行业或行政管理部门都有国家级综合网站，如中国国家人才网、中国地震台网中心、中国文化网等，各级网

站上下贯通互联，逐步形成行业体系。

## （二）"孤岛"现象

"孤岛"现象是在以下三个因素的共同作用下产生的。第一，专业性太强，给人的感觉是，这些只是给档案专业人员看的，不适合非档案专业人员浏览，达不到网络应有的作用，不利于档案宣传工作。第二，从管理上讲，由于没有"龙头"网站，各地的档案网站各自为政，不成体系，成为一个个"孤岛"，没有初步形成上下贯通、网络互联的档案网站的网络体系。第三，从技术上讲，档案网站没有链接或链接很少，犹如进入了"死胡同"，进得去、出不来，加入搜索引擎的较少，网址查询困难。

多数网站上并没有档案网站或其他相关网站（如政府上网工程等）的链接。上海档案信息网已经向全国上网的档案局（馆）发函征集链接，希望档案网站尽快实现技术上并不难操作的行业网站的"友情链接"。除档案网站之间实现"友情链接"之外，档案网站与相关网站，如政府办公信息网、文化信息网等，也应实现"友情链接"，加入大信息、大文化的网络中去。

## （三）"差、少、慢"现象

档案网站出现的"差、少、慢"现象，即指"质量差、内容少、更新慢"的现象。

质量差的问题，主要是指档案网站的主页界面质量较差，结构比较呆板、单一。档案网站的主页一般是由档案部门的工作人员自行设计，没有专业美术人员和专业技术人员参与。

内容少的问题，既是指档案界新闻报道类信息较少，也是指档案内容信息缺乏。档案网站内容雷同，专业内容不丰富，亟待丰富和完善；

在档案网站主体信息——档案检索信息与档案内容信息方面，差距更大。总体上来说，应从案卷级目录检索逐渐实现文件级目录检索，最终实现全文检索。按照目前我国档案管理工作的水平，应首先将有关的档案目录信息尽快上传到档案网站，并随着档案现代化水平的提高，逐步实现档案内容的全文检索。

更新慢的问题，主要是指多数档案网站长期得不到维护，信息更新慢，网站上的信息老旧，有些网站甚至几年都没有更新信息。部分网站虽有信息更新，但内容不够详细，导致访问者搜索不到最新的或详细的资料，使得档案网站的访问量较低。

### （四）"有站无车"现象

档案网站的浏览者多是档案界的专业人士，少数是对档案和档案工作有一定关注度的人士。一方面，读者范围相对较小；另一方面，由于内容少、更新慢，读者无须在短时间内重复访问。总之，由于档案网站本身的种种缺陷，造成了这种"有站无车"现象或称"站小车少"的现象。（站小，指档案网站内容少、功能差；车少，指访问档案网站的读者人数少。）

## 四、档案网站的发展问题

21世纪中国档案网站的发展，应重点解决以下问题。

### （一）关于建设档案网站的思想认识问题

我国档案网站的建设规模及速度，与相关部门如图书管理部门相比，已处于落后状态。造成这种局面，固然有经费等方面的原因，但主要的原因在于建设档案网站的思想认识问题。具体地讲，要解决以

下两个问题。

**1. 对建设档案网站必要性的认识**

档案事业与网络，两者在本质上具有不容置疑的必然联系。从本质上讲，网络是一个公共信息平台，而档案馆是公共信息库。信息库需要网络平台的承载与传输，网络平台需要丰富的信息资源，两者之间相互匹配；特别是数字化的档案馆对网络具有极强的依赖性，离线的数字档案馆是不可想象的。21世纪是中国档案事业数字化和网络化时代，对此必须具有深刻的认识。

**2. 对建设档案网站可行性的认识**

人们往往能够肯定建设档案网站的远期必要性，但对建设档案网站的现实可行性常常持怀疑态度。其原因在于，对于网站建设的有关细节问题不甚了解，将其神秘化，无形中夸大了建设档案网站的种种困难。

创建档案网站所遇到的困难主要是技术问题和经济问题，这两个问题实际上并不是不可逾越的障碍。因为普通的档案网站创建技术并不复杂，能够创建普通档案网站的技术人员比比皆是；而在经费问题上，在网站建设初期可以因陋就简，不必过度追求网站的强大功能，因此无须花费大量资金就可以解决网站建设的经费问题。实际上，部分档案网站是在基本"零成本"（在已有计算机的情况下）的情况下建成的。

## （二）与档案网站发展有关的基础性工作问题

相对而言，创建档案网站的难度并不大，而发展档案网站，使之成为真正的网上档案馆的难度相当大。建设真正的网上档案馆的主要困难在于，它需要大量的基础性工作。这些基础性工作主要在于馆藏纸质档案的数字化以及办公自动化条件下产生的电子档案的接收与管理工作，即档案信息数据库的建立工作。档案信息数据库是网上档案馆的内容基础。其中馆藏纸质档案的数字化问题是建立数字档案馆的最大障碍，需要付出艰苦的劳动，耗费大量的工作时间。目前，馆藏纸质档案的计算机录入还没有非常便捷的方法，即使使用扫描仪也需要做大量的纠错工作。

先进的信息技术为档案工作的发展提供了极好的条件，但也带来了新的难题，增加了一些额外的工作。档案工作者要发扬"愚公移山"的精神，使档案工作进入新世纪的"信息高速公路"。

## （三）档案网站建设的具体操作问题

1. 网页制作

网页制作是一项比较繁杂细致的工作，既有技术含量，又有知识要求，还要有足够的信息储备和一定的审美观点。在运作之前要进行细致的筹划，做好方案的设计和论证工作，不要贸然动工。

2. 网站的维护与更新

网站要经常维护更新，特别是信息类的内容。互联网上的信息瞬息万变，网页要保持活力，就必须定期更新。网站更新有两层含义：一是向网站中不断添加新内容和新功能，二是要不断地更新网站内容，特别是信息类内容。站点的维护及更新最好由各级档案部门的工作人员来做。一是保证随时更新；二是保证网站的亲和性，即接近档案工作的具体情况，便于更新。网站的维护人员应该是全才，即有档案和计算机两个方面的知识与技能，特别是对网页制作比较精通，还要具备一定的编辑和审美能力。

3. 档案数据库与档案信息查询管理工作

不断扩大的网上档案数据库以及广大利用者的网上查询活动，都需要档案人员进行适当的管理。其中，数据库的管理工作要求有较强的技

术能力和严谨的工作作风,而要做好网上利用者的档案信息查询管理工作,还要有较高的服务意识和沟通技巧。

# 8

第八章

# 档案信息化保障体系建设

# 第一节 人才队伍保障体系

在档案信息化进程中，知识及掌握知识的人才是档案信息化事业获得成功的决定性要素，也是信息化保障体系建设的核心任务。信息技术的发展为档案信息化提供了优越的条件，然而，技术日新月异，也对档案信息化人才队伍提出了更高的要求。能否培养好、使用好各类人才成为衡量档案信息化实力的重要标准。

## 一、人才队伍的素养要求

### （一）创新思想观念

观念虽然无形，但是对提升档案信息化人才的决策能力和执行能力具有决定性的作用。为此，需要培育以下7种新思维。

1. 开拓思维

树立"追求理想、崇尚科技、奋力改革、不断开放、不畏艰险、不甘落后、奋勇拼搏、图存图强"的开拓意识，破除"守旧、畏难、不作为"的落后意识。

2. 战略思维

战略是对事业发展的全局性、长远性的谋划，战略眼光是大视野，战略目标是大手笔。为此，要将档案信息化和社会发展的大趋势，如改

革开放、经济繁荣、知识管理、文化传播等紧密联系起来，将社会需求作为档案信息化的目标，形成科学的"顶层设计"，自上而下积极稳步地组织和推进档案信息化工作，改变过去各自为政、分头重复建设的粗放型发展格局。

3. 策略思维

科学的策略是又快又好地实现战略目标的最佳路径。当前，针对档案信息化的薄弱环节，应当实行"内合外联"的策略，即对内实行档案技术和信息资源的整合，以整合的实力提升外联的能力；对外实行与外部信息系统的联合，接收优质的档案信息资源，再辐射出去，使档案管理信息系统成为社会信息的集散枢纽。

4. 人本思维

档案管理信息系统要真正做到"以用户为中心"，即以档案利用者和档案工作者的应用度、满意度作为档案管理信息系统建设的出发点和归宿点。为此，档案管理信息系统要尽可能地满足用户，特别是社会大众的需求，且要做到操作简便、界面友好、富有人性。

5. 开放思维

网络是一个开放的平台，只有开放才能充分发挥网络化的优势。因此，档案管理信息系统要积极地与各种社会管理信息系统互联互通、无缝对接，在互联中获取更多的数字档案资源，在网络化服务中提升档案工作的社会影响力和社会认可度。

6. 忧患思维

电子档案的存储密集性、传播快捷性、技术依赖性及表现虚拟性，使其失真、失全、失效、失密的风险日益增加，而且数字化带来的灾难往往发生于一瞬间，且多具有毁灭性。由此，搞档案信息化建设要具有忧患意识，居安思危，未雨绸缪，警钟长鸣，一手抓技防，一手抓人防，两手都要抓，且两手都要硬。

7. 辩证思维

档案信息化会遇到许多矛盾的对立面和统一体，如资金的投入与产出、数据的存入与读取、配置的集中与分散、信息的共享与保密、文件的有纸与无纸、资源的增量与存量等，需要我们用联系的方式和发展的眼光去认识、处理好对立统一的关系，避免陷入非此即彼或顾此失彼的僵化思维方式。

## （二）优化队伍结构

档案信息化建设的人才队伍至少需要以下四种类型的专业人才，尤其需要兼备两种以上特质的跨界复合型人才。

1. 研究型人才

档案信息化需要科学的理论指导，没有理论指导的实践是盲目的实践，脱离实践的理论是空洞的理论。研究型人才是理论的探索者和实践的导向者，其主要责任有：研究档案信息系统建设的理论，探索电子文件归档管理以及电子档案科学保管、远程利用的方法，研究新技术、新方法在档案领域的应用，研究与开发先进、适用的档案信息管理软件，提出电子文件和数字档案管理的标准规范，主持或参与档案信息化科研工作，从理论和实践结合的角度指导档案信息化工作的开展，培养档案信息化建设人才。目前，档案信息化研究者主要为档案信息化工作者和高等院校师生，他们各有优势，却又各自存在理论与实践方面的不足。只有两者强强联合，形成优势互补，才能促进理论和实践的紧密结合及良性互动。

2. 管理型人才

档案信息化是一项复杂的系统工程，需要实行严格的目标管理及精

细的过程控制。管理型人才的主要责任有：掌握国内外档案信息化建设的现状、经验教训、发展趋势，制定切实可行的档案信息化战略规划和实施方案，制定相关的管理办法和标准，组织、指挥、督促、指导本地区及本单位的档案信息化工作，协调档案信息化建设和其他外部信息系统建设之间的关系，培养和使用档案信息化人才资源，有效筹集、合理使用信息化建设资金，等等。目前，各机构的档案信息化管理职能多由档案管理人员承担，他们具有传统档案管理的理论知识和实践经验，但是往往缺乏信息化知识和技能，又由于工作繁忙，缺乏接受信息技术继续教育的机会，可能造成档案信息化管理上的缺位或错位，亟待通过各种途径提高现有档案行政干部的信息化素养。

3. 操作型人才

档案信息化涉及的环节多，可操作性强，需要一大批既懂得档案管理业务又熟悉计算机操作的操作型人才。这类人才的主要责任是应用计算机网络技术，从事档案数据积累、归档、组卷（组件）、分类、编目、扫描、保管、鉴定、检索、数据备份等操作，他们的工作重复且枯燥，容易因疲劳而出现差错。操作型人才的工作责任心和操作能力，直接关系到档案信息资源的安全、质量和价值。对操作型人才的素质要求是，具备强烈的信息安全意识、高度的工作责任心及熟练的操作技能，比如纸质档案扫描，只要求掌握规范的操作流程和方法，以及必要的图像处理技术。操作型人才的培养需要进行短期的突击培训，而更主要的是要在实践中锻炼成才。

4. 其他型人才

档案信息化建设还需要以下几种类型的专业人才。

（1）法律人才。

档案信息化建设，特别是网站建设，可能涉及保密、隐私保护、知识产权、合同管理、网络安全等法律问题，需要具有相关法律知识的人才提供法律支持。

（2）外语人才。

外资企业、中外合资企业的档案信息系统和档案信息资源中往往涉及大量的外文，因而需要配备外语人才。

（3）数据库管理人才。

数据库定义、运行维护、资源配置、权限设置、数据迁移等都需要用到数据库管理专业知识，此项工作往往由本单位的信息技术人员负责，如果数据库服务器设在档案部门，档案部门也需要配备这样的专业人才。

（4）多媒体编研人才。

如果本单位需要完成大量的多媒体档案编研工作，需要配备必要的多媒体档案编研人才，以便从事多媒体档案的收集、整理和编辑工作。

需要特别指出的是，以上人才结构的落实，关键在档案部门的岗位设置。受各单位人力资源编制限制，从实际出发，以上人才岗位的设置，既可以是专职，也可以是兼职，如果是兼职，不宜兼职过多，以免影响其专业能力的发挥。

## 二、人才队伍建设策略

### （一）预测与规划

人才的引进与培养不可能一蹴而就，特别是从档案队伍中培养信息化人才需要较长的时间。为此，各单位要按照本单位、本行业档案信息化长远规划和可行条件，分析人才总量、结构、分布与需求的差距，对人才需要进行前瞻性预测，对人才引进和培养方式进行决策、制订计划、纳入编制，然后有步骤地引进和培养人才。档案信息化的人才队伍规划

要综合考虑人才的知识结构、技能结构和类型结构。

## （二）培养与使用

### 1. 人才培养途径

档案信息化的人才培养有以下几种途径。

（1）对现有档案人员的教育与培训。

加强档案业务人员培训是解决档案信息化建设所需人才问题的主要措施，是提高现有档案人员信息化能力和技能的主要途径。在培训内容方面，应加强对档案业务人员应用新技术、新设备、新方法的培训，普及信息技术知识，提高档案业务人员掌握和运用现代化技术的能力；在培训方式方面，要把档案部门自主培训和社会辅助培训结合起来，发挥各方优势，增强培训效果。

（2）引进人才。

档案信息化建设需要的信息技术、信息管理专业人才，很难在短时间内从档案工作者中培养获得。为了满足急用之需，需要从社会上引进IT人才。引进的人才一定要综合素质高，事业心、责任心强，信息技术能力强，团队协作意识强。为此，在引进人才时要严格审核，尤其要考查其解决实际问题的能力，避免盲目引进。对引进的IT人才，要尽快使其掌握档案理论和业务知识。

（3）短期聘用人才。

IT人才也分不同层次和专长，分别适用于档案信息化建设的不同阶段和岗位，如系统分析员适用于系统建设的前期阶段，该阶段结束后，就不需要系统分析员了。因此，档案信息化建设中涉及的一些高级技术人才以及从事纯技术性工作的人才，可以采用外包、合作或聘用的方式获得。档案信息化建设所需要的法律人才、外语人才、多媒体编研人才、数据库管理人才、系统维护人才，也可以用这种方式获得。

## 2.人才培养方式

人才的培养方式应当是多层次的。高等院校是档案信息化专业人才的培养基地，具有较强的师资力量、较高的科研水平及完备的教学设施，是我国档案人才培养的骨干力量和主体；然而，高等院校现有的教学规模不能满足档案信息化人才发展的需要，而且单纯的学历教育无法满足档案信息化实践的需要。因此，必须通过继续教育、岗位培训、专题短训等方式，对具有档案专业背景和信息技术背景的人才，按照"缺什么补什么"的原则，进行各种专业知识和技能的突击培训，完善人才的知识结构，以解档案部门复合型人才缺乏的燃眉之急。

## 3.人才的使用

档案信息化建设要想吸引人才、留住人才，调动人才为档案事业奉献的自觉性和主动性，需要制定相应的人才吸引政策；关注并满足档案信息化人才的切身利益；给人才安排适当的岗位，使其能够发挥自身专长；给人才提供继续教育及实现自身价值的机会，真正做到以事业留人，以感情留人，以适当的待遇留人；真正做到人尽其才，才尽其用。

# 第二节 信息安全保障系统

档案信息安全是指构建动态的档案信息安全保障体系，确保档案信息的真实性、完整性、保密性、可用性、可控性。档案信息安全保障体系由档案信息安全法律法规体系、档案信息安全管理体系和档案信息安全技术体系三部分组成。

# 一、档案信息安全法律法规体系

要保证档案信息安全,首先需要建立档案信息安全法律法规体系,做到有法可依。该法律法规分布于档案专业的内部和外部。内部有涉及安全问题的档案法律法规,外部有涵盖档案管理的信息安全法律法规。

## (一)涉及安全问题的档案法律法规

《档案法》是我国档案法律法规的基石,在《档案法》及其实施办法的基础上,我国档案管理部门制定了一系列关于或涉及档案信息安全的规章、标准和规范性文件。

## (二)涵盖档案管理的信息安全法律法规

我国档案信息化建设尚处于发展初期,专门针对档案信息安全问题制定的法律法规较少,档案信息安全法律法规体系的主要内容仍由涵盖或涉及档案信息安全的信息安全法规构成。这些综合性的信息安全法律法规为档案信息安全提供了基本的法律规范,也应列入档案信息安全法律法规知晓和执行的范畴,同时,这些法律法规对制定和完善档案信息化的专门法律法规具有依据及参考价值。

# 二、档案信息安全管理体系

档案信息安全是一项基于技术的管理工程。从管理层面上讲,要确保档案信息安全,必须在风险分析的基础上确立档案信息安全的策略、方针和目标,成立相应的管理机构,建立合理的管理机制,制订安全管理计划,分解安全管理职责,执行安全管理制度和管理标准,建立并实施完善的档案信息安全体系。

## （一）完善组织机构

有条件的档案部门可以成立档案信息安全管理中心，专门负责实施和监控整个档案信息安全管理活动。档案信息安全管理的每个环节都必须与安全管理中心进行交流，安全管理中心还具备评价数字档案信息安全管理体系运作情况的功能，可以对安全方针、安全制度和安全措施的实施情况进行调查，并分析这些安全举措对档案信息安全的影响，然后提出相应的改进方案。数字档案信息安全管理中心由部门领导、信息管理专家、信息技术专家、以及技术成熟、人员稳定的开发队伍及有关的工作人员组成。

## （二）进行风险评估

档案部门必须清楚档案信息系统现有的及潜在的风险，充分评估风险可能带来的威胁和影响，这是档案信息化建设首先要解决的问题，也是制定信息安全策略的基础与依据。进行风险评估，不只是明确风险，更重要的是为数字档案信息安全管理提供基础和依据。

## （三）制定安全策略

制定档案信息安全策略，要在完善配套、科学合理的有关数字档案信息安全的法制和标准体系下，通过有效的信息安全技术和安全管理遏制来自外部和内部的攻击，增强系统的安全防护能力及隐患发现能力，确保数字档案信息资源内容和信息载体的安全，力求达到所需的安全级别，具体安全策略可分为内部建设安全策略和网间互联安全策略等，循序渐进并逐步加以完善，最终形成功能强大的数字档案信息安全管理体系。

### (四) 开展数字档案信息安全管理培训

开展数字档案信息安全管理培训是档案信息安全管理体系的重要环节之一，特别是各关键岗位的人员，对确保档案信息的安全具有重要作用。需要定期对相关人员进行安全策略及安全技术的"应知、应会"培训，尤其是安全策略更改或面临新的安全风险、部署新的安全解决方案之后，更要对其加强培训，以保证档案信息安全策略的有效实施。

### (五) 贯彻执行管理决策

管理决策的贯彻执行必须依靠人来完成，虽然档案信息安全管理体系建设涉及档案部门各个方面的因素，但归根结底是取决于"人"。没有机构人员的认可、理解与支持，就没有数字档案信息安全管理体系的实施前提；没有档案部门的有力组织与协调，则很难保证档案信息系统建设的顺利进行；没有相关实施人员的互相配合和出色工作，无法使档案信息系统中各模块的信息无缝集成；没有具体业务人员及时准确地收集各种基础信息，就没有档案信息系统的输出；没有资深咨询顾问的正确指导，档案信息系统在实施时就难免会走弯路，甚至可能遭遇失败。

### (六) 持续完善管理体系

完善管理体系分三步走：首先，确定待评价档案信息安全管理系统的边界和范围，明确评价的目的，以系统整体为立足点，总体分析各方面的效益与成本及其与系统各构成部分之间的关系；其次，确定待评价系统的状态与所处的阶段；再次，选择适当的评价方法，确定适当的评价指标；最后，收集有关数据、资料，进行分析、计算，得出评价结果，并将评价结果书面化。完善评价结果，提高档案信息安全管理体系及具体实施过程的有效性和效率，以满足自身、用户及其他相关方日益增长和不断变化的档案信息需求与期望。

## 三、档案信息安全技术体系

档案信息安全在技术方面主要采取信息加密技术、信息确认技术、访问控制技术、病毒防治技术、审计技术、防写技术等来实现。

### （一）信息加密技术

信息加密技术是保障信息安全最经济的基本技术措施，也是大多数信息防护措施的技术基础。信息加密的作用是防止敏感的或有密级限制的信息在传输过程中泄密。

### （二）信息确认技术

信息确认是指通过一定的技术手段防止文件的内容被非法伪造、篡改和假冒，同时用来确认文件的发出、接收过程以及利用者的身份和权限的合法性。目前，常用的信息确认技术有数字签名技术和数字水印技术。

1. 数字签名技术

随着我国《电子签名法》的颁布实施，数字签名在法律与技术上逐步走向成熟。数字签名，又称"公钥数字签名"，是只有信息的发送者才能产生、别人无法伪造的一段数字串，这段数字串也是对信息发送者所发送信息真实性的有效证明。它是一种类似写在纸上的普通物理签名，使用公钥加密技术来实现的，用于鉴别数字信息的方法。一套数字签名通常会定义两种互补的运算，一种用于签名，另一种用于验证。

## 2. 数字水印技术

数字水印类似于传统印刷品上的水印，用以鉴别电子文档的真伪。它是在传输的文本、图像、音频、视频等电子文件中附加一种几乎抹不掉的印记，无论文件做何种格式变换或处理，其中的水印都不会变化。该印记在通常状态下隐匿不现，除非用特殊技术检测，一旦这种水印遭到损坏，文件数据也会受到破坏。

## （三）访问控制技术

访问控制是信息系统安全防范和保护的主要策略，其任务是杜绝对系统内电子文件信息的非法利用和蓄意破坏。访问控制技术种类繁多，且相互交叉，目前主要有以下两类。

### 1. 防火墙

防火墙是设置在被保护文件系统和外部网络之间的一道屏障，以防止发生不可预测的、潜在的、具有破坏性的侵入，它可以通过监测、限制跨越防火墙的数据流，尽可能地对外屏蔽系统内部的信息、结构及运行状况，保护内部网络的安全。防火墙属于信息安全产品，国家规定实行强制认证，在文件管理系统中使用的防火墙必须是经国家认证的产品。

### 2. 身份验证

为防止未经授权的用户操作文件管理系统中的各类资源，在用户登录或实施某项操作之前，系统通常会对其进行身份验证，并根据设定来决定是否允许其执行该项操作。验证过程对用户而言就是要提供其本人是谁的证明。身份验证的方法有很多，并且在不断发展；但其验证对象有三个：所知信息（如口令）、所持实物（如智能卡）、所具特征（如指纹、虹膜、语音等）。

## （四）病毒防治技术

即使采用防火墙、身份验证和加密技术，文件系统仍然可能遭到病毒的攻击。防治病毒包括两层含义：一是预防，在系统或载体未染毒之前采取有效措施，防止发生病毒感染；二是杀毒，在确认系统或载体已染毒后彻底将其清除。防毒是根本，杀毒是补救措施，目前普遍使用的是以特征扫描为基础的杀毒软件。

文件网络环境下的防毒、杀毒需要注意以下几点。

第一，从客户机和服务器两个方面采取杀毒防毒措施。电子文件管理系统有的采用客户机服务器模式，客户机、服务器都可能遭受病毒侵袭，因此，必须同时展开防毒杀毒工作。

第二，由于病毒在不断变异，杀毒软件也在不断升级，网络管理员与档案管理人员应注意及时更新杀毒软件的版本类型，选用先进、可靠的杀毒软件。

第三，加强对网上资源的访问控制，防止非法用户进入网络，充分利用网络操作系统和文件管理系统自身的安全管理功能。

防毒杀毒是一项系统工程，必须从管理和技术两个方面着手，采取综合措施建立起完善的病毒防治体系。

## （五）审计技术

审计技术旨在记录电子文件运行处理的全部过程，抑制非法使用系统的行为。采用审计技术的电子文件管理系统将自动记录系统运行的全部情况，形成系统日志。系统日志是系统运行的记录集，内容包括与数据、程序及系统资源相关的全部事件的记录，如机器的使用时间、敏感操作、违纪操作等。审计记录为认证电子文件的真实性提供了基本依据，借助系统日志，管理员可以分析系统运行的情况，追踪事件过程，排除

系统故障，侦察恶意事件，维护系统安全，优化对系统资源的使用。

## （六）防写技术

防写技术是为保障电子文件内容不被修改所采取的安全技术，其目的是通过技术手段来固定处于静态的电子文件的内容信息。大多数文件管理系统都具有将运行其中的文件的属性设置为"只读"的功能，在只读状态下，文件内容只能读取，不能更改，除非具有高级权限的用户更改了文件的"只读"属性。另一个简单的防写技术手段是将文件内容刻录到 CD-R（一次写入、永久读取）光盘、WORM（一次写入、多次读取）磁盘等一次性写入存储介质中，这些不可逆式（无法改写已写入的内容）的存储载体可以有效地防止对静态电子文件内容的改动，保证电子文件的真实性和完整性。

# 9

第九章

# 档案信息化管理与建设的创新

# 第九章 档案信息化管理与建设的创新

## 第一节 文件档案一体化管理

计算机的普及应用、电子文件的产生,以及各种办公自动化系统的推广和应用,使文件档案一体化管理成为可能。文件档案一体化管理是从文书管理和档案管理的全局出发,实现从文件生成、办理到档案归档管理的全过程管理,保证文件内容的完整性、元数据数据结构的一致性,以及从文书到档案的数据畅通性、完整性。在网络信息系统中,电子文件和电子档案很难区分,各行业的信息化形成了大量的电子文件,在结束其现行业务之后,需要将有保存价值的电子信息进行整理、归档,进入永久保存期,这必然会使"文档一体化"管理模式进入实质性的应用阶段。

### 一、"文档一体化"管理思路

"文档一体化"强调电子文件全过程管理的连续性以及信息记录的完整性,目的是确保有保存价值的电子文件,自生成开始到生命周期过程结束的全过程,其信息能够获得完全的记载及一致的保存。"文档一体化"管理的思路体现在以下几个方面。

#### (一)管理过程的互动性

"文档一体化"最重要的特点是实现了现行业务系统的工作与档案

工作的互动与交叉，一方面使档案工作者从文件生成之日起就能开展鉴定归档以及归档后的管理工作，通过前端参与和过程控制，加强为社会积累财富的执行力；另一方面增强了开展现行业务活动的工作人员对档案的认知程度，不仅使其认识到，只有将有价值的文件完整归档并移交给档案部门进行保管才算工作的真正结束，还要使其意识到，在开展现行业务系统的过程中，要明确责任、注意积累，记录电子文件活动全过程中所有重要的和有价值的信息，以确保电子文件的真实性和完整性。管理过程的互动性增强了各方人员工作中的交流与沟通，对形成和积累有价值的、完整的、真实记载社会活动信息的电子档案具有非常重要的社会意义。

## （二）应用系统的统一性

"文档一体化"管理模式的实现是文件和档案依赖统一的管理信息系统，并运行于同构的网络、服务器、数据库管理平台，采取相同的数据、文件存储格式，不同的是档案工作人员对信息系统的操作权限有所不同。在文件的生成、处理、会签、审批等各个业务工作处理环节，业务工作人员拥有文件的增加、修改、删除等权限，而档案工作者只有查看、浏览档案信息的权限。在文件结束其现行期业务工作之后，进入归档阶段时，由电子文件的归档整理人员进行筛选、整理，而档案工作者开始履行电子文件的鉴定职能以及归档前的指导工作。在电子文件归档形成电子档案后，档案工作者需要做好电子档案保管工作，并为档案形成单位和社会提供档案的服务与利用。应用系统的统一性使得在从文件到档案的转变过程中，不再需要数据转换和迁移，保持了文件信息的真实性和完整性，同时降低了信息系统操作的复杂性，以及使用过程中的错误发生率。

## （三）工作流程的集成性

在传统的文件管理过程中，文件的形成、归档以及作为档案保管与提供利用等环节，都将文件生命周期清楚地划分为三个相对独立的阶段，即现行期、半现行期和非现行期，并由现行业务工作部门、机构档案室和档案馆三个物理位置不同的部门分别完成相应的工作。"文档一体化"实现了文件、档案管理流程的集成，要求在一个统一的系统内，有统一的控制中心、统一的工作制度、统一且各有特点又互相衔接的工作程序，将档案著录、鉴定、保存和管理等工作贯穿于文件的形成、流转、会签、批准或签发、整理、鉴定、归档、移交、保存或销毁等各个环节，实现各过程中工作流程的集成及信息的共享，而且能够根据不同的文件与处理要求定义特定的工作流程，实现流程的优化及个性化处理，提高了工作效率，降低了档案接收和保管的复杂性，避免了信息的多次录入以及产生不一致信息的可能性。

工作流程的集成性体现在以下几个方面。

1. 归档工作与文件处理业务活动的集成

各单位在采用办公自动化系统生成和处理文件时，可以考虑为重要文件贴上归档标记，保证其在处理完毕之后即可存入档案数据库。

2. 归档工作和鉴定工作的集成

文件生成之日给重要文件做归档标记，是对文件保存价值的一种初始判断，档案工作人员在开展鉴定工作时，应重点考虑带标识的文件。这样既保证了鉴定工作的质量，又提高了工作效率，使归档文件的质量控制及文件的技术鉴定工作得以同步进行。

3. 归档工作和用户权限设置、数据备份等工作的集成

归档意味着电子文件管理权由文件生成单位转移到档案保管单位，

系统用户对文件的操作权限随之发生变化。此外，归档过程中需要对归档电子文件做电子签章和数据备份，这些工作都可以随着归档工作的结束同步完成。

4.归档工作与档案整理工作的集成

归档的同时，系统会根据预先设定的档案目录信息著录规则，实现自动分类、自动著录，然后在人工参与的条件下进行核对、确认，以及添加档案馆保管档案的其他元数据项的内容。

### （四）业务处理的自动性

"文档一体化"是在充分信任的网络、计算机和信息系统的数字环境下开展工作，采用信息技术以及基于工作流程管理理念实现的自动化信息系统，不仅提高了业务处理工作效率，而且降低了错误发生的概率；同时，在一些业务处理环节应用系统自动处理技术，如电子文件版本信息的自动跟踪，电子文件处理过程中的责任信息记录，基于管理规则实现的电子档案的自动标引，等等，大大提高了业务处理工作的自动化程度，降低了人工操作的复杂程度。由于这些自动化的处理过程是通过系统身份认证之后自动生成并保存记录的，大大提高了电子文件整个生命周期活动中信息记载的真实性和完整性。

### （五）归档工作的及时性

"文档一体化"应用系统的广泛使用，使档案工作者能够随时对归档范围内的、已经完成现行期使命的文件进行鉴定、整理、归档及提供利用等工作。一旦电子文件的形成机构确认该文件已经结束现行期的历史使命，就能够实现即时归档、即时鉴定，从而避免以往通行的隔年归档方式存在的各种问题，如信息丢失、泄密、信息滞后等。

### （六）安全管理的有效性

"文档一体化"，一方面使电子文件归档过程变得简单、快捷，提高了自动化程度；另一方面实现了对电子档案原始文件与档案目录数据的同步管理，最大限度地减少人工干预，不仅提高了归档工作的效率，更重要的是大大增强了归档过程的规范性和安全性。至于网络和信息系统带来的安全风险，是能够通过采取有效的现代技术手段来控制的。据权威机构统计，70%的信息安全事件是源于管理上的漏洞，应该说，采用自动化手段执法比靠人工执法的安全性要高。特别是自2004年《电子签名法》颁布实施以来，电子签名、数字证书、身份认证等安全措施和技术手段的采用，大大增强了电子文件和电子档案安全管理的有效性。

## 二、"文档一体化"的实现方法

"文档一体化"管理系统的建立离不开计算机与网络技术的支持。现代化的办公系统要求文书与档案工作紧密衔接，实现办公信息传递、存储、查阅、利用、收集的现代化和自动化。受我国文件和档案分开管理传统模式的影响，办公自动化系统与计算机档案自动化管理系统迄今仍是两个相互独立的系统。

不少名为"文件和档案管理一体化的信息系统"，实则只是将文件管理和档案管理并列，而非真正将数据集成在一起，仅仅是将办公自动化系统产生的数据自动导入档案管理信息系统，这绝非真正意义上的"文档一体化"管理信息系统。"文档一体化"要求在文件产生阶段就对归档文件的真实性、完整性、有效性加以控制，鉴定、编目、著录、标注、利用等工作也要在文件产生和处理阶段进行。因此，研发能够覆

盖电子文件全部活动、实现文档状态记录和全过程管理的集成系统，将部分"档案管理工作"前置到"公文处理工作"中的"文档一体化"管理信息系统是实现"文档一体化"管理的关键。

### （一）"文档一体化"系统的业务流程

文档管理的实际办公过程比较复杂，有保存价值的电子文件经过整理、鉴定、审核、移交归档到档案部门管理，形成电子档案。

### （二）"文档一体化"系统的功能结构

通常情况下，"文档一体化"管理信息系统的功能包括收文管理、发文管理、归档管理和档案管理。这几个模块相互关联，内部信息集成化共享，真正实现了电子文件到电子档案的自然归档及一体化管理。

1. 收文管理

以电子文件的形式处理和记载上级公文、平级来文，用户可根据公文的登记日期、急缓程度、当前流转状态等过程信息快速有效地找到相关文件，并进行相应的操作。收文管理主要包括收文登记、收文流转、文件催办、流程监控、文件发布等过程。

2. 发文管理

处理并转发内部生成的或外来的文件。电子文件起草完成后，需逐级通过各主办与会签部门人员的审批和修改，最后提交领导签发，形成正式的公文，然后登记、归档。发文管理主要包括发文起草、发文流转、文件催办、流程监控、文件发布等工作。

3. 归档管理

电子文件归档大多采用以下两种方式。一是通过机构内部局域网的电子公文传输系统在网上实现自动归档，系统通过归档环节后，电子文件的管理权就移交给档案管理部门，成为电子档案。此时，其他业务人员能够按照系统授予的权限查询电子档案，但不可以修改档案。二是各立卷部门在向档案馆移交纸质档案的同时，上交以电子载体存储的各种信息，如磁盘、光盘等。这种方式主要适用于一些重要的凭证性或机密性电子文件的移交，归档后的档案管理也应采取相应的物理隔离和安全防护措施，特别是涉密档案，绝不能存储在网络上，以防止发生泄密。

4. 档案管理

根据国家电子档案归档与管理相关标准的要求，执行档案的移交、接收、审核、保存、管理、查询、统计以及提供服务利用等工作，档案形成机构可根据档案的信息类别或档案来源建立相应的档案信息资源库，并可根据归档年度、归档部门或档案实体分类等建立快速检索机制，以方便档案借阅和提供利用。

## （三）电子文件网络化归档的真实性的保障方法

电子文件网络化归档的全过程包括电子文件归档产生的数字化档案信息的形成、归档、管理和利用四个重要阶段，每个阶段都需要采取相应的策略和方法保障档案信息的真实性。

现行的电子文件是增量数字档案的原生信息，这个阶段档案信息真实性保障的主要责任人是连续处理电子文件的多个现行业务工作者，信息系统中常采用的技术保障措施是电子签名、日志跟踪、计算机处理等，在信息系统中记录和保存电子文件从形成、流转、审批到结束现行期业务全过程的原始信息及变动信息，形成电子文件的多个过程版本，并在终稿完成后，在档案专业人员的指导下及时开展电子文件归档工作。进入归档阶段的电子文件，如果采取网络化归档方式，应重点防范网络上非法访问的篡改行为以及网络传输过程中数据被修改的可能性。这个阶段，建立客户信任的专网传输通道是必要的，也是很有效的，利用公网

传输数据的用户可以考虑采用VPN（虚拟专用网络）技术实现网络化归档，充分采用VPN的数据加密、身份认证、访问控制、隧道封装技术等，以保障档案信息从信源真实地传送到信宿。对于密级较高的数据，采取介质归档方式比较稳妥。当然，这个过程中，归档单位对档案工作人员的管理以及规范化操作要求依然是非常重要的。在这个过程中，档案专业指导人员的工作重点在于监督执行，并严格控制由于人工原因造成的失误。

电子文件归档后进入档案及其信息的接收、维护和综合管理阶段，档案馆接收的电子文件应具有确认其真实性的法律依据，2004年颁布的《电子签名法》规定了电子签名的有效使用方法，因此档案形成单位在移交电子文件时，需要采取法律上认可的电子签名、电子印章等方法保障准备移交的电子文件的真实性，档案馆在接收档案时应首先验证电子签名、电子印章的合法性，并将归档的信息与电子文件终稿转存库中的信息进行比较，在核实确认电子文件内容真实、完整后，才能正式接收电子档案并将其迁移到档案馆的信息管理系统中，此时还需要在实行物理隔离的档案信息的灾难备份数据库中新增当前档案信息，然后开展维护管理及提供利用等工作。

提供利用的档案信息按照档案法、国家保密法规和档案保管条例的规定，一般只在网上提供公开档案信息的服务利用，在档案工作人员严格执法和规范化操作的前提下，破坏档案真实性的风险因素主要来自网上非法用户的恶意篡改、病毒攻击等，因此在提供档案信息网络化利用时，除加强网络安全防范措施外，还需要对公开档案信息进行灾难备份，并定期对网上提供利用的公开档案信息进行真实性核对。

由此可见，档案馆制定各个阶段电子文件真实性保障的规章制度将贯穿电子文件生命周期的整个活动过程，建立物理隔离的电子文件终稿转存库及档案信息的灾难备份库是保障档案真实性的有效措施，虽然会增加信息化系统的运行成本，但在确保档案信息真实性方面是非常有效的，也是可行的。

## 三、"文档一体化"深化应用的要求

"文档一体化"管理是信息时代档案工作的全新管理模式，是适应电子文件、电子档案管理发展的必然要求。文件、档案一体化管理的最佳实践是，在组织机构内部建立功能涵盖电子文件全生命周期业务活动的管理信息系统。

"文档一体化"的实现，使办公业务实现自动化、规范化，档案管理日趋现代化，具有电子文件从起草时就备份、从办文时就修正、办完后就归档、鉴定及整理等工作都能依靠计算机实现互动管理等优点。当然，开展"文档一体化"管理工作，对档案工作者也提出了更新、更高的要求，要求工作人员不仅要具有丰富的档案专业知识，还必须掌握现代信息技术，熟练地使用计算机及通信设备。"文档一体化"深化应用有如下要求。

（1）提高认识、统一思想。

提高认识、统一思想是"文档一体化"管理的基本要求。"文档一体化"的实质是将机构各部门相对分散独立的文件与档案统一为有机的整体进行管理。这不仅能够加强档案部门对文件管理的超前控制，保证档案的质量，而且能够实现文档数据的一次输入、多次利用，减少重复劳动，节约人力、财力、物力和时间；然而，要想真正实现"文档一体化"管理，对档案工作者而言，特别是档案部门的领导者，必须对"文档一体化"管理理念有一个全面、客观、科学的认识，并达成共识，使其充分认识到"文档一体化"管理的真正受益者是档案工作者自身，认识到新时期"文档一体化"的必要性和紧迫性，认识到这是时代赋予当

今档案工作者的使命,只有这样才能够顺利推行"文档一体化"管理,增强档案工作者的自觉性,使他们面对困难,不逃避、不退缩,勇于接受新鲜事物,逐步实施和应用"文档一体化"管理模式来开展各项业务。

信息化工作是一项长期的、复杂的系统工程,需要各单位投入必需的经费支持,这就要求各单位逐渐增加对档案管理工作的投入,落实档案事业经费,高度重视档案信息化建设,把档案信息化作为机构信息化建设的一项重要内容来抓,统筹规划,同步发展,提高档案管理的工作质量和效率。

(2)促进电子文件管理的标准化与规范化。

"文档一体化"管理,使电子文件与电子档案之间的关系更加密切,把二者放在一个综合的管理系统中,作为前后衔接、相互影响的子系统,统一地组织和控制文件生命周期的全过程。由于文件管理与档案管理的这种前后相承的关系,文件管理直接关系到档案管理的存在和发展,只有文件管理做到标准化、规范化,档案管理才能够顺利地展开。如果文件管理无章可循、混乱不堪,档案管理各环节也会陷入忙乱无序的状态,进而影响综合管理信息系统的整体效用。因此,必须提高电子文件管理的标准化、规范化程度,严格规范表达文件内部特征和外部特征的各项数据,为更好地推行"文档一体化"管理服务。作为档案工作者,应严格按照《档案法》和《电子公文归档管理暂行办法》的要求,参考《电子文件归档与管理规范》,针对现行文件管理过程提出各种标准、规范及具体实施要求,从而促进"文档一体化"管理的规范化和标准化。

(3)加强培训和继续教育,提升档案工作者的综合素质。

"文档一体化"管理要求档案工作者不仅要具有档案学基础理论知识及专业知识,还必须掌握现代信息技术,熟练运用计算机及现代通信设备来操作网络管理信息系统,要求档案工作者不断调整自己的知识结构,提高技能,加强综合素质的培养。因此,加强档案信息化咨询与培训，开展现代档案管理专业知识和档案信息化技术知识的继续教育，是档案部门迫在眉睫的任务，也是实现"文档一体化"管理的前提。否则，进行前端控制，开展电子文档的完整、有效和安全管理就成了一句空话。

## 第二节 档案资源多元化利用

### 一、档案资源的社会化利用

在信息社会和知识型社会迅速发展的21世纪，在档案信息化建设与发展的众多方面，无论是技术手段，还是信息资源的有效积累和广泛利用，都必将以档案信息资源的整合、集成、共享、利用作为出发点和落脚点，以传承人类文明，共享信息资源，实现社会的可持续健康发展。

#### （一）档案资源的知识化积累

档案的形成（鉴定、收集、整理与归档）是从个体知识转化为组织知识，再转化为社会知识的文化积累、动态跟踪的历史记载过程，档案的开发与利用（编研、开放、发布与利用）是人类传承文明、创新发展的进步与发展过程。

这两个相互衔接、彼此推动的过程循环往复、推陈出新，构成了人类社会的知识化动态增长和社会化自适应的档案资源不断丰富的过程模型。这表明档案文化通过"传承——积累——发展——传承"这样一种类似于文化加工厂的生产工序，随着人类自身的繁衍而形成民族文化

生生不息、无始无终的传承环链。

21世纪初，我国的电子政务与各行各业的信息化进入以知识管理为核心的快速提升和综合运营的重要发展阶段，信息技术的发展把知识管理推到了重要的位置，"以知识为基础的经济社会"的提法表明人们对知识和技术在经济增长中的作用有了更加充分的认识和了解。可以想象，未来的互联网将是一个丰富多彩的"知识网"，是一个储存综合知识的文化资源"大仓库"。档案作为人类社会活动的原始记录者和忠实承载者，在记录人类社会发展成果的同时也揭示了人类历史文化，它是民族文化遗产的重要组成部分。档案在历史文化传承中具有举足轻重的地位，发挥着不可替代的重要作用。档案资源必将成为未来"知识网"中不可或缺的重要组成部分，世世代代传承人类文明，证明历史，昭示未来。

## （二）档案资源的共享化利用

社会信息化使档案信息资源面临一个全新的生存环境与发展空间。美国档案学者杰拉尔德·汉姆指出，档案应该记载"人类生活的方方面面"，档案工作者要"创造一个反映普通百姓生活、喜好、需求的全新的文献材料世界"，馆藏档案是反映"人类生活的广阔领地"。档案资源唯有回归社会，得到最大限度的利用，才能体现档案保管的价值和作用。事实告诉我们，实现档案信息资源的集成化管理及共享化利用是档案贴近公众、服务社会的最佳解决方案。

要实现档案信息资源的共享化利用，首先必须在档案基础数据库的建设上下功夫。档案基础数据库是建设数字档案馆以及开展档案信息化的基础性工作之一，是实现档案信息资源的集成共享、统一管理、高效检索和方便利用的基础信息存储结构，更是国家信息资源数据库建设的重要内容。今天，我们处于信息技术快速发展的知识经济时代，国家、城市综合服务资源库的建设是社会发展的需要，是加强政务公开、实现便民服务的一项基础性工作。我国已经在人口、法人、自然资源与宏观经济四大数据库建设方面取得较大成效，作为人类社会活动的历史记载，档案资源的开发利用以及档案基础数据库的建设是国家信息资源建设的重要组成部分。可以说，档案基础数据库的建设已经成为各级各类档案馆面向社会提供档案资源利用服务的基本职能，成为我国整合档案信息资源、弘扬民族文化、提高民族素质的历史性课题，也是档案工作者采用现代化手段记忆当今社会改革、建设、发展的真实过程，支撑社会经济发展的历史性责任和义务，更是政务公开、提高办事效率及促进科学决策的依据。

在我国也有一些省、市级档案馆开展数字档案馆建设，制定了符合各地区需求的数字档案的元数据格式规范，建立了档案目录中心，提供部分开放档案信息的检索服务功能，具有典型示范作用。比如，福建省分布式档案基础数据库建设是基于分布式数据库，在原来单机和局域网络的基础上开发完成的，它连接了若干分布式数据库，建立了档案目录数据库、档案内容数据库等。大多数档案馆还没有真正建立全面、系统的面向公众查档需求的档案基础数据库，而只是建立了一些专门的特定主题的数据库，只能够满足部分或特定的用户需求，特别是开放的档案信息资源没有实现集成，信息结构不统一，档案数据不系统、不完整，不能共享，更为严重的是，没有形成一个统一的、能够描述数字档案资源的格式规范及建设档案基础数据库的标准方法，以及实现档案资源的整合、组织与存储的技术方案及行之有效的建设思路。另外，建设档案基础数据库的关键技术如海量、非结构化的数据存储解决方案，基于知识管理的数据仓库和数据挖掘等技术，尚未在档案信息化领域得到广泛应用，这些因素都极大地影响了档案基础数据库建设的速度和质量，致使各类档案资源难以形成统一的资源库整体，限制了档案资源的深层次

挖掘和广泛利用。因此，研究档案基础数据库的元数据标准集，数字化档案信息的格式规范，档案基础数据库的建设思路和方法，各类结构化和非结构化档案数据的组织、存储和检索利用的关键技术、整合方案，提供检索服务和共享利用的有效机制，等等，将成为当前档案馆信息化建设重要的基础性工作。

### （三）档案信息服务机制变革

随着全国各行业信息化进程的加快，档案馆信息化应用逐渐走向更广、更深的领域。档案信息服务不再拘泥于传统的、单一的方式，将会有所创新，趋向多元化发展。

#### 1. 服务方式由被动型向主动型转变

改变传统的被动服务方式，提高服务意识，变被动服务为主动服务。长期以来，档案信息利用总是遵循着传统的服务方式——"等客上门"，但这实质上与信息社会的发展极不协调，不利于体现与发挥档案信息的价值，封闭了档案信息释放价值的多种途径。档案信息服务方式必须考虑到档案的特性，"送货上门"也是不行的，不符合《档案法》的基本要求。档案信息的主动服务方式应该是"请客入门"。具体措施有以下几种。

（1）针对档案利用者进行利用需求研究，主动提供档案信息利用，首先要广泛、深入地研究不同方面、不同层次的档案利用者。

（2）进行必要的档案宣传，社会对档案还没有形成广泛的认识和了解，档案利用也就无从谈起。

（3）提供多种档案信息利用方式，编制多样化的检索工具，形成一个全功能、高效益的检索系统；加强编研工作，以及编研成果的出版发行及交流，将档案价值的精华部分系统、全面、集中地向社会开放，向档案利用者提供档案信息查询和利用的捷径；拓展档案信息中介服务机构。

## 2. 服务手段由传统型向现代化转变

计算机网络技术、数据库技术及多媒体技术的发展使得档案信息服务手段发生了巨大的转变。借鉴相关学科数字化发展的研究成果，实现档案管理的现代化，应借助数字化综合管理信息系统，把分散于不同载体、不同地理位置的档案信息资源以数字化的形式储存，以基于对象管理的模式管理，以网络化的方式互联，从而提供及时利用，实现档案信息资源共享。我国的经济和技术条件的制约决定了档案管理手段转变的长期性，传统的档案馆信息服务技术与服务手段会有所扬弃，档案馆将以新的信息传播循环方式提供档案信息服务。

## 3. 服务内容由单一型向多元化发展

随着网络等信息技术与其他档案馆、信息机构及整个社会信息资源建立起紧密的联系，其信息服务将增加新的内容，诸如档案信息资源网络化组织管理，档案信息资源的网络导航，档案信息的数字化开发与提供利用，档案用户的教育培训，等等。例如，在档案利用者的教育培训方面，就需要在对利用者开展传统档案检索和获取方式培训的基础上，重点帮助其学会如何利用数字化的信息资源，如何选择档案信息数据库，如何从网上获取所需的档案信息，如何操作远程通信软件，等等。档案信息的组织方式、检索方式、采集方式，较之其他类型的文献信息来说，具有复杂多样、技术含量高、对利用者信息能力要求高等特点，而我国能够熟练利用档案信息的人很少，所以对档案利用者的信息检索能力、信息获取能力、信息筛选能力、信息识别能力的培养是档案信息服务中的一项重要内容。

## 4. 档案资源由封闭性向开放性转变

在网络环境下，档案馆信息服务资源已不再仅局限于馆藏档案信息

量等指标，而是着眼于档案馆获取档案信息、提供档案信息的能力。因此，档案馆除了充分开发利用本馆馆藏档案信息以外，还必须通过网络检索利用其他档案馆馆藏信息及网上信息资源。建立档案信息资源现代化管理系统，将档案信息纳入计算机网络，从而达到最快捷的信息资源利用效果。通过网络等信息技术实现档案信息价值的最大化，并最终取得档案信息服务于社会的最佳效果。从我国档案事业的现实情况来看，这将是一个长期的过程，然而这也是档案馆信息服务发展的终极目标。

### 5. 档案资源由单一型向多样性转变

档案馆提供的单一信息服务的资源是以收藏纸质档案为主要内容。在网络环境下，档案馆综合信息服务模式的服务资源将朝着多种载体形式并存的方向发展，包括各种电子文件、光盘、多媒体、缩微载体和声像载体等，尤其要加强数字化馆藏资源的建设。网络环境下的数字档案馆所拥有的完整的馆藏含义应该是"物理实体馆藏+数字化馆藏"。我国档案馆在档案信息数据库建设方面的任务是，在保留传统档案文献的同时，通过协作与协调，在一定程度上对馆藏资源进行数字化，同时要注意将各馆具有独特价值的馆藏文献数字化，制成光盘或上网传播，使各馆上网信息独具特色，并在此基础上形成一个档案信息网络。

## （四）档案文化产业的形成与发展

文化产业在全球范围内是一个新兴的产业。20世纪50年代，文化产业在部分西方发达国家逐渐兴起，随着社会物质文明的进步与发展，追求精神上的享受已经成为一种时尚，甚至成为人们生活的必需。我国文化产业的发展起步较晚，但在教育、体育、旅游、出版业、娱乐业、媒介广告、影视以及中介、经营、管理、咨询等方面已经形成规模，有相对完整的运作体系。这充分说明新时期文化产业的形成与发展已经成为我国国民经济发展的重要内容。档案作为网络时代重要的信息资源，在现代社会中发挥着越来越重要的作用,档案业务的开展被推向新的工作模式,档案文化的发展被置于一个全新的市场背景之下。

带有深厚文化属性的档案,其固有的知识性、价值性、信息性、凭证性属性决定了它是全社会重要的文化资源,具有潜在的开发利用价值及市场需求,这是档案文化产业形成的先决条件。

收集和整理、鉴定和归档业务是档案文化产业链的生存基础。不断积累和丰富的档案随着社会的发展以及时间的推移,成为宝贵的社会资源,档案信息资源的深挖掘、细加工以及全方位的开发利用是实现档案资源价值增值的基本手段,专业化的编研与开发是产业链活动过程中最重要的内容之一,也是将档案资源转变为文化产品的重要环节。商品化运作是人们认识档案文化产品的根本途径,档案文化产品只有经过流通环节才能变成人们熟知的商品,才能被消费、被吸收,才能产生更高层次的需求,这是决定档案文化产业链能否形成的核心因素。需求流(市场信息流)、资源流和资金流贯穿档案文化产业发展的全过程,缺一不可。档案文化产业链中每个环节点上的活动自成体系、各个环节协调运作,是档案文化产业链持续存在和良性发展的基本保障。档案文化产业的发展与壮大会提高人们对档案资源的认知度,会吸引更多的投资者,借助于档案文化产品产生越来越多的社会效益和经济效益。

全球经济一体化使档案文化产业的形成具备了充足的条件,但要真正发展起来,形成以档案文化产品为服务对象的产业化服务,还需要根据我国档案事业的发展现状,适时、适度地开展,同时要看档案从业人员以及相关领域的工作人员能否抓住机遇,迎接挑战,开展各项有益于社会发展的档案文化宣传和利用活动。当前,我国的档案事业已经在以公益性档案服务事业为主的基础上,开始了商品化档案文化产品市场的开发与发展,这是适应全球经济发展的重要举措;然而,为适应社会的进步与发展,我们还需要进一步在档案事业和档案科学领域不断地探索

和思考，不断地创新和发展。

### 1. 更新观念、关注现实，按照先进文化的理念管理档案

按照先进文化的理念管理档案是摆在我们面前的极其重要的任务，也是历史赋予我们的重大使命。在理论上有所突破的同时，我们更应关注实践探索与应用。就档案文化产业的功能而言，主要体现在利用档案资源为人类各种活动提供的服务上，而不在于其能否盈利以及在多大程度上盈利；其服务的对象应该有社会性和广泛性，应该包括对社会各阶层、各领域的服务。当然，这种服务有一部分应该是有偿的，但其公益性决定了其服务必须是微利的。事实上，档案的有偿服务已经在档案利用方面体现出来。可以预见，档案部门今后可能建立起多种收入渠道。档案有偿服务是一个复杂的问题，盈利在现阶段很难作为档案文化产业建立的前提，档案文化的发展也不可能靠档案部门自身的有偿服务来维系。

### 2. 以政府改革为契机，创新档案文化发展体制

档案管理体制改革势在必行，应以政府改革为契机，调整档案工作体系，转变职能，适应知识经济时代档案文化发展的需要。可以考虑将学会改为协会，发挥协会工作制的积极作用，将教育培训、沟通协调及评估等协同工作交给协会来开展。政府要把档案工作列入经济社会发展计划，各地方或专业协会的职能要以法律的形式固定下来，以协会为纽带，以档案馆（室）为实体，加大档案局的执法监管力度，重构新型的档案管理工作体系。从功能上讲，档案局的工作重点应放在如何保证国家对档案的依法管理以及国家对档案资源的所有权上，其主要职能是体现依法监管和服务。档案协会是以服务为主、以监管为辅的行业组织。档案馆是档案工作实体，作为档案协会的成员，应履行会员义务，交纳会费，享受协会提供的服务，并接受协会监管。

## 3. 以信息化为手段，促进档案行政管理体制改革

现行的档案上解制度、馆藏优化工作是长期未解决的重大课题。信息化工程的实施可以实现档案的实体管理与信息管理的物理分离，改变或取消多年沿袭的档案上解制度，仅此一举，就能为档案工作节约大量的人力、物力。档案信息的网络服务从根本上打破了多年来档案重保管、轻服务的现状，改变了人们对档案工作的认知，这对档案信息资源的开发意义重大。我国信息化的理论和实践证明，在实现管理机构的扁平化、提高行政效能等方面，信息技术发挥着重要的能动作用。就行业特点来讲，档案也是发挥信息化功能的最佳应用领域之一，依靠信息决策依然是档案高层管理者的主要理念，特别是办公自动化与电子文档管理的集成，现在和将来都是政务与企业信息化的重要方面。档案信息又成为各类数据仓库与决策支持系统的基础数据的组成部分，是电子政务所必需的。

## 4. 开展旨在建设先进文化的各类档案活动和项目

我国档案文化产业活动主要依靠政府财政拨款的支持，在一个较长的时期内，仍会以这种方式为主。目前，各类档案文化活动相继开展，如教育、展览等活动，且取得了比较好的社会效益。重大事件和个人档案的征集工作也有新的突破，但在认证服务以及各类凭证性的服务工作中，作为档案部门的特色服务方面仍无章可循，具有很大的随意性。在现有机制下，档案的收费服务规定也不统一，主要是科技、教育及文化档案本身的市场化利用没能反映出知识产权的价值。在以后的改革及新的管理体制下，这些方面应该有所突破。未来，在档案服务方面，通过网络计算机提供的档案信息服务将成为档案文化服务的主流，这种服务无疑是面向全国经济、政治的各个领域的，其范围也将是全国化和国际化的，如果没有市场化运作的保障机制，这是不可能实现的。

**5. 提高档案工作人员或档案从业人员的综合素质**

提高档案工作人员或档案从业人员的综合素质是档案文化得以发扬光大的关键。近年来，档案人员文化素质的变化很大，但改变档案人员"档案保管员""资料保管员"的形象以适应现代社会的发展要求，还需要较长的时间。档案工作者应该具备所在行业的普遍性常识以及档案管理的专业知识，既要掌握信息化知识、基本的计算机操作技能以及数字化档案的管理与备份技巧，又要有文化产业要求的市场开发能力和服务能力，达到信息时代的公务员与文化工作者的双重要求。

## 二、馆藏档案数字化应用

为适应公众网络化查档及档案信息化管理的多元化需求，馆藏档案数字化以及开展档案数字化应用系统建设已成为现代档案管理中的一项重要内容，对档案工作者而言，这也是一项全新的任务，需要在充分认识到馆藏数字化的重要性和必要性的基础上，采取有效的策略和方法，开展馆藏档案数字化系统建设及有效利用。

### （一）馆藏档案数字化的意义和任务

2021年6月，中共中央办公厅、国务院办公厅联合印发《"十四五"全国档案事业发展规划》，明确了我国档案事业发展的形势和面临的挑战、总体要求、主要任务以及保障措施。在数字化转型加速推进的背景下，新领域、新平台、新业态、新技术不断涌现，档案工作环境、对象、内容发生巨大变化，迫切要求加强档案科技攻关，创新档案工作理念、方法和模式，加快档案数字化转型和智能升级。

馆藏档案数字化工作主要包括两项任务：一是对传统载体档案目录进行数字化，二是对档案内容进行数字化。档案目录数字化的主要工作是对载体档案进行编目，并将目录信息录入计算机系统中，建立档案目录数据库，利用管理信息系统实现档案目录数据的计算机化管理以及目录信息的资源共享。档案内容数字化的主要工作是将馆藏的纸质照片、录音、录像、缩微载体等档案通过扫描、加工、处理（包括去污处理、图像处理、OCR识别等），转变为文本、图像、图形、流媒体等数字格式的信息，存储在网络服务器中，并利用计算机及信息系统提供查询、检索和浏览等服务。

## （二）馆藏档案数字化的思路与方法

"一切为了用"是馆藏档案数字化的主要目的。档案馆工作人员不仅要开展档案目录信息著录、馆藏档案内容的数字化加工与扫描等工作，更需要建立一套完整的综合业务管理信息系统，加强数字化档案信息的利用服务。由于馆藏数字化需要花费大量的人力、物力和财力，加之数字化加工过程对档案原件或多或少会造成损害，所以不能盲目地赶潮流，不分先后、不讲策略地将馆内所有档案进行数字化。

1. 做好馆藏档案数字化的基础性准备工作

需要对哪些档案进行数字化，采取什么方法来实现，数字化加工需要购买哪些设备，除此之外还需要做哪些准备工作，等等，都是馆藏数字化的基础性准备工作。

（1）做好可行性论证。

要根据档案利用的需要、资金情况、馆内人员的知识结构、馆内软硬件平台、馆内信息化应用现状等基本状况，在充分了解和认识馆藏档案数字化系统建设的复杂程度和技术要求之后，做好馆藏档案数字化系统建设的可行性论证工作，确保系统建设自始至终不被中断，数字化形成的档案信息能够真正地用起来，并见到实效。

（2）选择数字化加工方式。

数字化是档案保管过程中所做的一项技术性较强的现代化处理工作，这对习惯了传统管理模式的档案工作人员来说，具有很大的难度，需要提前做好规划，明确系统建设的实施方案。规划的主要内容包括：馆藏档案数字化系统分几个阶段建设完成，每个阶段的任务和目标分别是什么，应对哪些档案做数字化加工和处理，数字化加工处理过程中的安全控制、进度控制、质量控制和成本控制等应采取的方法与策略，数字化档案信息如何与现有的计算机信息系统集成，如何发布档案信息以提供利用，如何解决备份和长久保存，等等，这些问题都需要提前制定好解决方案，并使档案工作人员和数字化加工协作人员达成共识，如此才能开始工作。边加工边讨论只能导致工期拖长，见效缓慢，安全性难以保障，甚至导致项目失败。

对馆藏结构、馆藏量、馆藏利用量、馆藏档案年度、馆藏档案受损情况、档案存储介质、各存储介质的使用寿命等综合因素进行深入分析，围绕档案永久保存、用户快速查档以及高频查档的要求进行深入研究，按照档案利用率以及档案的紧急保护程度对库房档案进行量化分析，获得按年、季、月排序的需要进行数字化处理的档案案卷数量、纸张数量、纸张大小，以及声像和缩微胶片的档案数量等，并据此提出所需购买的设备种类、数量及性能要求。

如果档案馆内有缩微档案且数量较多，以后还会有缩微档案进馆，就需要考虑是否购置缩微扫描仪，以解决较长时期内的缩微档案数字化的问题；如果缩微档案数量很少，以后也不会有缩微档案进馆，那么就不需要购买专用设备，可以考虑采用一次性外协加工的方式。录音、录像档案的数字化方案采用同样的分析方法，并根据具体情况考虑是否需要购买专用设备，并建立数字化加工流水线。

多数档案馆馆藏以纸质档案为主，因此建立纸质档案的数字化加工流水线成为必然，当然，各档案馆（室）也可以根据自身的实际情况，

## 第九章　档案信息化管理与建设的创新

不购买扫描设备，而采取分批加工的外协加工方式，只需要对加工形成的数字档案信息进行科学管理，通过信息系统提供利用服务。这也是一种推荐的馆藏档案数字化加工解决方案，特别是在数字化加工量比较大时，即便是在馆内建立数字化加工流水线，如果不聘用足够的扫描加工工作人员，单靠档案馆内部工作人员很难在短时间内完成档案数字化加工任务，并确保达到良好效果，而专业化外包加工服务能够在保障档案数字化质量和安全的前提下快速完成任务。

（3）筹备和落实资金。

数字化加工任务单靠档案馆的人力很难完成，往往需要采取商业化的运行模式或外协加工方式来完成。另外，加工完成后，还需要购买网络化存储设备以提供档案信息服务与利用，需要购买各种存储介质进行数据备份，而且数字化加工过程需要购买保障档案信息安全的监控设施和扫描设备，系统实施后还需要聘用系统管理人员和数据管理人员，开展系统运行与维护工作。建立馆藏档案数字化系统需要的资金大概包括以下几个部分：①扫描并进行全文数字化加工的费用；②数据发布系统的购买费用，包括全文检索、模糊检索、多分类器系统、图文关联、元数据编辑器等功能；③购买服务器的花费；④进行馆内人员培训、引进网络管理员和系统管理员等所需的资金。因此，在进行馆藏档案数字化之前，应对资金准备引起足够的重视。

**2. 确定数字化加工的协作模式**

档案数字化工作包括数字化预加工和深加工两个步骤，预加工能够将纸质档案、照片档案、缩微档案等转换成电子图像文件，不能对纸质档案上的文字信息进行完全处理；深加工则是利用技术含量较高的 OCR 和语音识别等处理技术获取载体档案中的文字信息，以利于提供全文检索。

馆藏档案数字化工作量大，涉及扫描加工、图像处理、数字信息存

储与管理、OCR自动识别等技术，仅依靠档案部门的力量开展系统建设是很困难的，为解决这一难题，档案馆需要做好以下几项工作。

（1）在系统建设之初需要开展需求调研与分析，考虑需要购买哪些硬件设备、软件支撑系统以及系统能够实现的自动化程度等，必然需要开展大量的咨询诊断和分析工作，聘请数字化加工经验丰富的专业服务机构来协助档案馆开展系统规划是非常必要的。

（2）开展数字化加工，首先需要建设一个能够支持加工过程中各环节的数据管理的信息系统，然后基于该系统有条不紊地开展工作，只有能够熟练操作和使用各类数字化设备的加工服务人员才能确保高效率、高质量地完成档案数字化工作。

（3）数字化加工完成后，生成的各类电子图像、原文信息、档案目录数据等都需要做关联处理，而且需要以光盘或者网络存储的方式来发布。信息发布本身又是一个系统，需要专门开发，如果采用成熟的软件将会大大缩短数字化档案数据的呆滞时间。目前，市场上开展数字化加工的专业IT公司已经开展了大量的信息系统建设、加工流水线、安全保障等方面的工作，积累了丰富的经验。借助这些IT公司的力量开展馆藏档案数字化是一种省时、省力、省钱且相对安全的加工方式。

### 3. 保障数字化档案信息的真实性

在馆藏档案数字化过程中，数字化档案信息的真实性、完整性保障主要体现在档案实体的扫描加工及档案目录的数字化两个方面。

（1）档案实体扫描加工过程中的真实性保障。

在馆藏数字化档案信息形成、管理和提供利用的过程中，制定保障其真实性的规章制度是非常重要的，各个阶段的安全保障侧重点不完全相同。

在数字化加工的档案信息形成阶段，加强对数字化加工服务人员的管理是非常重要的，其中最重要的是，不允许将档案带出加工基地。另外，数字化承包商为了提高信誉需要制定严格的加工基地管理措施，多采用半军事化管理，数字化加工流程化、自动化，实行岗位责任制，等等，杜绝档案信息在处理过程中发生人为外泄。在档案信息形成阶段，信息真实性的风险表现为技术上的不成熟因素，如扫描过程中的信息丢失、图像到文字转换过程中产生错误识别等因素，因此采取较先进的技术手段是完全可以保障信息的真实性的。由于每个过程、每个岗位都会将数字化档案信息与档案原件进行比较，而且参与加工的人员主要从事体力劳动，一般不雇用文化程度较高的人员，他们对档案也不是很了解，甚至缺乏兴趣，该阶段主要采取先进的技术手段来减少误差，以保障档案信息的真实性。

在数字化档案信息管理和提供利用的阶段，与电子文件归档后进入该阶段的管理相类似，也需利用灾难备份库对新形成的数字化档案信息进行备份，并在管理和提供利用的过程中加强网络安全管理，提高档案馆内部管理人员操作的规范性以及管理工作的程序化水平，制订自动核对计划，以确保档案信息的真实性。

（2）数字化档案目录信息的真实性保障。

数字化档案目录信息一般存储在数据库文件中，其安全性主要取决于数据库管理系统自身的管理能力，其真实性主要取决于档案管理员"依法管档"的严格程度。这部分数据是管理人员根据档案原件提取出来的、用来描述档案原件核心内容的元数据信息（也可能是电子文件自动归档过程中通过预先设定的规则自动生成的、描述文件属性的元数据信息），这部分信息并不像档案原件那样具有凭证性作用，它只是为了方便管理及快速检索而形成的，并且在以后的管理过程中某些信息可能会改变。因此，这部分信息的真实性并不像人们对档案原件数字信息的要求那样高，但为了不产生负面影响，要求档案目录信息的著录人员依据档案管理学理论，按照档案著录的标准和规范严格要求自己，严格保

障数字化档案目录信息的真实性,从而更有效地提高档案的检索和利用效率。

### 4. 加强数字化档案信息的整合与集成

馆藏档案数字化以及电子文件归档后,产生了大量的数字化档案信息,如果只将其刻录于光盘或存储在磁盘中,不提供系统化的档案利用服务,是错误的、无意义的,也就达不到馆藏档案数字化的真正目的。一些档案馆在开展数字化之前就使用档案管理信息系统来管理档案目录信息,并在馆内提供档案目录信息的检索服务,也有一些档案馆在开展数字化的同时也建立起电子文件归档系统,收集电子文件并整理其目录信息,还有一些档案馆将馆藏档案数字化作为档案信息化建设的启动工程。无论是哪种情况,都需要处理好当前档案馆面临的电子文件归档、馆藏档案数字化以及传统载体档案管理业务之间的关系,对这三项主要工作形成的数字化档案目录信息及档案内容对象实行同步管理,对于有纸质备份的电子档案或有数字化拷贝的纸质档案,需要做关联处理,实现同一档案内容的一致性管理。否则,在档案馆分别建立电子文件管理系统、馆藏档案数字化管理系统、纸质档案管理系统,必然会造成系统间数据重复,甚至不一致,从而增加管理的复杂程度。

21世纪初,我国的各级各类档案馆正处在纸质档案与电子档案并行接收和管理的特殊时期,传统载体档案的数字化目录信息需要用计算机来管理,馆藏档案数字化形成的图像文件需要进行信息化管理,电子文件归档形成的电子档案也需要进行信息化管理。因此,当前档案工作的复杂程度相对较高,需要制定科学的管理制度,梳理管理流程,加强对档案实体和档案数字化信息的集成化管理。只有这样,档案工作的效率才会有较大程度的提高,档案信息才能得到有效的利用。

### 5. 保障数字化档案信息的存储安全

数字化档案信息的安全管理是档案信息化应用的前提条件。数字化档案信息安全管理的重要性是由档案本身以及档案管理的性质决定的，档案信息化建设必须充分考虑电子环境、应用系统及档案数据存储等方面的安全问题，正确处理方便、高效使用与安全管理之间的关系，不能因过分考虑安全问题而限制了档案信息的网络化传输与利用，这样将极大地降低网络化应用系统的使用价值。对于数字化档案的网络化存储系统，一方面要求使用带自动备份功能的专用服务器及数据库管理系统，配置备份作业计划并安全执行，如光盘库、磁盘阵列、专用网络存储设备等，对备份信息能够便捷地实现数据迁移和恢复；另一方面，要求同时使用安全介质备份，定期刻录（复制）备份信息，实行异地保管。

当然，数字档案的安全保障更需要建立健全管理制度及安全操作规范，采取有效的网络安全管理手段和措施，制定严格的授权管理解决方案。从档案内容安全管理的角度来说，应遵循以下基本安全保障原则。

（1）密级区分原则。

密级区分原则即对保密档案信息实行物理隔离并将责任落实到人。

（2）内外区分原则。

内外区分原则即将开发档案信息与受控使用的档案信息进行区分。

（3）用户区分原则。

用户区分原则即分别为档案形成人员、档案管理人员和公众用户设立不同的使用系统及数据浏览权限。

（4）系统区分原则。

系统区分原则即将档案馆内部使用的档案管理信息系统、电子文件归档系统、档案信息发布与利用服务系统、行政规范性文件管理系统等加以区分，严格控制各系统的安全操作权限。

### 6. 提供数字化档案信息的方便利用

馆藏档案数字化的根本目的是方便利用，如果将数字化形成的图像刻录成光盘存放在库房中，与纸质档案采用同样的管理方式，那么数字

化的效果就很难体现出来。只有真正将档案的数字信息放在网络环境中，提供网络化的高效服务，才能确保投资有收益。

# 10

第十章

# 新媒体环境下档案服务的发展

# 第一节 新媒体概述

随着我国互联网普及率逐年攀升，对微博、微信等新媒体的应用越来越广泛，不仅深刻地影响了我国的网络文化建设，极大地推动了国家公共服务的改革创新，同时对档案服务提出了新的要求。因此，系统地了解新媒体，分析其特性，对于档案服务的应用具有重要的意义。

## 一、新媒体的概念与内涵

在信息技术迅速发展的时代背景下，一种新的媒体形态应运而生，并逐步渗透到社会生活的各个领域，对人类生活产生了广泛且深刻的影响，这种新的媒体形态被称为"新媒体"。自"新媒体"一词出现以来，国内外学者纷纷尝试对其进行定义，虽未形成一个明确的定义，但学者对"新媒体"形成了较为一致的认识。

1967年，美国哥伦比亚广播电视网（CBS）技术研究所所长戈尔德马克（P.Goldmark）在一份商品开发计划中，首次提出了"新媒体（New Media）"一词。联合国教育、科学及文化组织（以下简称联合国教科文组织）认为，"新媒体就是网络媒体"。1998年，联合国新闻委员会把网络定为报纸、广播、电视之后的"第四媒体"。

美国的新媒体艺术家列维·曼诺维奇（Lev Manovich）认为，"新媒体将不再是任何一种特殊意义的媒体，而不过是与传统媒体形式相关

的一组数字信息，但这些信息可以根据需要以相应的媒体形式展现出来"。美国《连线》杂志将新媒体定义为："所有人对所有人的传播。"这一定义，强调了新媒体的互动性，这也是新媒体区别于传统媒体的重要特点。资深媒体分析师凡·克劳斯贝（Vin Crosbie）将新媒体定义为："能对大众同时提供个性化内容的媒体，使传播者和接受者融会成对等的交流者，而无数的交流者相互间可以同时进行个性化交流的媒体"。传统的交流模式多为"一对一"或"一对多"模式，而新媒体实现了"多对多"的交流，它不仅使交流者拥有平等的参与权，而且使交流者享有充分的言论自由。

熊澄宇教授认为："所谓新媒体是一个相对的概念，'新'相对于'旧'而言。"从媒体发生和发展的过程当中，我们可以看到新媒体是伴随着媒体发生和发展在不断变化。广播相对报纸是新媒体，电视相对广播是新媒体，网络相对电视是新媒体。今天我们所说的新媒体，通常是指在计算机信息处理技术基础之上出现和影响的媒体形态。这里有两个概念：一个是"出现"，是指以前没有出现的；一个是"影响"，就是受计算机信息技术影响而产生变化的，这两种媒体形态就是我们现在说的新媒体。该定义从时间维度阐述了新媒体的含义，认为新媒体不仅要具有破旧立新的新形式，还要具有前所未有的新技术。

匡文波教授认为，新媒体是"借助计算机（或具有计算机本质特征的数字设备）传播信息的载体"。他将新媒体分为网络媒体、手机媒体及未来的交互式数字电视等媒体形态，其中网络媒体包括搜索引擎、网络报纸杂志、博客、各类网站等，手机媒体包括手机图书、手机报纸、手机微博、手机电视等。该定义从外延维度定义了新媒体，并区分了新媒体的具体形式。

蒋宏和徐剑则认为，就内涵而言，新媒体是社会信息传播领域出现的建立在数字技术基础上，使传播信息大大扩展、传播速度大大加快、传播方式大大丰富的新型媒体的总和。就外延而言，新媒体包括光纤电缆通信网、有线电视网、图文电视、电子计算机通信网、大型计算机数据库系统、卫星直播电视系统、互联网、手机短信、多媒体信息互动平台、多媒体技术广播网等。该定义将新媒体的传播功效和外延部分紧密结合，对新媒体的组成要素进行了广泛阐述。

综上所述，新媒体的概念应有广义和狭义之分。广义的新媒体是利用数字技术、网络技术和移动通信技术，通过互联网、宽带局域网、无限通信网和卫星等渠道，以电视、计算机和手机为主要输出端，向用户提供视频、音频和语音数据服务、连线游戏、远程教育等集成信息和娱乐服务的所有传播手段或传播形式的总称。狭义的新媒体以改变传播为诉求，以新的传播技术为依托，强调内容生产的分散性和个性化，重视互动和体验。本书采用广义的新媒体概念，而在当前的社会背景下，主要体现为以计算机和手机为信息载体的新媒体。

## 二、新媒体的类型与特征

### （一）新媒体的类型

相比于报纸杂志、广播、电视等传统媒体，新媒体突破了"一对一""一对多"的传统沟通方式，提供了更为个性化的交流渠道，具有显著的互动性和开放性特征，传播内容丰富，媒体类型多样。如何对新媒体进行科学、合理的分类，对人们认识、研究和应用新媒体至关重要。根据新媒体的传播载体不同，一般将其划分为新电视媒体、手机媒体和网络媒体三种类型。

1. 新电视媒体

电视作为极具影响力的传播媒体之一，早在20世纪就已出现，但

随着信息技术和互联网技术的迅速发展，电视媒体不断更新、发展，并呈现出新特点。第一，交互式网络电视（IPTV），即以互联网为基础传播电视节目的交流沟通方式。交互式网络电视的接收者具有较强的主动性，可以根据自己的兴趣爱好有选择地观看电视节目，从而最大限度地满足自身需求。交互式网络电视把网络交互优势与电视节目的传统优势结合起来，实现了网络技术与电视媒体的高度融合，使其不仅具有传统电视媒体的内容，还增加了网页浏览、网络游戏、电子商务、远程教育等增值业务，成为传播公共知识和沟通信息的重要工具。第二，移动电视，即一切可以通过移动的方式接收无线信号收看电视节目的技术或应用，尤其是指在公共交通工具上播放电视节目的技术或应用。移动电视是移动通信技术和广播电视技术融合的产物，它具有移动性强、覆盖面广、时间便捷等特点，不仅可以向电视用户传递数据、视频、文本、音频等信息，还可以向社会发布各种有用的信息，如地铁移动电视、公交移动电视等。

## 2. 手机媒体

手机媒体是指以网络为数据平台，以手机为视听终端的信息传播载体。手机媒体的最大优势就是携带方便、使用灵活、高效便捷，被公认为是继报纸、广播、电视、互联网之后的"第五媒体"。与其他传播媒体相比，手机媒体具有即时性、互动性和私密性特征。用户通过手机不仅可以进行通话交流，还可以游戏娱乐、购买服务、阅读新闻等；尤其是随着智能手机的普及，以智能手机为互联网数据终端，融合了报纸、广播、电视的信息交流和传播功能，成为信息交流和聚合的新平台。

## 3. 网络媒体

网络媒体是以计算机和互联网为传播载体，能够有效传播文字、图像、音频、视频等信息的新媒介，它是真正意义上的数字化媒体。与其他媒体相比，网络媒体具有传播范围广、保留时间长、信息数据量大、开放性强、交互性强、成本低、效率高等优势。网络媒体主要有以下三个特点。第一，迅捷性。网络媒体传播速度快，信息来源广泛，制作发布信息操作简便，具有实时传播的特征。尤其是在报道突发性事件及持续发展的新闻事件时，网络媒体的"信息刷新"相比传播媒体的"滚动播出"更胜一筹。第二，多媒体化。网络媒体整合报纸、广播、电视三大媒介的优势，实现了文字、图片、声音、图像等传播符号和手段的有机结合。第三，交互性。网络媒体使公众与媒介的传收地位发生了重大变化，实现了传收双方双向互动的传播效果。信息的传播不再局限于传播媒体的"推送"，转而变成公众在网络信息市场中的主动获取，公众可按自己的意愿各取所需。

### （二）新媒体的特征

与传统媒体相比，新媒体在传播方式、传播范围、传播内容、传播对象等方面存在明显差异，具有以下几点显著特征。

#### 1. 交互性与即时性

新媒体在交互性和即时性方面具有传统媒体不可比拟的优点。传统媒体的信息传输局限于"一对一"或"一对多"的形式，信息受众只能接收信息，缺乏相应的信息反馈途径。相比而言，新媒体实现了信息传播与信息接收的互动，任何个体或组织都有可能同时成为信息的传播者和接收者，任何一个传输点都有可能成为信息的新源点，因此，交互性是新媒体传播的本质特征。新媒体极大地缩短了信息传播所需的时间，扩大了信息传播的空间，不仅实现了信息传播在时间上的对等性和同一性，方便了人们的及时交流，也使信息交流者能够跨越空间障碍进行互动。

#### 2. 海量性与共享性

新媒体时代，信息发布呈现出低技术要求、低门槛和多层次等特征，

信息主题呈现出多领域、随意性和生活化等特征；不管是媒体信息，还是用户群体，都表现出海量的特征。与此同时，国内外信息渠道的畅通，满足了人们多样化的信息需求。不同于传统媒体的"信息垄断"和"渠道单一"，新媒体带来的大数据浪潮，使信息达到了空前的共享性，只要具有信息设备和信息获取能力，任何人都能接收和发布信息，真正实现了信息共享。

3. 趋真性与失真性

新媒体的类型多样且操作简单，使它更贴近人们的真实生活，能够反映出真实生活世界的情况。在一定意义上，新媒体可以做到对生活世界的趋真，它把更多的目光投向普通人的生活，投向传统媒体难以进入的领域，不仅关注国家发展的局势，也关注现实社会中存在的各种危机和矛盾，在某种程度上有效地化解了社会信息流通堵塞引起的危机；但由于新媒体主体良莠不齐，新媒体传播又呈现出失真性的一面，信息发布者在传播信息时很难做到客观、公正、全面，信息接收者往往对真实的事件缺乏了解，甚至带有浓重的主观情绪，这时的信息传播会呈现出失真性。虽然新媒体传播趋真性和失真性相伴，但总体而言，新媒体还是不断趋近人们的现实生活。

4. 跨时空性与多样性

传统媒体的受众群体接受服务时，不仅受到时间、空间、地域等因素的限制，还受到传统媒体信息更新慢等方面的限制；新媒体克服了时空局限，受众群体可以随时随地获取自己需要的信息，信息传播范围广泛，甚至可以扩展到全世界。新媒体的服务方式更加多样化。传统媒体以纸媒传播为主；新媒体更加注重数字化的视听效果，从交互式数字电视到以微博、博客、网站、论坛、视频为主的网络媒体，再到以微信、短信、彩信、手机电视、手机报为主的手机媒体，无不体现了其服务方式的多样性，受众群体可以根据自身喜好选择适合的信息服务途径。

5. 自由性与虚拟性

新媒体的自由性主要表现在两个方面：一方面是信息传播的自由性，新媒体改变了传统大众媒体传播、宣传信息的限定性，使信息的传播、扩散更加自由；另一方面是公众获取信息服务的自由性，网络系统的超链接、搜索引擎使受众的浏览不受限制，可以不受指定分类和浏览路线的限制，提高了用户浏览的自由度。新媒体虚拟化的传播方式和传播环境改变了受众获取信息的方式，也对其生活、学习和工作方式产生了深远的影响，受众可以在虚拟的网络空间自由寻找所需要的信息，不再受实体资源的影响。

6. 广泛性与时代性

新媒体的广泛性主要体现在传播范围的广泛性以及受众群体的广泛性。传播范围不再受地域限制，网络遍及的地方，新媒体都有存在的条件和市场；新媒体的服务对象，不再受年龄阶层、文化程度、习俗差异的限制，所有人都可以享受到方便快捷的人性化、个性化服务。新媒体的时代性是指其传播媒介、传播路径、传播方式、传播内容在特定的时期具有明显的时代印记，尤其是从传播内容的某个专题、某个热点来看，时代性体现得淋漓尽致。

7. 碎片化与细分化

新媒体传播的内容是以数字技术为基础的，同时具有碎片化的特征，在新媒体时代，知识的分布性得到了更好的体现，无论是哪个媒体平台，无论是哪个个体，都不可能掌握某类信息的全部内容。这也使网络媒体用户在海量信息当中逐渐找到适合自己的定位，成为某一类分众信息的利用者，并在一段时间内成为某个平台、某类信息来源的忠诚用户，形成一种媒体使用习惯。随着大数据时代的到来，海量信息广泛分散存储于不同的网络体系结构和媒体平台中，媒体信息的分散性和碎片化不仅影响受众群体获取信息的途径，还影响用户群体的信息行为。因

此，要想使受众群体从分布分散、内容碎片化的信息中获取有效信息，需要选取合适的媒体工具。细分化具有与碎片化相同的分散性质，不同的是细分化侧重信息的局部传播，使用户能够按需索取信息，碎片化则从整体上说明媒体内容的表现特点。

### 8. 个性化与社群化

传统媒体的传播主体往往局限于掌握信息的少部分用户，而新媒体的传播主体多种多样，任何人都可以成为传播主体，尤其是社交媒体的广泛使用，使每个人都能成为信息发布者，在新媒体平台上进行讨论与交流。一方面，由于每个信息用户的兴趣、经历、想法和观点不尽相同，所发布的信息以及对信息的反应也各不相同，从而呈现出个性化色彩；另一方面，新媒体可以使人们的社会关系网络得到保持和延伸，即使是陌生人之间，也可能由于某种信息互动而产生联系，呈现出社群化特征。

### 9. 网络化与数字化

新媒体的传播内容、传播方式、传播路径以数字技术和信息技术为基础，完全依托新技术实现信息的快速、自由传播。网络技术、数字技术、计算机技术的发展，给人们之间的交流带来极大的便利，缩短了人与人之间的距离，极大地提高了工作效率，促进社会快速发展。互联网的发展使新媒体具有海量的数字化媒体信息、便利的人机交互、优化的媒体信息共享机制等优势，互联网已经成为新媒体的重要依托和传播媒介。

## 第二节 新媒体环境下的档案服务创新理念

新媒体环境下,用户不仅要求档案机构满足其档案利用需求,更注重服务过程中的用户体验,即用户在获得档案服务的过程中建立起来的一种纯主观感受,譬如情感需求和精神慰藉。因此,根据档案用户的特征及需求,探索新媒体环境下的档案服务创新理念,不断提高服务质量,改善用户体验,提升用户满意度,是优化档案服务的立足点。

### 一、个性化服务理念

档案用户来自社会生活的各个领域,具有不同的年龄层次、生活环境、职业背景和文化程度,每个用户都有其独特的档案信息需求,这种独特的信息需求亦即用户需求的个性化特征。传统的档案宣传工作主要通过报纸杂志、广播电视等主流媒体开展,辅以室内展览,受众面广但缺乏针对性,很难满足不同用户的个性化需求。

新媒体环境下,人的思维方式发生了很大变化,大众信息意识增强,更加追求个性化的表达。用户希望档案机构能够提供个性化服务,包括服务时空个性化、服务方式个性化及服务内容个性化三层含义。其中,服务时空个性化,即针对用户的档案信息需求时间上零散化、空间上移动化的特点,档案机构能够打破时空限制,使用户能够随时随地获得档案服务;服务方式个性化,即档案机构允许用户根据自身的实际情况和

兴趣爱好选择喜欢的服务方式，如到馆服务、电话服务、传真服务、微博服务、电子邮件服务等；服务内容个性化，即档案机构允许用户根据自身的需求选择特定内容的档案服务，如专家、学者更加关注与自己的研究领域相关的档案信息，普通用户则更关注与自己的生活息息相关的婚姻、房产、个人健康等方面的民生档案信息。档案用户的个性化需求要求档案机构树立个性化服务理念，对用户信息进行数据分析和数据挖掘，研究用户档案信息需求的内容与目的，为不同需求的小众群体提供灵活的差异化服务。

## 二、"去中心化"理念

"去中心化"概念是由瑞士哲学家皮亚杰提出的，最初应用在儿童心理学领域。他认为，从前运算阶段到具体运算阶段，儿童经历着一个过渡时期，即从各个领域中儿童的自我中心向脱离自我中心过渡，这就是"去中心化"。"去中心化"是相对于"中心化"而言的一种新型网络内容生产过程。网络服务商所提供的服务都是"去中心化"的，任何参与者均可提交内容，网民共同进行内容创作或贡献。在档案领域，传统的档案服务是以档案机构为中心展开的，是典型的"中心化"服务模式。这种"中心化"服务模式下，档案机构在服务中占绝对的主导地位，有很强的权威性，用户只能被动地接受档案机构提供的信息服务，缺乏话语权，在档案利用过程中还要受到严格的限制。

新媒体推动档案服务迈入"去中心化"时代。一方面，新媒体激发了公众参与社会事务的积极性，档案用户不仅是档案信息的利用者，还能参与档案信息的创建、加工和提供等工作，成为档案资源的创造者与管理者，"公民档案员"应运而生；另一方面，新媒体促使第三方平台介入档案管理，多方合作共同完成档案管理工作。"去中心化"打破了传统的以档案机构为中心的服务模式，允许多方共建平台的介入，给了用户更多个性化表达的机会，使用户能够平等地参与到档案服务过程中来。"去中心化"的目的在于鼓励用户参与档案信息资源的建设和管理，积极主动地与第三方平台协作，通过搭建新的平台收集档案信息，发掘档案知识，共建档案资源。

当然，"去中心化"并不意味着档案机构在档案服务中的中心地位将被取代或丧失，而是表明档案服务将由高度集中控制型向分散集中控制型转变，目的是推动档案服务更加扁平化和多元化，有利于更好地为大众提供档案信息服务。

## 三、交互性理念

交互是一种使对象之间相互作用而促使彼此发生积极改变的过程，它强调用户在参与中交流。任何使用者都享有自主组织信息、整理信息的权利，可以根据自己的喜好设置阅览的内容，设置首页的页面风格，方便地和其他人进行在线交流，对他人发布的信息内容发表意见或进行评论，并从中得到反馈和提高。现有的档案服务是传统的服务方式，是档案信息的单向传播过程，即档案机构提供什么，用户只能被动地接受什么，二者之间缺乏必要的交流与沟通。

总之，新媒体环境下，档案机构开展的服务不再是服务主体单方面的行为，而是主体与用户、用户与用户、主体与主体之间的多向交互行为。因此，应重视档案服务过程中的交互性，树立交互性服务理念，鼓励广大用户及档案工作者参与档案服务工作，以改善用户体验，提升用户的满意度。

## 第三节　新媒体环境下档案服务创新的路径

社交媒体环境下，档案服务创新的理念还需要一定的路径加以落实。从树立社交媒体意识着眼，以档案资源建设为基础，将大众化服务与个性化服务相结合，才能真正实现档案服务的创新。具体来说，新媒体环境下档案服务创新路径的探索主要体现在以下几个方面。

### 一、牢固树立新服务理念

首先应当树立新媒体意识。现阶段，我国档案机构的新媒体意识还不强，对新媒体的应用尚未引起足够的重视。因此，我国档案机构亟须提高新媒体意识，相关部门应尽快建立应用新媒体的制度规范，促进档案机构新媒体应用的制度化，通过制度化带动档案机构新媒体意识的形成与固化。

不管是在传统环境下，还是在新媒体环境下，档案服务都是面向档案用户的。我国档案机构应当增强以用户为中心的服务理念，努力了解用户需求，不断探索如何利用新技术更好地适应变化的环境和用户需求，提供让用户满意的优质服务。

## 二、利用群体智慧，提升档案资源建设能力

优质的档案服务必定要有丰富的档案资源做支撑。在传统的档案工作中，档案资源建设是以档案工作人员为主。由于人员有限，档案资源建设力量相对薄弱，档案资源未能得到有效的开发。档案数字化工作开展以来，不少单位引入合作、外包机制，但也需要花费较高的资源建设成本，只有很少的数据库能够通过网络环境得以开发，尚未见档案服务的第三方平台，极大地影响了档案的利用。从这个角度来看，拓展档案资源建设能力，是完善档案服务的必由之路。

新媒体为档案资源建设提供了一种全新的路径。利用新媒体可以使我们从前忽视或是无法调动的那些非专职工作人员的智慧得以发挥。除档案工作人员外，档案学者、档案专业在校学生、档案爱好者、普通公众都可以成为档案开发工作者，对自己所熟悉的档案资料进行加工整合，并与他人共享。

## 三、构建新媒体平台，拓展档案信息传播渠道

我国数字档案信息服务平台主要包括档案网站、手机媒体、数字档案馆等，通过这些平台可为用户提供个性化数字档案信息服务。无论是国内还是国外，利用新媒体平台获取档案资源的需求都在逐年增加，我国档案机构也应积极利用各种社交媒体平台，拓展档案信息传播渠道。

首先，档案工作人员应从机构内部的档案工作中跳脱出来，将档案工作融入公众，融入社会生活，并利用各种媒体（尤其是新媒体）拉近档案与公众的距离，做好档案宣传工作，让公众认识到档案是社会的共同财富，从而提高公众对档案的重视程度，培养用户自觉利用档案的意

识；同时，档案工作人员可以通过社交媒体与公众进行互动沟通，完善各项档案工作，对公众普遍感兴趣的档案资源进行深度的知识化加工。

其次，档案机构需要在多种新媒体平台上建立账户，走"合作共赢"之道。例如：在社交媒体平台开设账户，与用户展开互动交流；与社交视频网站建立合作关系，开设档案视频专区，吸引用户；通过百度百科等协作开发档案信息资源；开设即时通信平台，及时获取用户反馈；等等。更重要的是，档案机构需要自主研发新媒体平台，开发档案服务软件。

再次，积极打造移动新媒体平台。随着高速无线网络的覆盖，智能手机、平板电脑等移动终端产品已经成为互联网的延伸，它们以携带方便、使用便捷的特点，成为几乎人手必备的移动传播终端。新媒体在移动平台上的应用，使档案服务更加便捷。只要有网络，用户便可不受时间和空间的限制，享受档案服务。

最后，档案机构需要充分挖掘新媒体平台的功能。例如，微博除了支持 140 字以内的简短文字发布功能外，还支持"@"、评论、图片、视频、话题等功能，在该平台发布档案信息时，可以充分利用这些功能，采用多样化的信息表达方式，不仅能增强表达效果，还能提高传播效率。

## 四、采取灵活的方式，开展个性化服务

新媒体在给人们带来丰富多样的信息的同时，也带来严重的"信息过载"问题，而开展个性化档案信息服务是缓解"信息过载"最有效的方法之一。个性化档案服务也是满足档案小众服务需求的方式，因此需要采取灵活的方式，充分利用社交媒体时间上零散化、空间上移动化的特点，开展档案信息服务。

相对于社会化服务而言，个性化服务强调满足每个档案用户的利用

## 第十章 新媒体环境下档案服务的发展

需求，以求提高用户的档案利用满意度。个性化服务是社交媒体时代档案服务的重要创新，也是档案知识服务的重要特征之一，档案服务的个性化主要体现在服务环境的个性化、服务内容的个性化和服务方式的个性化三个方面。

第一，服务环境的个性化，要求档案机构本着人性化服务的原则优化档案服务环境。比如：档案机构的选址和室内结构应适当体现文化、休闲、亲和的特点，为档案用户营造一个安静舒适的查档、学习环境；同时，档案机构应注意其在社交媒体应用中的界面设置和美化，既要方便用户使用，也要吸引更多公众利用档案资源。

第二，服务内容的个性化，要求档案工作人员对用户需求进行深度挖掘，了解用户的现实需求和潜在需求，通过社交媒体应用定期向用户推送定制化档案服务。

第三，服务方式的个性化，要求档案工作人员了解用户的不同档案利用习惯，展开一对一的针对性服务。例如：对于比较活跃的微博用户，可以通过微博向其发送个性化的服务内容；对于习惯使用微信的用户，可以通过微信公众平台向其推送档案资源。目前，个性化档案服务主要包括档案信息定制服务、档案信息推送服务及档案信息推荐服务。

档案信息定制服务，即用户向档案机构提出信息需求，档案机构根据用户的定制条件将其所需资源反馈给用户的一种服务方式，这是针对用户的特定档案信息需求提供的服务。现在，许多网站允许用户定制个性化主页，很多图书馆也开始提供个性化定制服务，并取得了很好的效果，这为档案机构的服务创新提供了借鉴。档案机构可以对档案信息进行分类，并将其集成到统一的管理平台上，供用户选择和定制自己感兴趣的档案信息。个性化档案信息定制服务基于用户对档案信息的利用全过程，主动对档案信息资源进行整合，打破原有档案信息的组织体系结构，动态性地适应用户的档案利用需求，根据用户的需求聚合档案信息

资源，为用户提供更为优质的服务。

档案信息推送服务，即档案机构根据用户定制的内容定期将有关内容推送给档案用户的一种主动服务方式，它依赖的是信息推送技术。利用信息推送技术，档案机构可以及时、准确地将不同用户定制的档案资源分类推送给档案用户；同时可以将本馆的基本介绍、最新工作动态、用户查档的基本知识、与当前热门话题相关的档案史料等信息主动推送给用户，以确保信息的及时性。推送的目标位置可由用户指定，如电子邮箱、RSS 阅读终端等。档案信息推送服务大大增强了档案机构的主动服务意识，使档案信息传播更为精准、有效。

档案信息推荐服务，即不需要用户定制内容，而是根据用户的专业特征、研究兴趣进行分析，了解用户的需求和兴趣，主动向用户推送相关档案信息的一种深层次的、主动的服务方式，它依赖的是数据挖掘技术。一方面，档案机构可通过数据挖掘技术，根据用户的互联网行为轨迹发现档案用户的咨询偏好，向用户推荐其感兴趣的内容；另一方面，由于关联用户之间更可能有相同或相似的兴趣，且用户容易被自己信任的朋友影响，而新媒体是一个人际关系纵横交错的大平台，人们在该平台拥有自己的朋友圈、同事圈、同学圈。因此，根据用户在社交媒体上的人际关系开展档案信息推荐服务，会产生意想不到的效果。

# 参考文献

[1] 高鹤林,方建,刘铮. 档案信息化管理与建设研究[M]. 延吉：延边大学出版社,2020.

[2] 刘莉华,王小娟,朱艳. 数字化时代档案管理与信息化建设研究[M]. 哈尔滨：哈尔滨地图出版社,2022.

[3] 卢森林,吴丽华. 基于网络环境下馆藏档案数字化编研与利用研究[M]. 北京：北京理工大学出版社,2015.

[4] 马淑芳,李潇,仇莉丽. 现代档案信息化管理与建设研究[M]. 长春：吉林摄影出版社,2022.

[5] 王芳. 数字档案馆学[M]. 北京：中国人民大学出版社,2010.

[6] 徐健. 数字档案馆与信息技术[M]. 广州：中山大学出版社,2021.

[7] 周耀林,赵跃. 面向公众需求的档案资源建设与服务研究[M]. 武汉：武汉大学出版社,2017.

[8] 颜祥林. 数字档案馆项目建设概论[M]. 南京：南京大学出版社,2020.